Anja Köhler & Christian Kersten

Irgendwas ist anders

Ein Lese- und Handbuch für alle, deren Partner NLP lernen

Ausführliche Informationen zu jedem unserer lieferbaren und geplanten Bücher finden Sie im Internet unter www.junfermann.de. Dort können Sie auch unseren Newsletter abonnieren und sicherstellen, dass Sie alles Wissenswerte über das Junfermann-Programm regelmäßig und aktuell erfahren.

ANJA KÖHLER & CHRISTIAN KERSTEN

IRGENDWAS IST ANDERS

EIN LESE- UND HANDBUCH FÜR ALLE, DEREN PARTNER NLP LERNEN

Junfermann Verlag
Paderborn
2012

Copyright	© Junfermannsche Verlagsbuchhandlung, Paderborn 2012
Coverbild	© Andrea Haase – iStockphoto.com
Covergestaltung / Reihenentwurf	Christian Tschepp
Illustrationen	Christian Gralingen – www.gralingen.de

Satz	JUNFERMANN Druck & Service, Paderborn
Bibliografische Information der Deutschen Bibliothek	Die Deutsche Bibliothek verzeichnet diese Publikation in der Deutschen Nationalbibliografie; detaillierte bibliografische Daten sind im Internet über http://dnb.ddb.de abrufbar.

ISBN 978-3-87387-862-4

Dieses Buch erscheint parallel als E-Book (ISBN 978-3-87387-876-1).

Inhalt

Einstimmung „mal vier“

1. Vorwort für Schnell-Leser

Vielleicht fragen Sie sich: „Warum soll ich ein Buch zu einem Thema lesen, das mich bisher eigentlich gar nicht interessiert hat und das vor allem meinen Partner beziehungsweise meine Partnerin etwas angeht?“ Unsere Antwort: Sie müssen das Buch natürlich nicht lesen. Wenn Sie es aber schon mal in Ihren Händen halten, könnte sich ein Blick in das eine oder andere Kapitel vielleicht trotzdem lohnen. Denn NLP hat ein großes Veränderungspotenzial, das in den meisten Fällen auch Auswirkungen auf unsere Partnerschaften hat. Das kann Gefahr, vor allem aber auch eine Bereicherung für die Beziehung bedeuten. Sie wissen selbst am besten, ob Sie bereit sind, sich dem Thema „Veränderung“ zu öffnen, und ob Sie neugierig genug sind, einen Perspektivwechsel zuzulassen.

> „In der Mitte der Schwierigkeit liegt die Möglichkeit.“ – *Albert Einstein*

Sie erhalten beim Durchblättern oder Querlesen des Buches die Möglichkeit, in alle wichtigen NLP-Themen so tief einzusteigen, wie Sie wollen. Alle Kapitel haben die gleiche Gliederung.

Wer nur einen groben Überblick über die wichtigsten NLP-Inhalte bekommen möchte, kann mit dem jeweils ersten Abschnitt „Alles klar! Ich weiß, wovon du redest“ anfangen. Leser, die gleich wissen wollen, was alles passieren kann, wenn ihr Partner voller Erzähl- und Ausprobier-Laune nach Hause kommt, können zuerst den zweiten Abschnitt „Komisch, irgendwas ist anders ...“ lesen.

Wer so eigenartig klingende Dinge wie die *Walt-Disney-Strategie* oder *Ankern* gleich mal selber ausprobieren möchte, kann direkt unter der Überschrift „Wie geht das denn?“ einsteigen.

Und alle, die dann richtig Lust auf „Mehr“ bekommen haben, erfahren in den Abschnitten „Feuer gefangen, Blut geleckt“, wo uns NLP in Politik, Wirtschaft und im Alltag überall begegnet.

Noch ein Tipp: Wenn Sie interessante Ideen finden, markieren Sie diese am besten, damit Sie sie schnell wiederfinden.

Wir wünschen Ihnen einen humorvollen, spielerischen und kritischen Umgang mit NLP und vor allem eine erfüllte Partnerschaft!

2. Vorwort für alle, die sich darauf freuen, dieses Buch von Anfang bis Ende zu lesen

Familien, Ehen und Partnerschaften sind wie Mobiles. Sie sind miteinander verbunden und hängen aneinander. Das Gleichgewicht ist fragil. Bewegt sich ein Teil, gerät der Rest auch in Bewegung. Jeder muss immer wieder eine neue, eine andere Position in dem Gefüge für sich finden.

Manche lieben diese Beweglichkeit in sozialen Systemen. Sie spielen gerne damit und testen, wie elastisch der Zusammenhalt ist. Andere empfinden diese Beweglichkeit als instabil und als potenzielle Bedrohung und Unsicherheit. Wie stehen Sie zu Bewegungen, Veränderungen und Entwicklungen?

Je nachdem wie Ihre Antwort ausfällt, wird es Sie erschrecken, erfreuen oder kaltlassen, dass Ihr Partner eine NLP-Ausbildung macht. NLP wird vermutlich Bewegung in Ihre Partnerschaft, vielleicht auch in die ganze Familie und in Freundschaften bringen. Sie können das ignorieren, bedauern, bereuen oder als Anregung für Ihr Leben und Ihre Beziehung sehen.

> „Wer ständig glücklich sein will, muss sich oft verändern." – *Konfuzius*

Vermutlich nehmen Sie dieses Buch erst in die Hände, wenn Ihr Partner die Ausbildung begonnen hat und die ersten Veränderungen sichtbar werden – genau zum richtigen Zeitpunkt also. Wir haben es für alle Menschen geschrieben, die ohne ihr Zutun oder vielleicht auch gegen ihren Willen durch ihre Partner mit NLP in Kontakt gekommen sind und die nicht so recht wissen, was plötzlich vor sich geht und was noch alles kommen kann.

Vielleicht haben Sie schon etwas über NLP gelesen oder gehört, das Sie abgeschreckt hat. Viele finden den Namen „Neurolinguistisches Programmieren" sehr unsympathisch. Er weckt bei ihnen ungute Assoziationen von Manipulation bis hin zu Gehirnwäsche. Mit einigen Vorurteilen und Vorbehalten gegenüber NLP beschäftigen wir uns deshalb gleich in den ersten Kapiteln, ebenso wie mit der Entwicklung des NLP, den philosophischen Traditionen, auf denen NLP aufbaut, und mit dem Menschenbild, das allen Methoden zugrunde liegt.

Die weiteren Kapitel behandeln Themen, die in den meisten seriösen NLP-Ausbildungen vorkommen. Das Besondere dabei ist, dass jedes Kapitel die gleiche Struktur hat: Im ersten Teil erläutern wir – so kurz wie möglich und so faktenreich wie nötig – worum es bei dem Thema geht. Sie bekommen einen Überblick, wissen, wovon Ihr Partner spricht, und können mitreden. Im zweiten Abschnitt beschreiben wir, was Ihnen passieren kann, wenn Ihr Partner sich gerade mit dem jeweiligen Thema beschäftigt und Sie damit „beglücken“ möchte. Dafür haben wir mit vielen Teilnehmern während unserer Ausbildungen gesprochen und zahlreiche NLPler und deren Partner interviewt. Diese Interviews finden Sie am Ende eines jeden Kapitels. Unsere Interviewpartner haben uns erzählt, was sie genervt, belastet oder gefreut hat und wie sie damit umgegangen sind. Und so finden Sie auch Vorschläge, wie Sie reagieren können, wenn Ihr Partner NLP in die Beziehung bringt. Einige Vorschläge sind frech, humorvoll und überraschend, andere sind nützlich, wenn Sie Ihre Grenzen klarmachen möchten. Dann haben wir noch ein paar ganz raffinierte Ideen für Sie, die darauf basieren, wie Sie Ihren Partner mit den NLP-Methoden, die er gerade lernt, wieder auf den Boden holen können.

Im dritten Abschnitt jeden Kapitels zeigen wir Ihnen, wie Sie die Methoden einfach und effektiv ausprobieren können. Bei der Auswahl der Übungen war uns die praktische Anwendbarkeit im Privaten und im Beruf besonders wichtig. Die Übungen sind Schritt für Schritt beschrieben und durch viele Beispiele werden sie anschaulich und leicht nachvollziehbar.

Der letzte Abschnitt richtet sich an alle, die noch mehr erfahren möchten, die Blut geleckt oder Feuer gefangen haben. Die Informationen in diesem Teil sind unterschiedlicher Natur. Mal zeigen wir an Beispielen, wo im Alltag, in der Wirtschaft und in der Politik NLP bewusst oder unbewusst eingesetzt wird. Mal finden Sie Informationen über Personen, die NLP maßgeblich beeinflusst und geprägt haben. Und dann wieder gibt es noch weitere Übungen und einige Literaturhinweise.

Wir hoffen, dass Sie viele gute Anregungen in diesem Buch finden und dass Ihre Partnerschaft dadurch neue und wertvolle Impulse bekommt.

3. Vorwort für überzeugte NLP-Skeptiker

Es ist vollkommen in Ordnung, dass Sie NLP gegenüber skeptisch sind. Schließlich haben nicht Sie, sondern Ihr Partner sich entschieden, eine NLP-Weiterbildung zu machen. Wir finden es sogar gut, wenn Sie alles, was Sie in diesem Buch erfahren, dahingehend überprüfen, ob es für Sie auch gilt oder gelten könnte. Deshalb die folgenden Hinweise für Sie:

- Sie müssen kein Wort von dem glauben, was in diesem Buch steht.
- Es ist Ihr gutes Recht, auch nach der Lektüre dieses Buches NLP nicht für eine Methode zu halten, die Ihre Kommunikation verbessert und Veränderungen leichter macht.

- Wenn Sie von anderen gehört haben sollten, dass dieses Buch wertvolle Tipps enthält, muss das noch lange nicht für Sie gelten.
- Auch wenn Sie an der einen oder anderen Stelle denken sollten: „Das könnte was für mich sein", müssen Sie es trotzdem nicht gleich ausprobieren.

Warum könnte es sich für Sie trotzdem lohnen, dieses Buch zu lesen oder durchzublättern?

- Sie können mitreden, wenn es um NLP geht.
- Sie verstehen besser, mit welchen Themen sich Ihr Partner beschäftigt.
- Sie erkennen sofort, wenn jemand bei Ihnen NLP anwendet.
- Sie bekommen Ideen, wie Sie mit der NLP-Entwicklung Ihres Partners umgehen können.
- Sie können entscheiden, welche Themen auch für Sie gewinnbringend sein könnten.

> „Man weiß nie, was daraus wird, wenn die Dinge verändert werden. Aber weiß man denn, was daraus wird, wenn sie nicht verändert werden?" – *Elias Canetti*

4. Vorwort für NLPler

Dieses Buch richtet sich nicht in erster Linie an Sie, sondern an Ihren Partner. Deshalb sollten Sie ihn mit diesem Buch überraschen und es ihm einfach schenken. Aber es schadet nicht, wenn Sie es auch selber lesen. Sie können Inhalte wiederholen und vielleicht sogar neue Übungen finden. Interessant könnten für Sie auch die Beispiele sein, mit denen wir im vierten Abschnitt jeden Kapitels zeigen, wo und wie NLP im „richtigen" Leben eine Rolle spielt.

Besonders möchten wir Ihnen aber in jedem Kapitel den zweiten Abschnitt und die Interviews ans Herz legen. Das könnte Ihnen helfen, besser zu verstehen, wie es Ihrem Partner geht, wenn Sie voll mit neuen Erfahrungen von der NLP-Ausbildung nach Hause kommen und davon erzählen wollen.

NLP-Ausbildungen, insbesondere wenn Sie blockweise und fernab der Heimat stattfinden, sind intensive, erlebensreiche und inspirierende Zeiten. Aber sie sind nicht der Alltag. Deshalb kommt es auf einen guten Transfer des Gelernten in das ganz normale Leben an. Und das beginnt oft beim Partner. Damit das gelingt, können Sie viele NLP-Methoden nutzen:

- Achten Sie auf einen guten Rapport mit Ihrem Partner.
- Denken Sie bei Zielen im Öko-Check besonders an Ihren Partner.
- Versetzen Sie sich ab und zu in die zweite und in die Meta-Position.
- Jeder hat seine Landkarte – auch Ihr Partner.
- Respektieren Sie, dass Ihr Partner eventuell andere Werte und Glaubenssätze hat als Sie.

Denken Sie daran, dass NLP nicht die Wahrheit ist, sondern ein Modell der menschlichen Kommunikation.

Wir haben dieses Buch geschrieben, damit es ein Gewinn für Sie beide ist. Wir wünschen Ihnen viel Spaß beim Lesen und einen anregenden Austausch mit Ihrem Partner.

1. Geschichte des NLP: Wie es damals war und heute ist

Die Geschichte des NLP beginnt 1972 in Kalifornien. Es ist die Zeit der Flower-Power-Bewegung, der großen Musikfestivals und des Protests gegen überkommene Moral- und Gesellschaftsvorstellungen. Mit der Emanzipation der jungen Generation rückt die Entwicklung der eigenen Persönlichkeit in den Mittelpunkt. Man experimentiert mit bewusstseinserweiternden Drogen ebenso wie mit verschiedenen Therapieformen. Einer dieser jungen Menschen ist Richard Bandler. Er studiert an der University of California in Santa Cruz Philosophie, Mathematik und Computerwissenschaften. Von Robert Spitzer, dem Präsidenten des Verlagshauses „Science und Behavior Books", erhält er den Auftrag, Workshops des Gestalttherapeuten Fritz Perls zu transkribieren. Angeregt durch diese Arbeit entdeckt der 22-Jährige seine Begeisterung für Psychologie und Psychotherapie und sein Talent, die Fähigkeiten von erfolgreichen Menschen zu lernen, indem er ihr Verhalten intensiv studiert und imitiert.

1.1 Erfolgreiche Therapeuten als Vorbilder

Im Frühjahr 1972 bietet Richard Bandler ein Universitätsseminar zur Gestalttherapie an, in dem er mit Techniken experimentiert, die er von Perls übernommen hat. Sein Supervisor ist der Assistenzprofessor für Linguistik John Grinder, der vor seiner akademischen Laufbahn als Agent für die CIA gearbeitet hat. Gemeinsam beschließen sie, die kommunikativen Fähigkeiten und die Vorgehens- und Verhaltensweisen erfolgreicher Psychotherapeuten systematisch zu untersuchen.

Ihr Ziel ist es zu ermitteln, welche der Kommunikationsmuster besonders effektiv sind. Dafür nehmen die beiden an Seminaren und Sitzungen der Familientherapeutin Virginia Satir und des Hypnotherapeuten Milton Erickson teil. Sie machen Ton- und Videoaufzeichnungen, die sie später auf grundlegende Strukturen hin untersuchen. Außerdem fließen in ihre Überlegungen die Transskripte der Workshops von Fritz Perls ein, der 1970 gestorben war. Dabei stellen sie erstaunliche Übereinstimmung fest, beispielsweise in der Art des Kontakt- und Beziehungsaufbaus zum Klienten sowie in den Fragestellungen und in der Konzentration auf das Hier und Jetzt.

Der nächste Schritt besteht für sie darin, die Ergebnisse ihrer Beobachtungen und Analysen didaktisch so aufzubereiten, dass andere Therapeuten die Techniken lernen können. Es geht ihnen nicht um die Entwicklung einer Theorie, sondern um die Darstellung von praktikablen Modellen. Die Resultate ihrer Arbeit veröffentlichen sie 1975 in den Büchern „The Structure of Magic. Volume I“ und „Patterns of Hypnotic Techniques of Milton Erickson, Volume I“. Sie geben dem Ganzen den Namen NLP – Neurolinguistisches Programmieren. Der Name steht für den Zusammenhang zwischen Vorgängen im Gehirn und der Sprache und er deutet an, dass sich diese Verknüpfungen auch beeinflussen lassen.

1.2 NLP kommt in die Welt

Die Bücher von Bandler und Grinder und die Kommunikationsmodelle des NLP verbreiten sich schnell in der therapeutischen Szene der USA. Dort treffen sie auf das Bedürfnis nach schnellen, sicht- und messbaren Veränderungen, bietet NLP doch eine Alternative zu der bis dahin vorherrschenden Psychoanalyse mit ihrer langwierigen Suche in der Vergangenheit nach Ursachen für psychische Störungen. 1976 werden die ersten NLP-Seminare angeboten, die schnell und lange im Voraus ausgebucht sind. Unter den Teilnehmern sind auch Gundl Kutschera und Thies Stahl. Mit ihnen und der Übersetzung des ersten Buchs von Bandler und Grinder ins Deutsche durch Thies Stahl kommt NLP auch nach Europa. Gundl Kutschera und Thies Stahl gehören dem Gründungsvorstand des DVNLP an, der sich seit 1996 unter anderen um die Sicherung der Qualitätsstandards in den assoziierten Ausbildungsinstituten bemüht.

Da Bandler und Grinder offenlegen, wie sie beim Modellieren von erfolgreichen Menschen vorgehen, können auch andere von dieser Technik profitieren. So analysiert Robert Dilts zum Beispiel die Arbeitsweise von Walt Disney und entwickelt daraus die Walt-Disney-Strategie. Außerdem erarbeitet er Rechtsschreibstrategien und das Modell der (neuro-)logischen Ebenen. So wird NLP auch über den therapeutischen Bereich hinweg bekannt und vielfältig eingesetzt, unter anderem im Vertrieb, im Sport und im Coaching.

Für die beiden Gründer führt der fast weltumspannende Erfolg des NLP allerdings zu Konflikten und letztlich zum Zerwürfnis, da es auch um enorme finanzielle Interessen geht. Ab 1980 gehen Bandler und Grinder getrennte Wege. Die gerichtlichen Auseinandersetzungen enden 2000 mit einer Einigung.

1.3 Power-NLP und Egotuning

Seit Mitte der 1980er-Jahre wird eine Richtung im NLP stärker, die sich in erster Linie darauf konzentriert, die eigene Persönlichkeit zu optimieren und auf Erfolgskurs zu bringen. Insbesondere Anthony Robbins sorgt dafür, dass NLP einerseits den Ruf bekommt, Erfolgsstrategien zu vermitteln, aber andererseits eben auch unseriös und marktschreierisch zu sein. Das Misstrauen an Motivationsveranstaltungen in großen Sälen mit aufwendig inszenierter Bühnenshow wächst, ebenso wie die Faszination für einfache Erfolgsrezepte. Es lässt sich nur darüber spekulieren, wie viele der Teilnehmer, die oft hoch motiviert und aufgepeitscht die Veranstaltungen verlassen, dann auch wirklich ihre Vorsätze und Ideen erfolgreich umsetzen. Dagegen gilt als sicher, dass Anthony Robbins mit seinen Büchern, Auftritten und Beratungsaufträgen sehr reich geworden ist.

Auch im deutschsprachigen Raum findet man NLP-Anbieter, bei denen es um die optimale Entwicklung des Egos geht. Sie werben mit Ausdrücken wie „Egotuning“, „Brainpower“ und „Charisma 2.0“. Da NLP kein geschützter Markenname ist, darf jeder behaupten, NLP zu lehren oder anzuwenden.

Die leiseren Ausbildungsinstitute, die sich ethischen Grundsätzen wie Transparenz, Integrität und Respekt vor der Unterschiedlichkeit der Menschen verpflichtet fühlen, müssen stets darum kämpfen, mit der „lauten“ Form von NLP nicht in einen Topf geworfen zu werden.

1.4 NLP steht nicht drauf, ist aber drin

Inzwischen gehören die Kommunikationstechniken des NLP zum Standardrepertoire in vielen Führungs-, Kommunikations- und Verkaufsseminaren, ohne dass NLP explizit genannt wird. So beruhen beispielsweise die sogenannten Feedback-Regeln auf den Erkenntnissen und Annahmen des NLP. Außerdem findet sich NLP in vielen Unternehmenskulturen und in den Methoden der Personal- und Organisationsentwickler. Zeit- und Selbstmanagementseminare bestehen zu großen Teilen aus NLP-Methoden.

Ärzte nutzen die Modelle und Techniken des NLP genauso wie Trainer, Politiker, Sportler, Marketingstrategen, Coachs und Mitarbeiter der Verfassungsschutzämter sowie des Bundesnachrichtendienstes.

Zu den wichtigsten Techniken des NLP gehören:
- Formulieren von Zielen
- Unternehmenswerte definieren
- Visionen und Strategien entwickeln
- offene Fragen stellen bzw. mit Fragen führen
- alle Sinne ansprechen
- Rapport aufbauen und Spiegeln
- positive Formulierungen wählen
- aus Fehlern für die Zukunft lernen
- Reizworte vermeiden
- positive Zustände ankern

1.5 Interview

1.5.1 *„Begeisterung kann auch missionarisch wirken"*

Evelyne Maaß und Karsten Ritschl

Die Soziologin Evelyne Maaß und der Psychologe Karsten Ritschl gehörten zu den ersten NLP-Trainern in Deutschland. Seit über 20 Jahren leiten sie das Weiterbildungsinstitut *Spectrum KommunikationsTraining* in Berlin. Gemeinsam haben sie 14 Bücher geschrieben und auch privat sind sie ein Paar.

Evelyne Maass: Viele Menschen, die bei uns eine NLP-Ausbildung machen, sind bereit, etwas in ihrem Leben zu verändern. Sie sind sozusagen „reisefertig" und wenn sie dann erst mal wissen, wohin die Reise gehen soll, wirkt NLP befreiend, erweiternd und kompetenzsteigernd. Oft haben ihre Partner diesen Veränderungswunsch auch schon vor der NLP-Ausbildung bemerkt und gehofft, dass zu Hause trotzdem alles beim Gewohnten bleibt. In ihrer Wahrnehmung kann NLP dann etwas Bedrohliches bekommen, da es für sie eine nicht mehr kontrollierbare Bewegung in die Beziehung bringt. Das kenne ich auch aus eigener Erfahrung: Es gab immer mal wieder Momente, die mir Angst gemacht haben. Wenn Karsten neue Facetten in sich entdeckt und ausprobiert hat, habe ich mich gefragt, ob ich danach wohl noch interessant für ihn sein werde.

Karsten Ritschl: Manche nutzen die Kompetenzen, die sie im NLP lernen, tatsächlich, um sich von ihrem Partner zu trennen. Die allermeisten allerdings wünschen sich, dass der Partner an ihrer Entwicklung teilhat. Sie sind begeistert von den neuen Erkenntnissen und machen spannende Erfahrungen, die sie ihrem Partner erzählen möchten. Ähnlich war es auch bei Evelyne und mir. Irgendwie hat sich alles, was sie damals von NLP erzählte und was sie dort erlebt hatte, nach viel Spaß angehört. Da wollte ich nicht außen vor bleiben. Ihre Inspiration ist bei mir allerdings auch auf fruchtbaren Boden gefallen. Ich hatte mich damals beruflich gerade neu orientiert und angefangen, Psychologie zu studieren. NLP hat mich in meiner Entwicklung unterstützt.

Evelyne: Die Begeisterung, mit der manche Teilnehmer zu Hause von NLP erzählen, kann aber auch missionarisch wirken und den Partner zurückschrecken lassen. Nachsetzen nützt da auch nichts. Meistens geht es besser, wenn man den Partner neugierig macht und dann abwartet, bis er Fragen stellt. Statt dem Partner zu erklären, wie beispielsweise Rapport funktioniert, ist es klüger, ihn erfahren zu lassen, welche Wirkung Rapport hat. Wir bieten deshalb auch offene Abende an, zu denen die Partner mitgebracht werden können. Dort können sie ihre eigenen Erfahrungen machen. Auch hier ist die Frage: Was könnte meinen Partner locken, mich zu begleiten?

Karsten: Es kommt auch immer mal wieder vor, dass Teilnehmer sich an uns wenden, weil ihre Partner die neuen Ideen aus dem NLP ablehnen oder NLP insgesamt abwerten. Wir fragen dann, wie der Seminar-Teilnehmer das Gelernte seinem Partner vermittelt hat. Anschließend regen wir ihn dazu an, sich in die Perspektive des Partners zu versetzen. Insbesondere nach Blockausbildungen treffen zwei sehr unterschiedliche Erfahrungswelten aufeinander: Während der Partner im Alltag geblieben ist, hat der NLPler eine intensive Ausbildungszeit hinter sich. Da heißt es, wirklich behutsam zu sein und vor allem auf den Rapport zu achten.

Evelyne: Das kann auch bedeuten zu akzeptieren, dass der andere von NLP nichts hören will. Ich kenne Paare, die seit vielen Jahren zusammen sind, bei denen einer NLP-Trainer ist und der andere sich dafür überhaupt nicht interessiert. Aber Paare, die sehr neugierig aufeinander sind und sich generell für das Erleben und für die Gedanken ihres Partners interessieren, finden auch die Impulse aus einer NLP-Ausbildung sehr bereichernd.

Karsten: Hin und wieder haben wir auch Paare, die die Ausbildung gemeinsam machen. Das kann bereichernd sein für die Beziehung, wenn beide sich genug Raum geben und den anderen seine eigenen Erfahrungen machen lassen. Das sollten beide vorher miteinander besprechen. Eine gemeinsame NLP-Ausbildung kann jedoch kein Ersatz für eine Paartherapie sein.

2. Voorannahmen: Woran NLPler glauben

NLP basiert auf philosophischen Grundsätzen und humanistischen Werten. Sie werden deutlich in den sogenannten Axiomen oder Vorannahmen. Diese Vorannahmen sind Glaubenssätze, die für alle, die NLP anwenden, handlungsleitend sein sollen. Sie bilden das gemeinsame geistige Fundament und sind Grundlage eines positiven Menschenbildes.

Die Axiome erheben nicht den Anspruch wahr zu sein, sie sind lediglich Annahmen über Kommunikation und Wahrnehmung sowie über die Entwicklungsmöglichkeiten jedes Einzelnen. Diesen Punkt übersehen jedoch manche NLPler. Für sie sind die Axiome so etwas wie „Naturgesetze" oder „Wahrheiten". Auf der Suche nach eindeutigen Aussagen über die Natur des Menschen bekommen die Axiome für sie etwas Unumstößliches. Doch der Geist des NLP vermittelt etwas anderes, nämlich: Annahmen von Erfahrungen zu unterscheiden und geistig flexibel zu bleiben.

Es könnte Ihnen also passieren, dass Ihr Partner die neu gelernten Vorannahmen häufiger in Gespräche einwirft. Wenn er sie als „Wahrheiten" präsentiert, können Sie widersprechen und darauf verweisen, dass gerade im NLP der Grundsatz gilt, dass es keine Wahrheit und kein „Falsch und Richtig" gibt. Deshalb hier die wichtigsten Axiome.

2.1 Die Landkarte ist nicht das Gebiet

Einer der wichtigsten Grundsätze des NLP lautet: „Die Landkarte ist nicht das Gebiet." Das bedeutet: Jeder Mensch nimmt die Welt – das Gebiet – mit seinen fünf Sinnen wahr und konstruiert daraus sein Modell der Welt – die Landkarte. Was wir nicht sehen, nicht hören, nicht ertasten, nicht riechen und nicht schmecken können, kommt in unserem Modell der Welt nicht vor.

> „Mich hat die Idee des Konstruktivismus anfangs verwirrt. Es fiel mir nicht leicht, zu akzeptieren, dass die Welt nicht so ist, wie ich sie sehe, sondern dass ich mir meine eigene Welt konstruiere. Das war für mich eine radikale Erkenntnis." – *Karsten R., NLP-Trainer und Lehrcoach*

Der Gedanke, dass das, was wir wahrnehmen, nicht die Realität ist, kann Menschen zutiefst verunsichern. Denn es bedeutet, die eigene Konstruktion der Wirklichkeit infrage zu stellen und zuzulassen, dass andere die Welt nicht falsch, sondern nur anders sehen. Auch die Frage, wie die Welt denn nun wirklich ist, wird sich nie beantworten lassen.

Wir werden nie das Gebiet oder die Welt an sich wahrnehmen können, sondern immer nur unsere Landkarte. Da unser Weltmodell – also unsere Landkarte – geprägt ist von den kollektiven Gedankenformen in unserer unmittelbaren Umwelt, entsteht schnell der Eindruck, dass unser Weltbild die Wahrheit ist, denn die anderen scheinen es auch so zu sehen. Erlebnisse, die nicht in dieses Modell passen, blenden wir aus. Dagegen nehmen wir Eindrücke und Geschehnisse, die es stützen, verstärkt wahr. Wir konstruieren unsere Weltmodelle also nicht nur nach den Informationen, die unsere Sinne uns liefern, sondern auch danach, was unser Bewusstsein uns an Einsichten erlaubt.

Ein Beispiel:

Vor einigen Jahren gastierte in Berlin eine Gruppe von afrikanischen Pygmäen, die gemeinsam Musik machten. Sie waren zum ersten Mal in die westliche Welt geholt worden. In einem Interview erzählten sie, dass ihnen das Haus, in dem sie geschlafen hatten, gut gefallen hätte. Nur sei es etwas eng gewesen, weshalb sie die „Kisten mit den weichen Auflagen" erst zur Seite schieben mussten. Betten existieren in ihrem Modell der Welt einfach nicht.

NLPler gehen davon aus, dass sich etliche Probleme lösen lassen, indem die Landkarte hinterfragt wird und dadurch andere Blicke auf die Welt möglich werden. Das kann mit bestimmten Fragen – den sogenannten Metamodell-Fragen – geschehen (siehe Kapitel 7). Eine andere Technik, die anregen kann, das eigene Welt-Modell zu hinterfragen, ist das Reframing (siehe Kapitel 12).

2.1.1 *Neugier und Offenheit sind gefragt*

Wenn Menschen ihr Modell von der Welt für *die* Realität halten und dabei verkennen, dass andere Menschen andere Modelle haben, führt das oft zu Konflikten, Missverständnissen und Rechthaberei. Wer hingegen neugierig ist, die Modelle der anderen kennenzulernen, und die Unterschiede zum eigenen Weltbild erklären kann, gilt in der Regel als offen und reflektiert.

„*Die Landkarte ist nicht das Gebiet*, war für mich wie eine Erleuchtung. Vorher hätte ich es immer gerne gehabt, dass die Leute alles so sehen wie ich. Jetzt kann ich einfacher akzeptieren, dass andere anders ‚ticken' – auch mein Mann. Mir sind seine guten Eigenschaften sogar noch mal bewusster geworden und ich kann sie anders wertschätzen." – *Tina T., Coach*

„Die Vorannahme ‚*Die Landkarte ist nicht das Gebiet*' hat meine Sicht auf die Welt und die anderen Menschen enorm verändert. Ich kann Leute so lassen, wie sie sind, und habe nicht mehr das Gefühl, alle retten zu müssen." – *Rita B., Trainerin*

Dieses erste Axiom basiert ebenso auf „der Kritik der reinen Vernunft" von Kant wie auf den philosophischen Überlegungen zum Konstruktivismus. Bekannt geworden ist damit beispielsweise Paul Watzlawick mit dem Buch: „Wie wirklich ist die Wirklichkeit?" Geprägt wurde die Metapher jedoch von dem Mathematiker, Philosophen und Sprachwissenschaftler Alfred Korzybski.

2.2 Körper und Geist sind Teile eines Systems und beeinflussen sich gegenseitig

Die körperliche Verfassung, die Körperhaltung, die Gestik und Mimik – all das beeinflusst auch die Stimmung und die Gedanken. Das behaupten nicht nur NLPler, sondern Neurobiologen und Hirnforscher ebenso wie Philosophen:

„Geist und Körper lassen sich nicht trennen! Denn wer im Gehirn das eine vom anderen zu unterscheiden versucht, kommt auf keinen grünen Zweig. Das Gehirn ist nicht eine Hardware, die mit dem Geist als Software ausgerüstet ist, sondern beides spielt auf eine untrennbare und sehr komplizierte Weise zusammen."[1]

2.2.1 *Lächeln und sich besser fühlen*

Wer beispielsweise sehr müde ist, verspürt wenig Lust, Abenteuer zu planen. Wer die Schulter hängen lässt, verspürt Niedergeschlagenheit. Forscher konnten nachweisen, dass Menschen sich besser fühlen, wenn sie lächeln: Die durch das Lächeln aktivierten Muskeln scheinen sich auf das Wohlbefinden auszuwirken. Gegen depressive Verstimmung, Lustlosigkeit und Schlafstörungen empfehlen Mediziner regelmäßige Bewegung. Langstreckenläufer berichten von Glücksgefühlen nach einigen Kilometern. Wer den Körper in Schwung bringt, setzt auch geistige Energien frei. Schon ein aufwärtsgerichteter Blick kann die Stimmung heben. So wird suizidgefährdeten Anrufern bei Notrufhotlines als Erstes gesagt, dass sie ihren Kopf heben und an die Decke schauen sollen.

2.2.2 *Gedanken beeinflussen den Körper*

In gleicher Weise haben die Gedanken Einfluss auf Prozesse im Körper. Sie kennen vermutlich die körperlichen Reaktionen, wenn Sie vor etwas Angst haben: feuchte Hände, schnelle Atmung, Schwitzen, Herzrasen. Oder wenn Ihnen etwas peinlich ist: Die Röte steigt automatisch ins Gesicht.

Diese physiologischen Reaktionen können nicht willentlich unterdrückt werden und weisen auf den emotionalen Zustand einer Person hin. Geschulte Beobachter nehmen diese Signale wahr, auch wenn die Person versucht, ihre Emotion zu kaschieren. Für Geheimdienstmitarbeiter kann es essenziell sein herauszufinden, ob beispielsweise ein V-Mann lügt oder die Wahrheit sagt. So findet sich in den Schulungsunterlagen „Nachrichtendienstpsychologie" für künftige Verfassungsschützer folgender Hinweis: „Gute Lügenentdecker berichten, dass sie neben den verbalen Aussagen auch auf nonverbale Signale achten, beispielsweise auf eine angespannte Stimme oder ein falsches Lächeln. Die schlechten Lügenentdecker konzentrieren sich hingegen auf den sprachlichen Inhalt"[2]

---

1 Richard David Precht: „Wer bin ich und wenn ja, wie viele?", S. 57.

2 Sven Max Litzcke: „Nonverbale Lügen und Machtmerkmale" in: Nachrichtendienstpsychologie 1, S. 144 , Schriftenreihe der Fachhochschule des Bundes, Fachbereich Öffentliche Sicherheit.

Ein unverfängliches *Beispiel* von dem Entertainer und „Gedankenleser" Thorsten Havener:

„Stellen Sie sich vor, Sie halten in Ihrer linken Hand eine aufgeschnittene Zitrone. Strecken Sie Ihren Arm tatsächlich vor Ihrem Körper aus und formen Sie Ihre Finger um die imaginäre Frucht. Erspüren Sie die Beschaffenheit der kühlen und frischen Zitronenschale, Sehen Sie vor sich das frische und kräftige Gelb der Frucht. Atmen Sie ein und riechen Sie den frischen Zitrusduft. Jetzt führen Sie Ihre linke Hand zu Ihrem Mund und stellen Sie sich vor, Sie bissen in die Zitrone. Spüren Sie, wie Ihre Zähne auf die Schale treffen und wie das Fruchtfleisch seinen sauren Geschmack auf Ihrer Zunge entfaltet? Jetzt zerkauen Sie den Bissen in Ihrem Mund – er schmeckt sehr frisch und sauer. Oder?"[3]

Und, hat sich bei Ihnen Speichel im Mund gebildet, während Sie die Zeilen gelesen haben? Nur durch Ihre Gedanken und durch Ihre Vorstellungskraft haben Sie den Speichelfluss angeregt.

2.2.3 *Nebenwirkungen auch bei Placebos*

Die in der Zeit der Aufklärung entstandene Vorstellung, dass das Gehirn und damit das Denken weitgehend unabhängig und losgelöst vom Körper funktionieren, wird inzwischen auch von der modernen Hirnforschung widerlegt. Interessant sind in diesem Zusammenhang auch die Forschungen zu den Placebo-Effekten. So haben Wissenschaftler beobachtet, dass blaue Tabletten bei Schlafstörungen besser helfen als weiße, auch wenn in beiden kein einziger chemischer Wirkstoff ist. Andererseits leiden viele Probanden unter den Nebenwirkungen eines Medikaments – auch wenn sie nur ein Placebo eingenommen haben.

In einer Meldung der Deutschen Presse-Agentur (dpa) von 2. März 2011 heißt es zu dem Thema: „‚Placebos wirken stärker und sehr viel komplexer als bisher angenommen. Ihr Einsatz ist von enormer Bedeutung für die ärztliche Praxis', sagte Professor Christoph Fuchs, Hauptgeschäftsführer der Bundesärztekammer ... Zwar sei bis heute nicht erschöpfend geklärt, wie ein Placebo genau funktioniert. Aber der günstige Effekt sei hirnphysiologisch und -anatomisch lokalisierbar, heißt es."[4]

---

3 Thorsten Havener: „Ich weiß, was du denkst", S. 39.

4 Zitiert nach ↗ http://www.zeit.de/news.

2.2.4 *NLP für gutes Selbstmanagement*

NLPler machen sich diese Zusammenhänge zunutze, indem Sie sich selber oder andere Menschen gedanklich in einen energievollen Zustand führen. Oft gelingt es auf diesem Wege, den aktuellen Zustand deutlich zu verbessern und Zugang zu den gewünschten inneren Ressourcen zu erleichtern. Im Selbstmanagement spielt diese Technik eine wichtige Rolle. Im NLP ist sie unter dem Begriff Ankern bekannt.

Das enge Zusammenspiel von Körper und Geist hat noch eine weitere Folge: Die Auswirkung der Gedanken sind für andere sichtbar, sie zeigen sich körperlich. Manches davon ist für jeden schnell zu erkennen, wie zittrige Hände bei Nervosität. Im NLP ist die Sinnesschärfung ein wichtiges Thema: Die Teilnehmer werden geschult, genau auf den Gesichtsausdruck, die Gestik und die Körperhaltung zu achten, wenn sie jemand anderen durch eine Übung führen. Kalibrieren – so der NLP-Begriff dafür – bedeutet, dass wir versuchen zu erkennen, in welchem Zustand ein anderer Mensch sich befindet. Die Signale des Körpers geben Ihnen Feedback, wie passend die vorgeschlagenen Schritte für den anderen sind und ob er sich in einem ressourcenvollen oder -armen Zustand befindet.

2.3 Jedes Verhalten hat eine positive Absicht

Zur Vorannahme des NLP, dass alles, was ein Mensch tut, eine positive Absicht hat, fallen Ihnen vermutlich sofort Beispiele ein, die diese Annahme widerlegen. Denn was bitte soll die positive Absicht sein, wenn Jugendliche in U-Bahnhöfen willkürlich Passanten zusammenschlagen? Oder welche positive Absicht könnten Männer haben, die Frauen umgarnen und sie dann nach der ersten gemeinsamen Nacht eiskalt fallen lassen? Und wo versteckt sich die positive Absicht, wenn ältere Damen ihr Geld in der Spielbank verzocken?

2.3.1 *Es geht um das eigene Ich*

Wir haben diese drastischen Beispiele gewählt, um deutlich zu machen, dass die positive Absicht, die das NLP meint, sich nicht immer auf andere Menschen oder die Umwelt bezieht, sondern auf das eigene Ich. Aber, werden Sie nun vielleicht fragen, schaden die jugendlichen Schläger, die „galanten" Männer und die zockenden Damen nicht am Ende auch sich selbst? Wäre es nicht vernünftiger und besser für sie, wenn sie sich anders verhielten?

Aus Sicht der meisten Menschen wäre es tatsächlich angebrachter, friedlich miteinander umzugehen, Sexualpartner achtsam zu behandeln und das Geld für wichtige Anschaffungen zu sparen. Und nicht selten fragen Menschen sich im Nachhinein: „Warum habe ich das bloß getan?“ oder „Warum tue ich das immer wieder?“

2.3.2 *Etwas bekommen oder etwas vermeiden?*

Um zu verstehen, warum NLPler trotzdem glauben, dass diesem Verhalten eine verdeckte positive Absicht zugrunde liegt, müssen wir uns mit der Frage beschäftigen, welche diese sein könnte.

Für die Familientherapeutin Virginia Satir geht es dabei um früh erlernte Verhaltens- und Kommunikationsformen, die das „physische und gefühlsmäßige Überleben“ sichern sollen.

„Ich glaube, dass Menschen, die diese Kommunikationsformen benutzen, sie im Laufe ihrer Kindheit gelernt haben. Sie waren die beste Überlebenschance, die sie hatten, und deshalb verdienen sie meinen Respekt ... Auch wenn diese Formen wenig erfolgreich sein mögen, sind sie doch Versuche, uns Selbstachtung zu verschaffen.“[5]

Bei „positiven Absichten“ geht es also entweder darum, etwas zu bekommen oder etwas zu vermeiden. Menschen wünschen sich beispielsweise:

- Anerkennung, Bestätigung
- sexuelle Befriedigung
- Spannung
- Kontakt mit Menschen

Und Menschen versuchen, die folgenden Gefühle zu vermeiden:

- Ohnmacht
- Demütigung
- Schmerz
- Einsamkeit
- Langeweile

Wenn Sie diese Absichten betrachten, werden Sie die meisten vermutlich nachvollziehen können. Aber dennoch werden Sie sagen: „Das Verhalten ist trotzdem nicht in Ordnung.“ Und genau darum geht es im NLP: andere Verhaltensmöglichkeiten zu finden, mit denen die positive Absicht auch zu erfüllen ist.

---

5 Virginia Satir: „Mein Weg zu dir“, S. 44-46.

2.3.3 *„Die Absichten halten dich am Leben, aber nicht wirklich lebendig"*

Dass es nicht in jedem Fall gelingen kann, andere Verhaltensweisen zum Erfüllen positiver Absichten zu finden, liegt auf der Hand. Zumal die Voraussetzung dafür ist, dass die betreffende Person überhaupt in der Lage ist, ihre Absichten zu erkennen und zu benennen. Viele der Absichten sind einem peinlich oder man schämt sich ihrer, andere erscheinen auf den ersten Blick absurd. Oder wie Virginia Satir schreibt: „Sie halten dich am Leben, aber nicht wirklich lebendig."[6]

So wie im Fall einer Klientin, die etwa 20 Kilogramm zu viel auf den Rippen hatte und gerne abnehmen wollte. Auf der Suche nach der positiven Absicht ihres Essverhaltens kam sie langsam darauf, dass ihr Gewicht sie davor schützte, Männer zurückweisen zu müssen – und das, obwohl sie sich sehnsüchtig eine gute Partnerschaft wünschte.

Wer eine größere Veränderung in seinem Leben anstrebt, tut gut, danach zu fragen, was das Gute am jetzigen Zustand bzw. was die positive Absicht hinter dem bisherigen Verhalten ist. Wenn nämlich in dem angesteuerten Ziel die positive Absicht keinen Platz mehr hat, ist die Chance groß, dass das Ziel schnell wieder aufgegeben wird. Aus diesem Grund wird im NLP bei der Zielarbeit immer der sogenannte Ökologie-Check gemacht.

2.4 Es gibt keine Fehler und kein Scheitern, nur Feedback und Resultate

Bei dieser Idee werden die Lehrer unter Ihnen aufschreien: Natürlich machen Schüler Fehler und sie scheitern beim Lösen von Aufgaben. Diese Vorannahme bezieht sich aber nicht auf Klassenarbeiten und Klausuren, sondern auf das Leben. Und wer wollte entscheiden, welches Verhalten „richtig" oder „falsch" ist? Beurteilen lässt sich aber, ob mit einem Verhalten das gewünschte Resultat erzielt worden ist oder nicht.

Wenn beispielsweise ein Redner erlebt, dass die Zuhörer scharenweise den Raum während seines Vortrags verlassen, kann er zu sich selbst sagen: „Ich habe auf der ganzen Linie versagt. Ich habe das falsche Thema gewählt. Es war ein Fehler, überhaupt hierher zu kommen. Das mache ich nie wieder." Oder er kann sich sagen: „Offensichtlich habe ich ein Thema gewählt, das die Zuhörer nicht interessiert" und

---

6 Virginia Satir: „Mein Weg zu dir", S. 44-46.

daraus die Schlussfolgerung ziehen, sich beim nächsten Mal besser über die Interessen des Publikums zu informieren oder an seiner Rhetorik zu arbeiten.

(Wir wollen hier nicht über den Redner sprechen, der sich denkt: „Was für ein ungebildetes Publikum. Wie unverschämt, einfach den Saal zu verlassen.")

2.4.1 *Richtig oder Falsch ist eine Frage der Sichtweise*

Jetzt kommen wir noch einmal auf die Lehrer zurück: Können sie denn wirklich sagen, was richtig und was falsch ist? Ob „dass" oder „daß" die richtige Schreibweise ist, hängt davon ab, ob wir die Zeit vor oder nach der letzten großen Rechtsschreibreform betrachten. Was sich feststellen lässt, ist, ob ein Wort so geschrieben wurde, wie es der Duden momentan vorsieht. Und ob die Behauptung, die Mauer zwischen der DDR und der Bundesrepublik Deutschland sei ein antikapitalistischer Schutzwall gewesen, richtig ist oder nicht, hängt von der politischen Bewertung ab – sie wurde vor 1990 an den Schulen in den beiden deutschen Staaten ganz unterschiedlich vermittelt.

Diese Annahme, dass es keine Fehler und kein Scheitern gibt, ist aber vor allem wichtig für alle, die mit Menschen arbeiten.

Es ist der Hinweis,
1. jede Art von Feedback ernst zu nehmen, also auch körperliche Signale;
2. auf die Resultate zu fokussieren, statt auf vertane Chancen;
3. die Strategie anzupassen, falls mit einem Verhalten das angestrebte Ziel nicht erreicht wird, und dabei Fehler als Lernchancen zu betrachten.

2.4.2 *Flexibles Denken und Handeln*

Der letzte Punkt hängt eng zusammen mit einer der grundlegenden Säulen im NLP: Flexibilität im Denken und Verhalten. Wer immer das Gleiche macht, wird immer das Gleiche bekommen. Wenn das aber nicht das ist, was man sich wünscht, sollte man irgendetwas anderes ausprobieren. Wenn Ihr Partner Ihnen beispielsweise vorwirft, dass Sie nicht genug Zeit mit der Familie verbringen, können Sie so reagieren, wie Sie es meistens tun: Ausreden finden, Schuldbewusstsein zeigen oder zum Gegenangriff übergehen. Sie könnten aber auch fragen, was Ihr Partner sich genau wünscht, oder in Ihrem Terminkalender feste Familienzeiten eintragen. Das hängt natürlich auch davon ab, was Sie sich wünschen: mehr oder weniger Zeit mit der

Familie, freundliche Atmosphäre oder krachende Konflikte, nach denen Sie sich aus „gutem“ Grund zurückziehen können. Auch hier gibt es kein Verhalten, das grundsätzlich falsch oder richtig ist.

2.5 Jeder hat alle Ressourcen in sich, die er braucht, um sein Ziel zu erreichen

In dieser Annahme zeigt sich der ressourcenorientierte Ansatz des NLP. Ressourcen sind dabei innere Zustände, die es erlauben, alle notwendigen Fähigkeiten zur Verfügung zu haben oder entwickeln zu können. Das können sein: Selbstvertrauen, Gelassenheit, Mut, Zuversicht und Lebendigkeit. NLPler gehen davon aus, dass jeder diese Zustände irgendwann in seinem Leben schon mal in sich erfahren hat. Sie müssen nur reaktiviert und bewusst gemacht werden, um sie dann in der gewünschten Situation spüren zu können. Das bedeutet aber nicht, dass es jedem gleich leichtfällt, die nötigen Ressourcen zu aktivieren. Für den einen reichen nach einer Niederlage zwei Stunden Coaching, um das verlorene Selbstvertrauen zurückzugewinnen, ein anderer braucht Monate, wenn nicht sogar Jahre, um einen ähnlich guten Zustand zu erleben.

„Alles ist in uns selbst vorhanden.“ – *Meng Dse, konfuzianischer Philosoph*

In der Arbeit mit Menschen ist die Idee, dass jeder alle Ressourcen hat, die er braucht, sehr nützlich, denn sie stärkt das Vertrauen in die Fähigkeiten des anderen. In diesem Vertrauen können sich verschüttete Ressourcen zeigen und genutzt werden. Um einen schnellen Zugang zu den Ressourcen zu bekommen und sie im gewünschten Moment erleben zu können, wenden NLPler die Technik des „Ankerns“ (siehe Kapitel 10) an.

2.6 Interviews

2.6.1 *„NLP hat meine Sicht auf die Welt verändert“*

Tina T., Coach

Für mich ist oder war NLP fast wie eine Droge. Vor gut vier Jahren bin ich völlig unbedarft ins erste Seminar gegangen und war total beeindruckt: Rapport, Pacen und Leaden – so ging es los. Das alles war so spannend, dass ich abends das Bedürfnis hatte, alles brühwarm und stundenlang zu erzählen. Mein Mann musste es aushalten und das hat ihn ganz schön gefordert. Vieles kannte er aus Kommunikations- und Verkaufsseminaren, auch wenn es dort nicht NLP hieß. Ich war ganz froh, dass meine Erzählungen bei ihm auf fruchtbaren Boden fielen.

„Ich habe mir mehr Kommunikation gewünscht“
Am Anfang war es neu und toll für uns beide. Dann wurde es zwischendurch schwierig, weil ich merkte, dass er nicht mehr so mitgehen konnte und bei ihm eine Grenze erreicht war, wenn ich beispielsweise erzählte, dass ich auf einer Zeitlinie zurückgegangen war. Manchmal merkte ich, dass er einfach nett war und mir zuhörte. Dafür war ich ihm sehr dankbar, aber meine Aufregung musste ich letztendlich mit mir selber ausmachen und so habe ich mich manchmal traurig in mein Schneckenhaus zurückgezogen. Es ging mir aber nicht gut damit, weil mir die Kommunikation mit ihm fehlte. Trotz der Gräben, die zeitweise zwischen uns waren, weiß ich, dass er Anteil nimmt und mich unterstützt. Ich habe mir oft gewünscht, dass er auch NLP macht, am Anfang sogar ganz doll.

Uwe hat mich manchmal mit seiner grundsoliden Art aus einigen Spinnereien wieder herausgeholt. Denn es gab Phasen, in denen ich ganz schön verbohrt war und dachte, dass NLP das Nonplusultra ist und dass andere es auch so sehen müssten. Eine Zeit lang habe ich jede Metamodell-Verletzung hinterfragt und bin bei negativen Du-Botschaften und verletzenden Bewertungen an die Decke gegangen. Es ist für mich immer noch schwer auszuhalten, wenn ich sehe, was Menschen sich und anderen mit unbedachten Worten antun. Manchmal wünsche ich mir, dass ich es wie früher gar nicht bemerken würde. Aber das Rad lässt sich nicht zurückdrehen und ich will es unterm Strich auch nicht.

„Ich kann besser akzeptieren, dass mein Mann anders tickt“
NLP hat meine Sicht auf die Welt sehr verändert und dadurch meine Beziehungen zu anderen Menschen und mein ganzes Leben. Das Axiom: „Die Landkarte ist nicht das Gebiet“, also die Annahme, dass für jeden die Welt anders aussieht, war für mich wie eine Erleuchtung. Vorher hätte ich es immer gerne gehabt, dass die Leute die Dinge so sehen wie ich. Jetzt kann ich besser akzeptieren, dass andere anders ticken – auch mein Mann. Mir sind seine guten Eigenschaften sogar noch bewusster geworden und ich kann sie anders wertschätzen. Dazu haben auch die LAB-Profile beigetragen. Die Sprach- und Verhaltensmuster des anderen zu erkennen – das ist wie eine Zauberformel und bringt die Gelassenheit,

sich nicht über den anderen zu ärgern. Es macht uns viel Spaß, zu sehen, wie verschieden unsere Muster sind. Wir können über Missverständnisse lachen und finden es toll, dass es trotzdem klappt.

Wir können auch über unsere Kinder ganz anders sprechen. Wir wissen, unsere Tochter braucht das eine und unser Sohn etwas ganz anderes. Wir können und wollen das auch gar nicht mehr ändern, weil wir jetzt wissen, dass das ihre Muster sind.

Vielleicht ist es auch eine Folge von NLP, dass ich mich weniger über Dinge ärgere, die ich nicht ändern kann. Mich macht NLP glücklich und ich freue mich, wenn sich Leute dafür interessieren. Aber ich möchte es niemandem aufzwingen – so wie ich es früher wahrscheinlich getan hätte.

2.6.2 *„Unsere Beziehung ist wie vorher“*

Uwe T., Unternehmens- und Personalberater

Ich hatte von NLP schon gehört, bevor meine Frau mit einem Seminar angefangen hat. Allerdings hatte ich mir bis dahin keine Meinung darüber gebildet, da es mich nicht wirklich interessierte. Als meine Frau mir dann erzählte, dass sie eine NLP-Ausbildung anfängt, habe ich das durchaus positiv aufgenommen und sie auch darin bestärkt. Schließlich ist Kommunikation ein interessantes Thema, das zur Entwicklung der Persönlichkeit beiträgt. Ich fand es gut, dass sich meine Frau nach den Jahren der Kindererziehung ein neues Aufgabenfeld gesucht hat.

Meine Frau stellt seitdem andere Fragen als vorher. Da wir seit mehr als 30 Jahren verheiratet sind, habe ich natürlich sofort bemerkt, dass sich bei ihr etwas verändert hat. Das war für mich weder positiv noch negativ. Unsere Beziehung hat sich durch NLP auf jeden Fall nicht verändert. Trotzdem möchte ich betonen, dass ich sie bestärke, mit NLP weiterzumachen. NLP hat so viele Techniken, die sie nur beherrschen kann, wenn sie sie immer wieder anwendet und sich weiterbildet. Das weiß ich aus eigener Erfahrung als Unternehmens- und Personalberater. In meinem Beruf spielt Kommunikation ja auch eine überragende Rolle. Ich bin der Meinung, dass jeder das machen soll, womit er glücklich wird. Solange meine Frau mich nicht zwingen will, auch NLP zu machen, ist alles in Ordnung.

Ich möchte keine NLP-Ausbildung machen, obwohl mich Teilbereiche wie die Metamodell-Fragen und die LAB-Profile durchaus interessieren. Sie sind auch für meinen Beruf nützlich. Ich habe jetzt angefangen, mich in diese beiden Themen einzulesen. Ansonsten spreche ich mit meiner Frau inzwischen schon öfter mal über die unterschiedlichen Kommunikationstechniken.

3. | Kritik am NLP: Ob da was dran ist?

Wer sich mit NLP beschäftigt, stößt auf sehr unterschiedliche Meinungen: Manche sind ganz begeistert, sehen im NLP hoch effektive Kommunikations- und Veränderungsmethoden; andere hingegen haben Vorbehalte und auch Vorurteile. Wir beschäftigen uns in diesem Kapitel deshalb mit den wichtigsten Kritikpunkten am NLP. Um es vorweg zu sagen: Uns geht es nicht darum, Skeptikern den Wind aus den Segeln zu nehmen, sondern darum, verschiedene Sichtweisen und Argumente aufzuführen. Welche Ideen und Ansätze Sie am Ende überzeugen, bleibt Ihnen selbst überlassen.

3.1 Behauptung: NLP ist nicht wissenschaftlich fundiert

Das stimmt. Allerdings erhebt NLP auch nicht den Anspruch, wissenschaftlichen Ansprüchen zu genügen. NLPler berufen sich darauf, dass sich im Leben zeigt, was funktioniert und was nicht. Tatsächlich wird NLP im akademischen Diskurs sehr kritisch bewertet, auch weil die Wirkung der Methoden bislang nicht mit anerkannten empirischen Messverfahren nachgewiesen wurde. Möglicherweise war es ein Fehler der Vordenker des NLP, sich nicht um eine nachvollziehbare Beweisführung ihrer Ergebnisse zu bemühen und so dem Vorwurf der Pseudowissenschaft von Beginn an entgegenzutreten.

Auf der anderen Seite möchten wir zu bedenken geben, dass vieles, was die Wissenschaft „bewiesen" hatte, sich Jahre später als Irrtum oder gar als Betrug herausstellte. Auch Irrtümer in der Medizin füllen ganze Bücher. Ob Wissenschaft wirklich neutral und objektiv ist, darf ebenso bezweifelt werden. Die Philosophin Natalie Knapp stellt fest: „Alles Wissen ist eine Folge unserer Deutung von Daten. Wissenschaft ist nicht objektiv. Sie ist nur eine von vielen möglichen Arten, Informationen über die Wirklichkeit zu sammeln."[7]

Für alle, die Wert auf wissenschaftliche Kriterien und Beweise legen, dürfte NLP nichts sein. Aber auch für alle anderen gilt, immer wieder für sich zu überprüfen, welche Angebote aus der NLP-Palette jeder in sein Leben integrieren möchte.

3.2 Behauptung: Mit NLP-Methoden lassen sich Menschen manipulieren

Man kann das durchaus so sehen: Mit den wirkungsvollen Methoden des NLP können Menschen dazu gebracht werden, etwas zu tun, das sie nicht vorhaben oder über etwas nachzudenken, das ihnen sonst nicht in den Sinn gekommen wäre – manchmal zum Nutzen der Angesprochenen, manchmal zu ihrem Schaden. Fragen lenken den Fokus der Aufmerksamkeit und können den anderen in eine innere Suchbewegung bringen. Mit hypnotischen Sprachmustern wird das Bewusstsein so abgelenkt, dass Botschaften ins Unbewusste vordringen können. Deshalb werden diese Techniken inzwischen in vielen Verkaufsschulungen gelehrt – in der Regel eher im Interesse der Unternehmen als zum Nutzen des Kunden. Wir persönlich finden es auch ethisch verwerflich, mit welchen manipulativen Fragen manche Kundenberater oder Versicherungsvertreter ihre Produkte an den Mann bringen.

---

7 Natalie Knapp: „anders denken lernen", S. 31.

3.2.1 *Am Anfang stand der therapeutische Nutzen*

Manipulation war allerdings nicht die Absicht der NLP-Vordenker, die aus der therapeutischen Szene kamen. Ihr primäres Ziel war es, effektive Kommunikationsmethoden für Therapeuten zur Verfügung zu stellen, sodass diese ihren Klienten bei der Bewältigung von persönlichen Problemen schneller und besser helfen konnten. Dabei war es ihnen wichtig, die Methoden so aufzuarbeiten, dass sie Schritt für Schritt und leicht für andere erlernbar waren. Gerade das weckte Begehrlichkeiten auch in anderen Bereichen. Seit die Methoden publiziert sind und in Seminaren gelehrt werden, kann sie jeder in seinem Sinne nutzen.

Hier zeigt sich eine Grunddilemma, das auch andere Disziplinen mit hoch effektiven Techniken und Fertigkeiten haben: Physiker haben das Weltall für die Menschheit nutzbar gemacht, aber ihre Raketentechnik kann und wird auch in tödlichen Waffen eingesetzt. Ob die Gentechnik Fluch oder Segen ist, wird sich erst noch zeigen. Wissenschaftler ziehen sich in der Regel auf den Standpunkt zurück, sie hätten nur die Theorie oder die Technik zur Verfügung gestellt. Ethische Verantwortung für das, was andere damit machen, lehnen sie ab.

3.2.2 *Die eigenen Werte im Auge behalten*

Teilweise hat NLP eine ähnliche Entwicklung genommen. Ein extremes Beispiel ist im Internet zu finden. Fünf Videos auf YouTube (Bewusstseinskontrolle durch NLP 1–5[8]) zeigen, wie Derren Brown es schafft, mithilfe von zum Teil aus dem NLP stammenden Techniken eine Gruppe von Teilnehmern eines Motivationsseminars so zu beeinflussen, dass sie am Ende einen Geldtransporter überfallen. Es handelt sich um eine aufwendig vorbereitete Show, in die „Elemente hineingebracht werden" – wie der Sprecher in den Videos sagt –, die nichts mit NLP zu tun haben. Beispielsweise werden die Teilnehmer von einem vermeintlichen Sicherheitsmitarbeiter so schikaniert, dass sie Feindseligkeit entwickeln.

Auf den ersten Blick offenbart sich in dem Film ein verantwortungsloser Umgang mit Hypnose und anderen Möglichkeiten der Bewusstseinsbeeinflussung. Auf den zweiten Blick aber erinnern die Videos daran, dass wir nie unsere Werte aus den Augen verlieren dürfen, an denen wir unser Handeln ausrichten.

---

8 ↗ http://bit.ly/z769SC

3.2.3 Selbstbestimmung und innere Freiheit

Ob die NLP- Methoden manipulativ eingesetzt werden, hängt also von der ethischen Ausrichtung und den Zielen des Anwenders ab. Dem Geist des NLP entspricht es aber nicht, Menschen gegen ihren Willen zu etwas zu bringen. Seriöse Ausbildungsinstitute legen deshalb viel Wert auf eine wohlwollende ethische Grundhaltung der Selbstbestimmung und der inneren Freiheit. Sie stehen für ein humanistisches Menschenbild und veröffentlichen ihre Werte und Visionen.

Wenn Sie nicht wissen, für welche Art von Ausbildungsinstitut sich ihr Partner entschieden hat, schauen Sie sich einfach mal den Internetauftritt des Anbieters an. Die Mitgliedschaft im DVNLP ist ein Hinweis darauf, dass sich das Institut den Werten des Verbandes verpflichtet fühlt und die Ausbildung bestimmte Qualitätskriterien erfüllt. Und wenn Sie sich nicht sicher sind, welche Ziele Ihr Partner mit seiner NLP-Ausbildung verfolgt, dann sprechen Sie mit ihm darüber und stellen konkrete Fragen. Vielleicht haben Sie die Möglichkeit, sich selbst ein Bild von den Trainern und den Räumlichkeiten des Instituts zu machen.

Noch ein letzter Satz zu dem Thema Manipulation: Der beste Schutz davor, selber manipuliert zu werden, ist das Wissen über die Methoden. Auch in diesem Sinne könnte dieses Buch sich also für Sie lohnen.

3.3 Behauptung: NLP wird der hochkomplexen Realität nicht gerecht

Gegenfrage: Welches Modell wird der Komplexität der Welt gerecht? Welches der menschlichen Psyche und welches erfasst jedes Detail einer Kommunikation? Wir jedenfalls kennen kein solches Modell. Nicht einmal die Physik hat zurzeit eine Theorie, mit der sie die Realität der kleinsten Teilchen mit der Realität des gesamten Universums in Einklang bringen kann.[9] Ungeachtet dessen scheint der moderne Mensch ein großes Bedürfnis danach zu haben, sich mithilfe von Modellen die Welt erklärbar zu machen. So arbeiten etwa 10000 Physiker seit etlichen Jahren daran, Protonen auf Lichtgeschwindigkeit zu bringen und kollidieren zu lassen. Das Ziel des Megaexperiments ist es, Antworten zu finden auf keine geringeren Fragen wie: „Woraus besteht das Universum? Was hält es zusammen und womit fing es an?“ Dabei werden extrem viele Daten erzeugt, von denen jedoch nur 0,0005 Prozent

9 Natalie Knapp: „anders denken lernen“, S. 54.

überhaupt aufgezeichnet werden. Möglicherweise steht am Ende der Experimente ein neues Bild der Welt.[10]

Der Vorteil von Modellen ist sicher der, dass bestimmte Muster zu erkennen und Phänomene einzuordnen sind. Die Gefahr besteht zweifelsohne darin, in Denkschablonen hängen zu bleiben und vorschnell Beobachtungen „abzustempeln“ oder „in Schubladen zu packen“.

Aber zurück zum NLP: Im Gegensatz zu den Physikern, die glauben, dass ein winziger Prozentsatz von Daten ausreicht, um uns dann zu erklären, wie die Welt ist, betonen NLPler immer die Subjektivität von Welt-Modellen. Insbesondere die „Metaprogramme“, das „Metamodell“ und das Konzept der „Repräsentationssysteme“ beschäftigen sich explizit mit der Frage, wie Menschen ihre eigene und einzigartige Realität erschaffen. Diese Modelle über die Modellbildung oder über die Konstruktion von Wirklichkeit tragen enorm dazu bei, die Unterschiedlichkeit der Menschen zu verstehen.

3.4 Behauptung: NLP ist esoterische Spinnerei

Den Eindruck der esoterischen Spinnerei könnte bekommen, wer sich die Werbeprospekte einiger Seminar-Anbieter anschaut, von denen manche sich auch explizit auf NLP beziehen. Auch hier gilt der Hinweis, die Selbstdarstellung der Institute unter dem Aspekt der Professionalität und Ernsthaftigkeit zu betrachten.

Dennoch: Auch seriöse NLP-Ausbildungen beschäftigen sich mit der Frage nach dem Sinn, der Zugehörigkeit und der eigenen Mission auf dieser Erde. In den sogenannten neurologischen Ebenen spielen diese Fragen eine wichtige Rolle.

In NLP-Ausbildungen, die einen starken Akzent auf den Business-Bereich legen, wird die Frage nach dem Sinn des Lebens, nach eigenen Visionen und Spiritualität allerdings oft ausgeklammert.

3.5 Behauptung: NLP heißt, in allem das Positive zu sehen

Für den einen ist das Glas halb voll, für den anderen halb leer. Dieses Bild wird oft bemüht, um zu zeigen, dass ein und derselbe Sachverhalt positiv oder negativ gesehen werden kann. Im NLP liegt ein starker Fokus darauf, in allem etwas Positives

10 Vgl.: „Die Zeit“ vom 18.8.2011: „Das Making-Of eines Weltbildes“.

zu sehen bzw. den Dingen, Vorkommnissen oder Verhaltensweisen eine positive Bedeutung zu geben. Häufig eröffnet diese Umdeutung tatsächlich neue Perspektiven, aber die Technik hat ihre Grenzen: Traumatische Erlebnisse, tief sitzende Kränkungen und existenzielle Ängste verschwinden nicht durch bloßes Umdeuten. Sexuelle Missbrauchserfahrungen gehören ebenso wie Depressionen, Süchte und andere psychische Erkrankungen in professionelle therapeutische Hände. Das wissen auch NLPler, die ein profundes Wissen über psychodynamische Prozesse haben.

3.5.1 Steigerung der Lebensqualität

Und dennoch: Mit dem Fokus auf Ziele, Möglichkeiten und Ressourcen steht NLP für positives Denken, also für die Annahme, dass positive Gedanken zu Erfolg im Sinne von Wohlstand, Anerkennung, Gesundheit usw. führen. Auch wir sind davon überzeugt, dass diese Sichtweise viel zur Steigerung der subjektiven Lebensqualität beiträgt. Und wir verbringen nicht so gerne viel Zeit mit Menschen, die in jeder Suppe ein Haar suchen und finden. Aber dieses „Think positive!" sollte nicht dazu führen, soziale Ungerechtigkeit oder undemokratische Machtverteilung hinzunehmen. Die amerikanische Autorin Barbara Ehrenreich beschreibt diesen Zusammenhang in einem Artikel über die Gefahren der Ideologie des positiven Denkens: „... die Aussichten, in eine höhere Schicht aufzusteigen, sind für Amerikaner um einiges geringer als für Deutsche, Kanadier, Finnen, Franzosen, Schweden, Norweger oder Dänen. Doch unterstützt von kräftigen Dosen positiven Denkens, kann sich der Mythos weiter behaupten. ‚Der unerschütterliche Glaube an Chancen und Aufstieg', bemerkten zwei Wissenschaftler der Brookings Institution 2006 etwas trocken, ‚wird oft als Erklärung für die hohe Toleranz der Amerikaner gegenüber Ungleichheit angeführt ...'"[11]

Deshalb: Jeder sollte zu jeder Zeit selber entscheiden, wann das Glas für ihn halb voll und wann es halb leer ist und wofür bzw. wogegen zu kämpfen es sich lohnt, damit sich nicht nur im eigenen Leben etwas ändert, sondern in der Gesellschaft. Für die Entwicklung und die Realisierung von (gesellschaftspolitischen) Visionen bietet NLP eine gute Unterstützung. Und um mit innerer Freiheit selbst zu entscheiden, welche Bedeutung man einer Angelegenheit geben will, lohnt es sich, die Möglichkeiten des Reframings kennenzulernen.

---

11 Barbara Ehrenreich in: „Wirtschaftswoche" vom 22.08.2010.

3.6 Behauptung: NLP verspricht mehr, als es halten kann

Ja, es gibt Menschen, die behaupten, mit NLP sei alles erreichbar oder zumindest fast alles. Einer der bekanntesten Vertreter dieser Richtung ist Anthony Robbins. Auf seiner Website äußert sich eine eindrucksvolle Anzahl von erfolgreichen Menschen – unter ihnen der ehemalige US-Präsident Bill Clinton – begeistert über die Fähigkeiten von Anthony Robbins als Motivationstrainer. Die Titel seiner Bücher sprechen eine eindeutige Sprache: Ihm geht es um Power, Energie und Erfolg.[12] Und was können Teilnehmer angeblich in seinen Seminaren lernen?

„Sie lernen, blockierende Emotionen auflösen, um dann zu neuen Höchstleistungen zu kommen. Fühlen Sie, wie sich Angst in Kraft umwandelt, wie Sie Ihre Energie steigern!“, heißt es auf der Website von Anthony Robbins.

3.6.1 *Vorsicht bei großen Versprechen!*

Wir halten das für überzogene Heilsversprechen. Schon der gesunde Menschenverstand sagt einem, dass das so und vor allem nicht für alle und schon gar nicht an einem einzigen Wochenende möglich ist. Trotzdem gibt es immer wieder Menschen, die sich zu Seminaren dieser Art anmelden und die begeistert sind von ihren Erfahrungen. Für manche mögen solche Veranstaltungen ein Antrieb in ihrem Leben sein. Möglicherweise spüren sie, dass es Sinn macht, sich anzustrengen, und schöpfen daraus Motivation, getreu dem Motto: Die Hoffnung stirbt zuletzt.

Aber was passiert, wenn trotz aller Bemühungen die gewünschten Erfolge ausbleiben? Wenn – wie behauptet – jeder alles erreichen kann, muss es am Einzelnen liegen, wenn er ein angestrebtes Ziel verfehlt. Das kann zu Enttäuschung, Frustration und Selbstzweifeln führen. Die Behauptung, dass jeder selbst dafür verantwortlich ist, was er aus seinem Leben macht, ignoriert faktische Ungleichheiten und bestehende Machtverhältnisse.

Der Glaube an die eigene Power hat mindestens zwei Seiten. Er kann ebenso schaden wie nutzen. Letztlich muss jeder für sich selber entscheiden, in welchen Situationen er woran und wem glauben will. Grundsätzlich raten wir zur Vorsicht, wenn irgendjemand verspricht, genau zu wissen, was zu tun ist, und dabei weder Rückfragen noch andere Weltbilder zulässt – egal ob er NLP oder andere Methoden zum Einsatz bringt.

---

12 Antony Robbins: „Das Robbins Power Prinzip“ und „Das Prinzip des geistigen Erfolges“.

Aus unserer Sicht und Erfahrung hilft NLP,
- die Wahrnehmung zu schulen,
- ein tieferes Verständnis für die Subjektivität der Menschen zu bekommen,
- achtsamer zu kommunizieren,
- Orientierung zu finden,
- Veränderungen anzustoßen,
- hinderliche Denk- und Verhaltensmuster zu erkennen und neue auszuprobieren,
- Selbstvertrauen, Mut und Kreativität zu fördern.

In den Interviews, die wir für dieses Buch gemacht haben, berichten unsere Gesprächspartner, was NLP in ihrem Leben bewirkt hat und wie sie davon profitiert haben.

3.7 Behauptung: NLP hat etwas mit Sekten zu tun

Für diese Behauptung haben wir nicht den geringsten Anhaltspunkt gefunden. Ebenso wenig wie für die ebenfalls oft zu hörende Behauptung, NLP hätte etwas mit der sogenannten Scientology Church zu tun. Nichtsdestotrotz kann es natürlich sein, dass diese Organisationen sich einzelner Methoden des NLP bedienen, um sie in ihren fragwürdigen und teuren Psychokursen anzuwenden.

3.8 Interviews

3.8.1 „Die eine wahre Schule gibt es nicht“

Katrin B., Trainerin

Ich habe meine NLP-Ausbildung von Anfang an mit einer kritischen Haltung begonnen. Als Trainerin in einem großen Pharma-Konzern habe ich ja schon viele unterschiedliche psychologische Methoden kennengelernt und weiß, dass es nicht *die eine wahre* Schule gibt.

Auch wenn ich das eine oder andere immer wieder kritisch hinterfrage, so sind es vor allem die Zielarbeit und die hypnotischen Sprachmuster nach Milton Erickson, die ich gerne in Trainings und Coachings anwende.

Mein Mann ist Psychologe und Coach. Er zeigte sich von Anfang an offen für meine NLP-Ambitionen, obwohl er NLP gegenüber kritisch eingestellt ist und manche Inhalte „zu oberflächlich“ findet.

Zur Vorbereitung auf meine Practitioner-Prüfung habe ich mit ihm den Zielrahmen und Schritte zum Ziel geübt – mit großem Erfolg für ihn. Denn er hat danach eine Musikband gegründet, mit der er regelmäßig probt und auch auftritt.

Wir haben beide von meinen hypnotischen Entspannungsübungen profitiert. Wenn mein Mann gestresst und angespannt von der Arbeit nach Hause gekommen ist, habe ich ihm ein paar Mal angeboten, ihn auf eine „Fantasiereise" zu schicken. Er hat sich dann aufs Sofa gelegt und sich von mir mit hypnotischer Sprache in die Tiefenentspannung führen lassen. So konnte ich dieses Format gut üben und er freute sich über die Möglichkeit, zu relaxen und den Arbeitsstress loszulassen. Da er als Psychologe wusste, wie diese Übungen ablaufen, war es für mich natürlich schön, dass er meine Fantasiereisen als wohltuend empfand.

Im Alltag und gerade auch nach der Geburt meiner Kinder ist NLP allerdings bei mir ein wenig in den Hintergrund getreten. Mein Ziel ist es, mich im kommenden Jahr weiter fortzubilden und eine systemische Coach-Ausbildung zu beginnen, bei der auch NLP-Elemente berücksichtigt werden.

3.8.2 „Die Weltbilder des NLP sind mir zu einfach"

Thomas B., Coach und Unternehmer

Ich habe während meines Psychologiestudiums Ende der 1980er-Jahre das erste Mal von NLP gehört. Damals hatte ich eine distanzierte Neugier zu den Methoden entwickelt, zumal sie meiner Meinung nach wissenschaftlich-empirischen Standards nicht entsprechen. Mir sind die im NLP vermittelten Weltbilder zu einfach. Obwohl ich beispielsweise Methoden wie Pacing, Leading oder Rapport, die ich aus der Hypno- und Gestalttherapie kenne, auch anwende, sind die NLP-Techniken für mich vor allem „Weltvereinfachungs-Tools". Ich würde NLP eher als wenig fundiert beschreiben und daher in die Kategorie „niedlich" einordnen.

Als Methoden-Ergänzung kann NLP bei gut reflektierten Coaches und Trainern durchaus als Bereicherung taugen – gerade wenn sie mit einer gewissen kritischen Distanz ans NLP herangehen. Das ist bei meiner Frau auch der Fall. Katrin war von ihrem Chef inspiriert worden, NLP zu lernen. Das Prägnanteste, was Katrin aus den Seminaren mitgebracht hat, war ihre Zielarbeit. Diese kann sie für ihre Arbeit als Trainerin gut nutzen.

Eigentlich haben wir damals, als Katrin ihren NLP-Practitioner gemacht hat, nicht viel über die Ausbildung und die Methoden gesprochen. Ich finde auch nicht, dass sich Katrin durch NLP verändert hat. Die Entwicklung, die sie seitdem gemacht hat, hängt eher mit anderen Umständen, zum Beispiel mit der Geburt unserer Kinder zusammen.

4. Rapport: So stimmt die Chemie

4.1 Alles klar! Ich weiß, wovon du redest

Die Basis für das Gelingen von Kommunikation ist zweifelsohne eine gute, vertrauensvolle Beziehung zwischen den Gesprächspartnern. Dieses „Im-Kontakt-aufeinander-eingestimmt-Sein" nennen NLPler Rapport. Umgangssprachlich können wir es übersetzen mit: „einen guten Draht zueinander haben", „auf einer Wellenlänge sein". Man könnte auch sagen, dass „die Chemie stimmt" oder „es gute Vibes zwischen uns gibt".

Oft stellt sich diese vertrauensvolle Atmosphäre ganz von alleine ein, denn viele Menschen gehen in Rapport mit anderen, ohne dass sie sich dessen bewusst sind. Beobachtungen zeigen, dass Menschen sich gegenseitig mögen, schätzen und vertrauen, wenn sie Übereinstimmung auf verschiedenen Ebenen erleben. Das können zum Beispiel Kleidung, Hobbys, Religion, politische Überzeugungen, Herkunft sowie Gestik, Körperhaltung oder Sprache sein.

4.1.1 *Respektvolles Annähern*

Die „Väter" des NLP beobachteten und dokumentierten genau, was zu einem guten Rapport führt. Seitdem kann jeder lernen, wie er ein vertrauensvolles Verhältnis zu anderen aufbauen und halten kann. Was häufig intuitiv geschieht, lässt sich also auch bewusst steuern, indem einer sich dem anderen angleicht oder beispielsweise seine Gestik „spiegelt". Besonders interessant ist das für alle, die mit Menschen arbeiten: Führungskräfte, Coaches, Therapeuten, Lehrer und andere soziale Berufsgruppen. Aber auch alle anderen Menschen, denen gute Beziehungen zu Familienmitgliedern, Bekannten und Kollegen wichtig sind, können davon profitieren.

„Im Kontakt mit Kunden, Auftraggebern und Kollegen nutze ich Rapport, um besser kommunizieren zu können. Meistens passiert das allerdings schon ganz automatisch, weil es mir in Fleisch und Blut übergegangen ist." – *Verena W., Kommunikationsdesignerin*

In der Sprache des NLP heißt dieser Anpassungsprozess „Pacing", was wörtlich übersetzt bedeutet: „Auf dem Pfad des anderen mitgehen". Dabei geht es nicht ums „Nachäffen", sondern um eine respektvolle Annäherung an das Gegenüber – ohne sich selbst zu verbiegen.

Wer zu einem Gesprächspartner nicht nur eine gute Beziehung aufbauen, sondern ihm auch Alternativen im Denken, Fühlen und Handeln zeigen möchte, kann ihn durch behutsame Veränderungen in seiner Mimik, Gestik und Sprache dorthin führen. Wenn sich beispielsweise jemand über einen Vorfall sehr aufregt und deshalb laut und schnell spricht, ist es hilfreich, wenn sein Gegenüber zunächst im gleichen Tempo und in der gleichen Lautstärke redet. Nach und nach kann er dann leiser werden und langsamer sprechen und so dem anderen aus seiner Aufregung heraushelfen. In diesem Zusammenhang spricht man davon, „den anderen abzuholen, wo er steht". Voraussetzung für dieses Führen oder „Leading" ist immer ein guter Rapport.

4.1.2 *Entscheidend ist die ethische Haltung*

Aber sind Pacing und Leading nicht Manipulation? Ja, so kann man das sehen und empfinden. Mit allem, was wir sagen und tun, beeinflussen wir andere. So gesehen ist jede Form von Kommunikation manipulativ, denn häufig verfolgen wir ein bestimmtes Ziel. Und das ist der entscheidende Punkt: Was will ich erreichen, welche Werte sind mir dabei wichtig und welche Mittel setze ich ein? Veranschaulichen wir das am Beispiel eines Messers: Je besser es ist, desto leichter und präziser lassen sich Lebensmittel in mundgerechte Happen schneiden. Man kann andere damit aber auch gefährlich verletzten. Mit gekonntem Pacing und Leading kann ich Menschen also in einen guten Zustand führen, ich kann ihnen aber auch Versicherungen aufschwatzen, die sie wirklich nicht brauchen. Entscheidend ist also die ethische Grundhaltung.

4.2 Komisch, irgendwas ist anders ...

Stellen wir uns mal vor: Sie sitzen wie immer am Esstisch – nur eines ist anders: Ihr Partner macht vielleicht etwas ungelenk die gleichen Bewegungen wie Sie. Er spricht lauter, wenn Sie lauter sprechen, er kratzt sich am Kinn, wenn Sie sich am Kinn kratzen. Dabei starrt er auf Ihren Brustkorb und atmet merkwürdig tief ein und aus. Sie könnten Ihren Partner überraschen und fragen: „Übst du gerade Pacing?" Oder Sie nutzen die Situation dafür, Ihren Partner zu führen. Haben Sie Lust, dass sich der Partner zu Ihnen hinüberbeugt? Tun Sie es selbst, er wird es Ihnen gleichtun. Möchten Sie das Tempo im Gespräch erhöhen? Nur zu, in dieser Situation wird es Ihnen leicht gelingen. Wenn Sie es gut mit sich und Ihrem Partner meinen, treiben Sie das Spiel aber nur so weit, bis Sie beide herzlich lachen müssen.

> „Manchmal, wenn wir die gleiche Bewegung machen, frage ich ihn: ‚Sag mal, spiegelst du mich gerade?'" – *Elisabeth P., Trainerin*

Was ist passiert? In den meisten NLP-Ausbildungen werden die theoretischen Erklärungen über Pacing mit praktischen Übungen verknüpft. Dazu spiegelt einer für eine Weile bewusst die Körperhaltung und die Bewegungen des anderen. Weitere Übungen sind, im gleichen Rhythmus zu atmen oder sich der Wortwahl des Gegenübers anzupassen. Beim Pacing ist es wichtig, genau zu beobachten und feinste Veränderungen wahrzunehmen und sich dann der Körperhaltung, Tonhöhe und Sprechgeschwindigkeit des anderen anzupassen. Das ist gar nicht so einfach. Vor lauter Pacing verlieren so manche den Gesprächsfaden oder wirken merkwürdig fixiert auf das Gegenüber.

4.2.1 *Pacing lernen ist wie Tanzen lernen*

Bis Pacing gut und authentisch gelingt, dauert es eine ganze Weile und braucht viel Übung. Es ist wie mit vielen anderen Dingen im Leben, die unsere ganze Aufmerksamkeit fordern, wenn wir sie lernen – bis wir sie irgendwann unbewusst und ganz automatisch ausführen, so wie beispielsweise das Autofahren. Oder: Tanzschüler schauen auf ihre Füße und zählen den Takt mit – bis ihnen die Bewegungen in Fleisch und Blut übergehen und sie beim Tanzen sogar flirten können.

Was haben Sie so lange geübt, bis Sie nicht mehr darüber nachdenken mussten und alles wie automatisch ablief?

Es könnte natürlich auch passieren, dass Ihr Partner Ihnen die Vorteile und Möglichkeiten des Pacing und Leading erklärt und dabei Wörter benutzt, die Ihnen fremd sind, und er nicht wahrnimmt, dass das Thema Sie gerade gar nicht interessiert. Vielleicht wenden Sie sich sogar ab oder lehnen sich demonstrativ gelangweilt zurück, ohne dass Ihr Partner darauf reagiert. In diesem Fall würde Ihr Partner etwas „predigen", ohne sich selbst daran zu halten. Sie könnten Ihn dann ruhig daran erinnern, dass die Grundlage eines für beide Seiten interessanten Gesprächs immer guter Rapport ist.

4.2.2 *Brücken bauen*

Natürlich müssen Sie weder uns noch Ihrem Partner glauben, dass es sich lohnt, Pacing zu lernen, weil es Brücken zu anderen Menschen bauen und zum gegenseitigen Verständnis beitragen kann. Aber vielleicht möchten Sie Ihren Partner noch besser kennenlernen, indem Sie gemeinsam ausprobieren, wie Sie sich gegenseitig pacen und leaden können. Wo geht der andere mit und wo nicht?

Viele Paarkonflikte entstehen dadurch, dass die Partner in sehr unterschiedlichen Zuständen aufeinandertreffen und sich nicht aufeinander einstimmen, bevor sie wichtige oder auch kritische Angelegenheiten besprechen. Wenn beispielsweise der eine in seinem Job sehr viel mit Menschen zu tun hat und den ganzen Tag redet, während der andere hauptsächlich am Computer arbeitet, sind die jeweiligen Zustände beim Aufeinandertreffen sehr unterschiedlich. In so einem Fall kann es eine Weile dauern, bis guter Rapport zustande kommt.

Wie ist das bei Ihnen?

- Welche Konflikte entstehen immer wieder, wenn Sie mit Ihrem Partner nicht im Rapport sind?
- In welchen Situationen sind Sie in einem guten Kontakt (Rapport) miteinander?
- Auf welchen Ebenen und bei welchen Themen hatten Sie schon immer guten Rapport?

4.3 Wie geht das denn?

Im Alltag gibt es viele Gelegenheiten, Rapport und Pacing zu beobachten und es auch bewusst einzusetzen.

4.3.1 *Rapport in der äußeren Schale*

Rapport und Pacing lassen sich besonders gut und einfach bei der Kleidung und beim Outfit beobachten. In Fußballstadien beispielsweise sehen die Fans und „ihre" Mannschaft einander sehr ähnlich: vom Trikot über den Schal bis zur Gesichtsbemalung. Die Anzüge von Geschäftsreisenden auf Linienflügen gleichen einander oft so sehr, dass die Herren noch uniformer wirken als die Flugbegleiter in ihrer Dienstkleidung. In manchen Banken ist der Look der Berater in den vergangenen Jahren schleichend legerer geworden, bis es den Managern zu bunt wurde und Bekleidungsrichtlinien Mickey-Mouse-Krawatten und Leggings aus den Filialen verbannten.

Haben Sie sich auch schon mal im Urlaub ein Kleidungsstück gekauft, das landestypisch ist? Zum Beispiel einen Strohhut, einen bunten Rock oder eine traditionelle Weste? Am Urlaubsort kann so ein Kleidungsstück schnell zum Lieblingsteil werden. Aber wieder zu Hause angekommen, fühlen sich die meisten darin irgendwie unwohl und das Stück verschwindet in den Tiefen des Kleiderschrankes. – Was ist passiert? Der Urlaubsheimkehrer hat bemerkt, dass niemand sonst mit dieser Kleidung herumläuft und so erscheinen ihm der Hut jetzt albern, der Rock zu schrill und die Weste ganz schön grob.

Die meisten Menschen fühlen sich unwohl, wenn ihre Kleidung zu sehr von dem abweicht, was die Mehrzahl der anderen trägt – es sei denn, sie wollen sich bewusst und sichtbar von einer bestimmten Gruppe absetzen.

4.3.2 Die gleiche Sprache sprechen

Auch bei der Sprache passen wir uns oft an, ohne dass wir es bemerken. In Unternehmen zum Beispiel gibt es Redewendungen, die bei Meetings, aber auch in Gesprächen unter Mitarbeitern häufig fallen. Beamte sprechen das typische Beamtendeutsch und verwenden zur „Schilderung" von „Sachverhalten" oft und gerne substantivierte Verben. Lehrer in Klassen mit einem hohen Anteil türkischstämmiger Schüler beobachten, dass sich deutsche Kinder oft dem türkischen Tonfall so anpassen, bis sie sich sprachlich kaum noch von ihren Mitschülern unterscheiden.

Sie können in jedem beliebigen Gespräch den Rapport zu den anderen über die Auswahl Ihrer Worte verbessern.

Beispiel:

Nehmen wir an, Sie unterhalten sich mit einem Bauherrn und möchten in guten Rapport mit ihm kommen (oder den existierenden Rapport verbessern), dann könnten Sie von der **Statik** einer Beziehung, von einem soliden finanziellen **Fundament** sprechen oder davon, dass die Planung perfekt sein muss, damit die **Konstruktion** des Ganzen stimmt. Sie könnten auch passende Metaphern wählen, beispielsweise: „Wenn das Haus fertig ist, weiß man, was man beim nächsten Mal besser machen kann." Oder mit Rilke gesprochen: „Wer jetzt kein Haus hat, baut sich keines mehr."

Weitere Hinweise, wie Sie über die Sprache Rapport zu Ihren Gesprächspartnern aufbauen können, finden Sie in Kapitel 5 über die Repräsentationssysteme und in Kapitel 15 über die Metaprogramme.

4.3.3 Die eigenen Sinne schärfen

Um guten Rapport aufzubauen, ist es wichtig, den anderen genau wahrzunehmen und dabei auf Bewegungen, Gestik, Körperhaltung, Tonfall, Sprechtempo und Mimik zu achten. Talkshows sind eine tolle Gelegenheit, unauffällig zu beobachten. Wenn Sie den Ton abschalten, können Sie sich ganz auf die Körpersprache konzentrieren.

Aber sie können beispielsweise auch bei einem Essen mit Freunden kleine Beobachtungen machen, wenn es gerade um ein Thema geht, zu dem Sie ohnehin nicht viel sagen möchten oder können. Beobachten Sie doch mal für ein paar Minuten einen in der Nähe sitzenden Freund:

- Spricht er laut oder leise, schnell oder langsam?
- Wie gestikuliert er beim Sprechen?
- Atmet er flach oder eher tief?
- Lächelt er oder schaut er vielleicht besorgt drein?
- Wie ändern sich Gesten und Mimik im Laufe des Gesprächs?

Was löst die Beobachtung bei Ihnen aus?

4.3.4 *Die eigene Wirkung kennenlernen*

Wir schlagen Ihnen eine kleine Übung vor, die Sie vor dem Spiegel machen oder mit einer Webcam aufzeichnen können, um sich der Wirkung Ihrer eigenen Körpersprache bewusst zu werden.

Sagen Sie diesen Satz: „Toll, dass es dich gibt"
... mit einer glücklichen Stimme und einem lächelnden Gesichtsausdruck,
... mit einem zynischen Unterton und einem ernsten Gesichtsausdruck,
... mit einem bedauernden Tonfall und einem traurigen Gesichtsausdruck.

Wie sollte jemand anders diesen Satz zu Ihnen sagen? Welche Gefühle lösen die unterschiedlich betonten und mimisch jeweils anders ausgedrückten Sätze bei Ihnen aus?

4.3.5 *Körperhaltung spiegeln*

Vielleicht haben Sie ja Lust auszuprobieren, wie Sie mit Spiegeln der Körperhaltung einen Gesprächsverlauf positiv beeinflussen können. Sie können Schritt für Schritt vorgehen:

- Achten Sie auf die Körperhaltung Ihres Gegenübers. Sitzt Ihr Gesprächspartner mit übereinandergeschlagenen Beinen auf seinem Stuhl? Lehnt er sich entspannt an die Rückenlehne? Sitzt er aufrecht? Hat er einen Arm auf der Lehne abgelegt?
- Versuchen Sie, die Körperhaltung Ihres Gesprächspartners zu spiegeln. Wenn er Ihnen also mit übereinandergeschlagenen Beinen gegenübersitzt, legen Sie ein paar Sekunden später behutsam auch Ihre Beine übereinander.
- Stützt Ihr Gegenüber sein Kinn nachdenklich mit der Hand ab, können auch Sie Ihre Hand an Ihr Kinn führen und mit Ihrem Gesprächspartner im „Gleichklang" sein.

Wie verändert sich die Kommunikation zwischen Ihnen, wenn Sie die Körperhaltung Ihres Gesprächspartners spiegeln?

4.4 Feuer gefangen – Blut geleckt

Wenn Sie uns bis hierhin gefolgt sind, dann kann es daran liegen, dass Sie grundsätzlich ein angefangenes Kapitel zu Ende lesen. Es könnte aber auch daran liegen, dass es uns gelungen ist, Ihre anfängliche Skepsis gegenüber Rapport oder NLP zu pacen und dann langsam die Neugier in Ihnen anzusprechen. Denn ganz klar: Pacen funktioniert nicht nur im Gespräch, sondern auch in geschriebenen Texten. Meistens fällt uns das aber nur auf, wenn der Ton nicht getroffen wurde. Was würden Sie beispielsweise von einem Bestattungsunternehmen halten, das einen Brief begänne mit: „Schön, dass Sie sich bei uns gemeldet haben"?

An diesem Beispiel wird noch etwas deutlich: Bis zu einem gewissen Grad pacen wir auch die Gefühle bzw. emotionalen Zustände anderer. Wut steckt fast automatisch an: Schreit der eine wütend, wird der andere auch laut. Bei traurigen Filmen laufen vielen Zuschauern unwillkürlich die Tränen über die Wangen. Lächelt uns jemand an, lächeln wir meistens unbewusst zurück. Ebenso ansteckend wirken die eingespielten Lacher in den amerikanischen Fernsehserien wie beispielsweise „Two and a half man" oder „King of Queens". In manchen Konzerten kommen der frenetische Applaus und das begeisterte Kreischen vom Band – mindestens so lange, bis die Musikfans in der gewünschten Stimmung sind und die entsprechende Geräuschkulisse selber produzieren.

4.4.1 *Die Spiegelneuronen*

Wie gelingt es uns, die Gefühle anderer intuitiv zu erfassen? Das ist eine der Fragen, mit denen Neurowissenschaftler sich in den vergangenen Jahren beschäftigt haben. Mit bildgebenden Verfahren konnten sie zeigen, dass die sogenannten Spiegelneuronen daran maßgeblich beteiligt sind. Eher zufällig stießen Forscher um Giacomo Rizzolatti 1995 / 1996 auf die Spiegelneuronen.[13] Sie ließen zunächst Affen selbst eine Handlung ausführen, zum Beispiel nach einer Banane greifen. Danach machte ein Mitarbeiter des Forscherteams das Gleiche, während der Affe ihn dabei beobachtete. Dabei fiel auf, dass bestimmte Nervenzellen im Großhirn in beiden Versuchsanordnungen gleich reagierten. Das heißt: Während der Affe die Bewegungen des Forschers beobachtete, reagierten die Nervenzellen so, als hätte er selbst nach der Banane gegriffen. Anfang 2010 konnten Neurowissenschaftler der University of California erstmals die längst vermutete Existenz der Spiegelneuronen bei Menschen empirisch nachweisen.

---

13 Vgl. ↗ http://www.planet-wissen.de/natur_technik/forschungszweige/spiegelneuronen/index.jsp

Nach allem, was die Wissenschaft bisher weiß, sorgen die Spiegelneuronen dafür, dass wir unbewusst Bewegungsmuster oder Körperzeichen des Gegenübers in Bruchteilen von Sekunden dechiffrieren. Dazu werden im Gedächtnis gespeicherte Informationen und Erfahrungen abgerufen und mit den aktuellen Beobachtungen verknüpft. Während die Nervenzellen dabei so reagieren, als hätten wir das Gesehene selbst ausgeführt, werden die entsprechenden Gefühle zum Schwingen gebracht. Beobachten wir jemanden dabei, wie er sich den Kopf stößt, meinen wir den Schmerz selbst kurz spüren zu können. Manche Menschen verziehen dabei sogar schmerzverzerrt ihr Gesicht. Es sind demnach die Spiegelneuronen, die uns zu empathischen und mitfühlenden Wesen machen. Auf diese Weise lassen uns die Spiegelneuronen auch erahnen, was unser Gegenüber als Nächstes tun wird. So ist es beispielsweise möglich, durch eine gut besuchte Einkaufsstraße zu gehen, ohne ständig mit anderen zusammenzustoßen. Außerdem sorgen die Spiegelneuronen dafür, dass wir uns unbewusst anpassen und Verhalten nachahmen.

Obwohl Spiegelneuronen – nach dem aktuellen Stand der Forschung – von Geburt an zur Grundausstattung unseres Gehirns gehören, gehen Wissenschaftler davon aus, dass die Fähigkeit zu Spiegeln verlorengeht, wenn sie nicht genutzt oder wenn sie dauerhaft unterdrückt wird.

4.4.2 *Mandela und das Rugby-Spiel*

Während der 27 Jahre, die Nelson Mandela in südafrikanischen Gefängnissen saß, bekam er es immer wieder mit anderen Kommandanten zu tun. Einer von ihnen war Fritz van Sittert. Er galt als besonders unzugänglich und lehnte jegliche Sonderbehandlung der politischen Gefangenen ab. Anfangs stieß auch Mandela auf harte Mauern der Ablehnung, bis er herausfand, dass van Sittert ein begeisterter Rugby-Fan war. Rugby war während der Apartheid der Sport der weißen Buren und damit bei den schwarzen Freiheitskämpfern verachtet und gehasst. Dennoch begann Mandela sich mit Rugby zu beschäftigen. Er studierte in den Zeitungen die Ergebnisse und lernte die Namen der Spieler auswendig. In den Gesprächen mit dem unnachsichtigen Kommandanten hat er dann immer wieder die Sprache auf Rugby gebracht. Schon bald hat van Sittert die feindselige Haltung gegenüber Mandela aufgegeben und mit ihm über die Rugby-Spiele gesprochen. Mandela hatte es geschafft, über das Thema Rugby Rapport zu dem Kommandanten aufzubauen.[14]

14 Vgl. Richard Stengel: Mandelas Weg, S. 150 f.

4.4.3 Lobbyarbeit: das Atomforum

Während Mandela seine Fähigkeit, Rapport aufzubauen, genutzt hat, um den Weg zu einer Regenbogen-Nation zu ebnen, hat die deutsche Atomlobby offensichtlich die Grundgedanken des Rapports missbraucht, um Politiker für ihr Anliegen zu gewinnen, wie in der „Zeit“ vom 23. März 2011 zu lesen war: „Schon im ersten Jahr der Großen Koalition werden Abgeordnete vom Lobbyverein Atomforum eingeladen. Ihr Auftreten war wirkungsvoll: Die Fürsprecher der Stromkonzerne sind meist im gleichen Alter ihres Gegenübers. Sie kennen dessen liebsten Fußballverein und erzählen wie zufällig von einem Verwandten, der aus der gleichen Stadt komme wie der Parlamentarier.“[15]

Dieses Beispiel zeigt, dass Rapport nicht immer zum Wohle der Menschheit oder des Gegenübers eingesetzt wird, sondern auch – so wie in diesem Fall – um eigene Interessen durchzusetzen.

4.4.4 Rapport in Psychotherapien

Wer mit Menschen arbeitet, weiß, wie wichtig es ist, mit seinen Kunden, Klienten, Patienten oder Kollegen in Kontakt zu kommen. Auch alle Psychologen sind sich darüber einig. Trotzdem lernen die Studenten in ihrer Hochschulausbildung in der Regel nicht, wie sie Rapport aktiv aufbauen können.

Auch künftige Psychoanalytiker erfahren während ihrer Lehranalyse nichts darüber, wie sie ihre Sprache und Äußerungen synchronisieren können, um die Beziehung zum Patienten zu verbessern – im Gegenteil: Der Analytiker soll eine abstinente Haltung zeigen. Ein nonverbaler Rapport ist ohnehin nicht möglich, da der Patient den hinter ihm sitzenden Analytiker nicht sieht.

Auch in der zweiten bedeutenden Therapieform, der Verhaltenstherapie, spielt die Beziehung zwischen Therapeut und Patient / Klient eine eher unwichtige Rolle. Im Mittelpunkt stehen mehr die therapeutischen Methoden. So wird der Verhaltenstherapie von ihren Kritikern auch oft vorgeworfen, über keine eigenen theoretischen Ansätze zur Gestaltung von guten Beziehungen zu verfügen.

Die „Väter“ des NLP haben sich bei ihren Analysen und Beschreibungen zum gelungenen Aufbau von Kontakt vor allem von den Vertretern der sogenannten humanistischen Psychologie inspirieren lassen – allen voran von dem klientenzentrierten

---

15 Zitiert nach ↗ http://www.zeit.de/2011/13/DOS-Atompolitik/seite-2.

Psychotherapeuten Carl Rogers, der Familientherapeutin Virginia Satir und auch dem Hypnotherapeuten Milton Erickson –, die alle bewusst oder unbewusst vertrauensvolle Beziehungen zu ihren Klienten aufbauten. Bei ihrer Arbeit hängt der therapeutische Erfolg mehr von der Akzeptanz des Klienten sowie von der Empathie und der Rapportfähigkeit des Therapeuten ab als nur von dessen Methodenwissen.

4.4.5 Rapport für Agenten

Auch in der Schulung von Verfassungsschützern und Kriminalpolizisten spielt die Rapportfähigkeit eine wichtige Rolle. So wird den Agenten im Bereich Ausländerextremismus empfohlen, beim Erstkontakt mit einem potenziellen Informanten aus der Islamistenszene auf „das Tragen von kurzen Hosen und kurzärmeligen Hemden" zu verzichten, denn in solcher Kleidung sei kein Rapport zu erreichen. Beim Anwerben von V-Leuten aus der linken Szene hingegen sollten die Verfassungsschutzbeamten auf keinen Fall Anzug und Krawatte tragen, denn sie gehören zu den „Insignien des Klassenfeindes".[16] Gleichzeitig sollten die Verfassungsschützer aber beim Pacing auch nicht übertreiben. So empfehlen die Sicherheitsexperten, dass der Werber in seinem „Erscheinen authentisch bleiben" müsse, das heißt, er darf sich durch „sein äußeres Erscheinungsbild nicht der Szene der Zielperson anbiedern".

Auch die sogenannten verdeckten Ermittler des Bundeskriminalamts und der Landeskriminalämter müssen zu Rapport fähig sein, um im jeweiligen kriminellen Milieu nicht sofort enttarnt zu werden. Sie werden trainiert, sich durch entsprechende Kleidung, Sprache und Verhalten der „Szene", in der sie ermitteln, anzupassen. Offensichtlich fällt es einigen Beamten schwer, nach Abschluss der Ermittlungen die angenommenen Verhaltensweisen wieder abzulegen: Sie tragen weiter die szenetypische Kleidung, nutzen den Sprachduktus der Kriminellen und besuchen deren Lokale. Die zunehmende Anerkennung durch Milieu-Kontakte, aus denen sich zuweilen auch Freundschaften entwickeln, können so zu Wiedereingliederungsproblemen in den normalen Dienst als Polizist und in das „bürgerliche Beamtenleben"[17] führen. Den Polizeibehörden ist dieses Problem inzwischen bekannt, sodass sie auch die Führungsbeamten der verdeckten Ermittler in NLP und NLP-verwandten Methoden schulen, um eine psychosoziale Betreuung zu gewährleisten. Und dazu gehört zu allererst, mit dem verdeckten Ermittler in Rapport zu gehen.

---

16 Marcus Wiesen: „Aspekte eines nachrichtendienstlichen Gesprächs", Nachrichtenpsychologie 1, S. 105 ff., Schriftenreihe der Fachhochschule des Bundes, Fachbereich Öffentliche Sicherheit.

17 Manfred Krauß: „Psychologie Verdeckter Ermittler", Nachrichtenpsychologie 1, S. 221 ff., Schriftenreihe der Fachhochschule des Bundes, Fachbereich Öffentliche Sicherheit.

4.5 Interview

4.5.1 *„Ohne NLP wären wir nicht mehr zusammen"*

Elli P. (Trainerin) und René M. (Verkaufsleiter)

Elli hat gerade ihr Pädagogikstudium abgeschlossen und arbeitet als Trainerin in der Erwachsenenbildung. René ist Verkaufsleiter in der Automobilbranche. Die beiden haben sich kennengelernt, nachdem René gerade seine NLP-Ausbildung begonnen hatte. Inzwischen hat auch Elli ihren Practitioner abgeschlossen.

Elli: Wenn René von den Ausbildungswochenenden nach Hause kam, hat er begeistert von seinen neuen Erfahrungen erzählt. Manchmal dachte ich, er driftet in esoterische Sphären ab. Ich war sehr skeptisch, stellte die Wissenschaftlichkeit und die Wirkungsweise der Methoden infrage – obwohl es mich grundsätzlich interessierte.

René: Ich war natürlich total überzeugt von meinen neuesten Erkenntnissen und wenn ich merkte, dass Elli immer kritischer wurde, habe ich noch mehr Gas gegeben, um sie zu überzeugen.

Elli: Das hat mich dann eher abgestoßen und ich habe mich distanziert. Ich fühlte mich ausgeschlossen, weil René intensiv persönliche Themen mit Menschen bearbeitet hatte, die ich nicht kannte. Geholfen hat mir, wenn er gesagt hat: „Ich hätte das gerne mit dir erlebt."

René: Das kann ich gut nachvollziehen. Bei den Übungen und Interventionen können Probleme, aber auch verdeckte Wünsche offenbar werden. Ich glaube, dass viele mit ihren Partnern sehr lange nicht mehr oder sogar noch nie über solche Themen gesprochen haben.

Elli: Renés Erzählungen waren dann ja auch der Auslöser für mich, mit NLP zu beginnen. Inzwischen kann ich mir überhaupt nicht mehr vorstellen, worüber ich mit einem Partner reden sollte, der mit NLP nichts am Hut hat.

René: Ich glaube, ohne NLP wären wir nicht mehr zusammen. Ich war früher viel strenger mit mir und anderen. Heute achte ich mehr auf die Menschen in meiner Umgebung und bin wohlwollender geworden. Das fing schon mit Rapport und Pacen an. Seit ich auf guten Rapport achte und nach positiven Gemeinsamkeiten suche, erlebe ich tagtäglich mit meinen Kunden und Kollegen, wie viel schneller der Beziehungsaufbau geht.

Elli: Vom Spiegeln hatte ich schon vorher gehört, aber das, was René erzählte, ging weiter und tiefer. Wenn er beispielsweise von der Bedeutung von Atemrhythmus und Sprechtempo für einen intensiveren Rapport sprach, kam mir das eher komisch vor. Manchmal, wenn wir die gleiche Bewegung machen, frage ich ihn: „Sag mal, spiegelst du mich gerade?" Meistens stellt sich dann heraus, dass wir unbewusst die gleiche Körperhaltung haben. Darüber freuen wir uns dann.

René: Oft müssen wir auch lachen. Das sind immer schöne Momente. Vielleicht habe ich vieles schon so verinnerlicht, dass ich es unbewusst anwende. Ich habe Elli aber versprochen, nie etwas unabgesprochen mit ihr auszuprobieren. Daran halte ich mich auch.

5. Repräsentationssysteme: Mit allen Sinnen kommunizieren

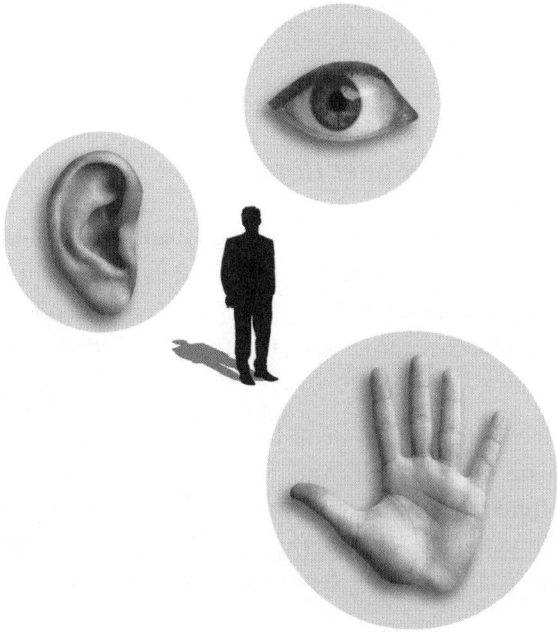

5.1 Alles klar! Ich weiß, wovon du redest

Jeder Mensch nimmt die Umwelt mit seinen fünf Sinnen wahr. Mal steht das Sehen im Vordergrund, mal das Hören oder auch das Fühlen. Dazu kommen noch der Geruchs- und der Geschmacksinn. Aber nicht nur bei der Wahrnehmung selbst, sondern auch wenn wir uns an eine Situation erinnern, benutzen wir diese Sinneskanäle, um die Bilder, Geräusche und Gefühle innerlich entstehen zu lassen. NLPler sprechen davon, dass die Eindrücke „repräsentiert" werden, und nennen deshalb die Sinneskanäle auch Repräsentationssysteme.

Denken Sie doch einfach mal an Ihren letzten Restaurantbesuch und achten Sie darauf, was – während Sie sich erinnern – in Ihrem Kopf vorgeht: Möglicherweise sehen Sie die Freunde, mit denen Sie essen waren, oder Sie haben ein Bild der Tischdekoration vor Augen. Vielleicht hören Sie aber zunächst auch das Stimmengewirr in dem vollen Lokal oder die freundliche Begrüßung der Kellnerin, die Sie zum Tisch begleitet hat. Oder Sie nehmen die angenehmen Gerüche wahr, die vom Nachbartisch gekommen sind. Es kann natürlich auch sein, dass Sie zunächst spüren, wie sich der mit Samt bezogene Stuhl angefühlt hat, auf dem Sie gesessen haben. Oder Sie erinnern sich, wie Ihre Suppe geschmeckt hat.

5.1.2 Sind Sie Seher, Fühler oder Hörer?

Entscheidend ist nicht nur, *was* Sie inhaltlich denken, sondern auch *wie* Sie denken – welches Repräsentationssystem also bei Ihnen besonders ausgeprägt ist: das **v**isuelle, das **a**uditive oder das **k**inästhetische. NLPler sprechen von VAK oder VAKOG, wenn wir das olfaktorische (Riechen) und das gustatorische (Schmecken) noch hinzunehmen.

Einige von Ihnen sehen sofort Bilder, wenn Ihnen beispielsweise ein Freund von seinem letzten Urlaub am Meer erzählt. Andere hören zunächst das Wellenrauschen, eine dritte Gruppe fühlt vielleicht den warmen Wind am Körper. In der Regel werden ein oder zwei Sinneskanäle bevorzugt verwendet. An der Wortwahl können geübte Zuhörer erkennen, in welchem Repräsentationssystem jemand sich befindet. Dazu mehr unter 5.3.

Im NLP spielen die Repräsentationssysteme eine wichtige Rolle, wenn es darum geht, eine gute Beziehung oder – wie NLPler sagen – einen guten Rapport zu einem anderen Menschen aufzubauen. Die Idee dabei ist, die vorherrschenden Repräsentationssysteme des Gesprächspartners möglichst häufig zu bedienen. Wer um die Repräsentationssysteme weiß und sie beherrscht, kann flexibler kommunizieren und bei seinem Gegenüber alle Sinneskanäle ansprechen.

5.2 Komisch, irgendwas ist anders ...

Den meisten Menschen fällt es schwer, während des Zuhörens gleichzeitig auf den Inhalt *und* die Struktur zu achten. Das werden Sie vielleicht auch feststellen, wenn Sie nach dem Lesen dieses Kapitels versuchen, die Repräsentationssysteme Ihrer Gesprächspartner zu erkennen. Und so könnte es auch Ihrem Partner gehen. Angeregt durch die Theorie über die verschiedenen Sinneskanäle und die dazugehörigen Übungen, ist Ihr Partner nun wahrscheinlich ganz erpicht darauf, herauszubekommen, welches Ihr bevorzugtes Repräsentationssystem ist bzw. welcher Wahrnehmungstyp Sie sind. Dafür wird er besonders auf Ihre Wortwahl achten. Bei der Konzentration auf die Struktur der benutzten Worte gerät der Inhalt leicht in den Hintergrund. So könnte es sein, dass Ihr Partner Ihnen vielleicht sogar aufmerksamer zuzuhören scheint als gewöhnlich und doch nicht mitbekommt, was Sie gesagt haben. Er kann sich merkwürdigerweise kaum daran erinnern, worüber Sie gesprochen haben. Das ist irritierend.

Sie könnten ihn dann fragen: „Worauf hast du eigentlich geachtet, während du mir zugehört hast?"

5.2.1 Gleich und gleich versteht sich besser

Es könnte Ihnen aber auch passieren, dass Ihr Partner nach Hause kommt und Ihnen beispielsweise auf den Kopf zusagt: „Jetzt weiß ich, warum es mit uns nicht klappt: Du bist ein visueller Typ und ich ein kinästhetischer." Ob Ihr Partner mit seiner Vermutung richtig liegt, können Sie im 3. Abschnitt dieses Kapitels herausfinden. Aber dennoch ist die Behauptung, Sie seien ein visueller Typ, eine schlichte Verallgemeinerung. Sie sind nicht ein „Visueller", allenfalls liegen Ihre Präferenzen im Bereich der visuellen Wahrnehmung. So einfach mal in eine Schublade gesteckt zu werden ist für die meisten Menschen kein gutes Gefühl.

Vielleicht hilft es Ihnen, Folgendes zu wissen: Die Repräsentationssysteme zu unterscheiden ist relativ leicht zu verstehen und schnell zu lernen. Für viele ist es faszinierend zu erfahren, dass es verschiedene Wahrnehmungstypen gibt, die unterschiedlich gut miteinander klarkommen. Tatsächlich zeigen Untersuchungen, dass Menschen mit dem gleichen bevorzugten Repräsentationssystem sich besser verstehen und sich wohler miteinander fühlen als Menschen unterschiedlichen Typs. Und so ist die Verführung groß, Missverständnisse und Kommunikationsschwierigkeiten auf diese Unterschiede zurückzuführen. Die Feststellung, dass zwei sich nicht verstehen, weil sie unterschiedliche Wahrnehmungstypen sind, klingt erst mal nach einer einfachen Erklärung für komplexe Probleme. Auch wenn das plakativ wirkt, kann das Wissen um die Unterschiedlichkeit manche Konflikte auflösen oder vermeiden.

> „Wenn Christian mir etwas erzählt, ist es ihm wichtig, genau zu beobachten, wie ich darauf reagiere. Manchmal fühle ich mich dadurch genötigt, den Blick zu erwidern. Wenn wir beim Wandern auf einem schmalen Weg hintereinandergehen, bleibt er oft unvermittelt stehen, um sich umzudrehen und zu sehen, wie seine Worte auf mich wirken. Ich habe es mir deshalb angewöhnt, vorne zu gehen. Es macht auch keinen Sinn, Christian etwas vorzulesen. Ich zeige ihm lieber Bilder oder lege ihm die Artikel hin, die ich lesenswert finde.“ – *Anja K., Autorin und Coach*

Konflikte zwischen Partnern können sich ergeben, weil die unterschiedlichen Repräsentationssysteme nicht nur die Gedanken und die Sprache beeinflussen, sondern auch die Vorlieben, Interessen und Lernweisen.

Beispiele:

- Für den einen Partner ist bei der Auswahl von Sitzmöbeln das Design besonders wichtig und er kann nicht einsehen, wieso der andere darauf besteht, dass sie sich gut anfühlen und dass man bequem sitzt.
- Der eine braucht sichtbare Liebesbeweise in Form von Briefen, SMS, Geschenken und Blumen und es leuchtet ihm nicht ein, dass der andere sich nur wirklich geliebt fühlt, wenn er es von seinem Partner gesagt bekommt.
- Ein Partner liebt klassische Konzerte und hält den anderen für einen Kulturbanausen, weil dieser sich langweilt, wenn es auf der Bühne nichts zu sehen gibt.

5.2.2 *Reich an Unterschieden*

Während unterschiedliche Repräsentationssysteme zu Konflikten führen können, sind sie andererseits eine wichtige gegenseitige Bereicherung und Ergänzung. Stellen Sie sich nur mal eine Gruppe von Freunden vor, die alle auditiv sind und eine gemeinsame Party organisieren wollen. Es gäbe bestimmt eine große Musikauswahl und einen tollen Sound. Vielleicht hätte auch jemand daran gedacht, die Nachbarn wegen des Lärms zu informieren. Aber wer kümmert sich um die Dekoration des Raumes und wer sorgt dafür, dass es leckeres Essen gibt?

Wir hoffen, dass wir Ihre Neugier auf die Repräsentationssysteme wecken konnten. Wir halten das Konzept für eine großartige Chance, sich gegenseitig besser kennenzulernen und zu verstehen, in welcher Art und Weise der Partner anders „tickt“, denkt und spricht. Visuellen fällt es wie Schuppen von den Augen und sie können plötzlich erkennen, warum immer wieder die gleichen Probleme in der Beziehung auftauchen. Auditiven wird endlich verständlich, wie es kommt, dass sie immer wieder aneinanderrasseln. Und Kinästheten bekommen ein Gespür dafür, wie leicht sich Konflikte bereinigen lassen, wenn beide die Unterschiedlichkeit akzeptieren, ohne sie zu bewerten.

5.3 Wie geht das denn?

5.3.1 *Bevorzugte Sinne*

Sie haben schon einiges über die Repräsentationssysteme erfahren und vielleicht während des Lesens bei dem einem oder anderen Satz gedacht: „Ja, das trifft auf mich auch zu." Haben Sie schon Ihre eigenen Präferenzen erkannt? Wenn nicht oder falls Sie noch weitere Anhaltspunkte brauchen, denken Sie doch mal an Ihre letzte Dusche. Was kommt Ihnen als Erstes in den Sinn?

- Der Anblick der Duschkabine oder des Badezimmers?
- Das Rauschen des Wassers oder andere Geräusche?
- Das Gefühl des Wassers auf der Haut?

Sie ahnen es bereits: Wenn Sie zuerst ein Bild vor Augen haben, spricht einiges dafür, dass Sie ein visueller Typ sind. Wenn Ihnen die Geräusche noch sehr präsent sind, deutet das auf einen auditiven Typ hin, wo hingegen das Gefühl typisch ist für Kinästheten. Möglich ist auch, dass zwei Sinneskanäle ähnlich stark ausgeprägt sind.

Ein weiteres Beispiel:

Wenn Sie sich ein Auto kaufen möchten, was ist Ihnen neben dem Preis und der Motorleistung besonders wichtig?

- Das Design, die Farbe und / oder der Anblick des Armaturenbretts?
- Der Sound des Motors oder der Türen, wenn sie ins Schloss fallen?
- Wie sich die Sitzpolster und der Schaltknüppel anfühlen?
- Der Geruch im Innenraum?

Welcher Wahrnehmungskanal steht bei Ihnen an erster Stelle, welcher an zweiter und welcher hat weniger Bedeutung für Sie?

1. ....

2. ....

3. ....

Beispiel: Wortwahl

Nun interessiert es Sie vielleicht, wie Sie bei anderen die bevorzugten Repräsentationssysteme identifizieren können. Die NLP-Begründer Bandler und Grinder empfehlen, dafür auf die Wortwahl zu achten. Sie haben herausgefunden, dass Menschen häufig Verben, Adjektive, Adverbien und Substantivierungen benutzen, die anzeigen, mit welchem Sinneskanal sie Informationen aufnehmen und verarbeiten. Entdecken Sie die Unterschiede in der Beschreibung ein und desselben Konzerts:

1. Die Musiker waren **sichtbar** aufgeregt. Vielleicht lag es an der **Größe** des Raumes. Ich **sehe** noch heute den Moment vor mir, als der Dirigent **seinen Blick** durchs Publikum schweifen ließ und dann den Taktstock anhob. Doch als es losging, **zeigte** sich sofort **die Brillanz** des Orchesters und ihr ganzes Können **offenbarte** sich uns.
2. Die Musiker waren **unruhig**. Jemand **sagte**, es läge vielleicht an der ungewohnten **Akustik** in dem Raum. Ich **höre** noch heute die **Stille** des Momentes, in dem der Dirigent den Taktstock anhob, während er auf die **Stimmung** im Publikum **lauschte**. Doch schon als die ersten **Tönen erklangen**, war für alle **hörbar**, dass dieses Orchester ein Hochgenuss für die **Ohren** ist.
3. Auf den Musikern schien eine **sanfte Spannung zu liegen**. Wir hatten den **Eindruck**, dass es an der **ergreifenden Atmosphäre** im Raum lag. Ich hatte richtig **Herzklopfen**, als der Dirigent **mühelos Verbindung** zum Publikum aufnahm und dann den Taktstock anhob. Als es losging, **durchströmte** ein **warmes Glücksgefühl** meinen ganzen Körper. Wir alle waren zutiefst **berührt** von dem Können des Orchesters.

Sicher haben Sie – auch mithilfe der Hervorhebung der sinnesspezifischen Wörter – erkannt, aus welchem Repräsentationssystem heraus die jeweiligen Kommentare geschrieben sind.

5.3.2 *Wahrnehmungspräferenzen bei anderen erkennen*

Wenn Sie nun versuchen möchten, bei jemand anderem seine bevorzugten Sinnes- und damit Kommunikationskanäle herauszufinden, könnten Sie ihn beispielsweise nach seinem letzten Urlaub fragen. Achten Sie bei dem Bericht genau auf die verwendeten Wörter, besonders auf die Verben und Adjektive. Verwendet Ihr Gesprächspartner eher Wörter aus dem visuellen Bereich („Ich habe aufs Wasser *geblickt* ...“), aus dem auditiven („Ich *höre* immer noch der Singen der Vögel“) oder aus dem kinästhetischen Bereich („Ich hatte die ganze Zeit den salzigen *Geschmack* des Meeres im Mund“)?

Es wird wahrscheinlich eine Weile dauern, bis Sie so sensibilisiert sind, dass Sie ganz schnell „raushören" können, ob jemand eher eine Präferenz im auditiven, visuellen oder kinästhetischen Sinneskanal hat. Bis dahin wird es Ihnen vielleicht so ergehen wie möglicherweise auch Ihrem Partner: Sie können sich kaum auf den Inhalt konzentrieren.

Um das Erkennen der dominanten Repräsentationssysteme zu üben, eignen sich auch Reden, Vorträge oder Talkshows. Wir empfehlen, Strichlisten zu machen. So können Sie schon nach kurzer Zeit die Sprachpräferenz des Redners identifizieren.

5.3.3 *Was bringt es, sich mit den Repräsentationssystemen zu beschäftigen?*

Die Beschäftigung mit den Repräsentationssystemen hilft zum einen, Verständnis und Respekt für die Unterschiede zwischen Menschen zu entwickeln. Zum zweiten können Sie sich Ihre Ziele mit allen Sinnen bewusst machen und so die Motivation, sie zu erreichen, erhöhen. Drittens können Sie in Reden, Vorträgen, Artikeln und anderen Texten bewusst die Repräsentationssysteme variieren, um möglichst viele Adressaten zu erreichen. Viertens werden Sie feststellen können, dass Ihre Kommunikation mit anderen einfacher und effektiver wird, wenn Sie sich mit Ihrer Wortwahl auf die Repräsentationssysteme des Gegenübers einstellen. Sie können mit einer höheren Aufmerksamkeit und Akzeptanz des anderen rechnen.

In der folgenden Rede von Barack Obama können Sie erkennen, dass auch der amerikanische Präsident sich dieser Technik bedient:
„Hoffnung ist das, was ich in den **Augen** einer jungen Frau aus Cedar Rapids **gesehen** habe ...
Hoffnung, ist das, was ich in der **Stimme** einer Frau aus New Hampshire **gehört** habe, die mir **erzählte** ...
Hoffnung ist das, was ein Grüppchen von Siedlern dazu **bewegt** hat, ..."[18]

5.3.4 *In allen Sinneskanälen sprechen*

Wenn Sie also bemerken, dass Ihr Partner, ein Freund oder Arbeitskollege eher Formulierungen aus dem visuellen Bereich verwendet, benutzen auch Sie vorwiegend Wörter wie *sehen, schauen, Ausblick* oder *im Blick haben*. Ist Ihr Gegenüber dagegen

---

18 Barack Obama in Iowa am 3. Januar 2008, zitiert nach Shel Leanne, S. 112.

ein auditiver Typ, bauen Sie in Ihre Sätze Wörter wie *hören, klingen, tönen, ruhig, laut* etc. ein. Und wenn Sie es mit jemandem zu tun haben, dessen Präferenzen im kinästhetischen Bereich liegen, sprechen Sie von *fühlen, bewegt sein, spüren.*

Wir haben für Sie eine Liste mit Wörtern – sogenannte sinnesspezifische Ausdrücke – zusammengestellt, die einerseits auf Präferenzen in den jeweiligen Repräsentationssystemen hinweisen und die Sie andererseits in Ihre Sprache einbauen können, um sich der Wahrnehmungsweise Ihres Gesprächspartners anzupassen.

visuell	**auditiv**	**kinästhetisch olfaktorisch, gustatorisch**
(an-)schauen	auf Zwischentöne achten	anfassen
(aus-)sehen	betonen	Aroma
aus meiner Sicht	das spricht Bände	ausbügeln
Anschauungen	den richtigen Ton finden	ausgewogen
Ansicht	diskutieren	begreifen
Augenweide	dumpf	behaftet sein mit
Ausschau halten	eintönig	belasten
Aussicht	erklingen	Berührung
beäugen	fragen	dickfellig
beobachten	Geräusch	Druck
betrachten	hörbar	Eindruck
Bild	in den Ohren klingeln	einströmen
Blickwinkel	ins Gedächtnis rufen	erfassen
durchblicken	klangvoll	erleichtern
ein getrübter Blick	klingen	es stinkt zum Himmel
einleuchten	knarren	fühlen
einsehen	laut	gewichtig
Einsicht	leise	glatt
erblicken	(miss-)verständlich	greifbar
fokussieren	mündlich	Hauch
glänzen	Musik	in Angriff nehmen
gleiche Perspektive	rasseln	in den Griff bekommen
hell	Rhythmus	mühelos
im Fokus haben	rufen	reibungslos
klarmachen	ruhig	riechen
offenbaren	sagen	sanft
Perspektive	schreien	schmecken
reflektieren	schrill	schnuppern
scheinen	sprachlos	schwer

visuell	auditiv	kinästhetisch olfaktorisch, gustatorisch
schwarzsehen	Stille	sich schwertun
sichtbar	Stimmung	Spannung
skizzieren	taktvoll	spüren
strahlend	taub	stecken bleiben
(un-)übersichtlich	tönen	Thema treiben
visualisieren	unerhört	unerträglich
vor dem geistigen Auge	verstehen	verfolgen
vorhersehen	zuhören	warm(-herzig)
Vorschau		weich
zeigen		zurückziehen
zugucken		zutragen

Solange Sie die passenden Wörter noch nicht verinnerlicht haben, können Sie einfach damit beginnen, einzelne Begriffe und Redewendungen aus dem jeweiligen Bereich zu verwenden. Wenn Sie gleich alles perfekt machen wollen, laufen Sie Gefahr, dass die Konversation von Ihrer Seite ins Stocken gerät, weil Sie nach den passenden Worten suchen müssen.

5.3.5 *Komplimente zum Sehen, Hören und Fühlen*

Mit allem, was Sie nun schon über die Repräsentationssysteme wissen, könnten Sie – wenn Sie die Meinung einer Person zu einer bestimmten Angelegenheit erfahren möchten – die Fragen / Bitten so formulieren:

Visuell: Wie siehst du das?
Kannst du mir bitte deine Sicht der Dinge aufzeigen?

Auditiv: Wie hört sich das für dich an?
Ich würde das gerne noch mal mit dir diskutieren.

Kinästhetisch: Was hast du für ein Gefühl dazu?
Kannst du mir bitte begreiflich machen, was dich bewegt?

Und wenn Sie sich nun vergegenwärtigen, welches Repräsentationssystem Ihr Partner bevorzugt, könnten Sie überlegen, welche Komplimente ihn wohl am meisten erfreuen:

Visuell: Du siehst toll aus. Ich schaue dich so gerne an. Du bist eine Augenweide. Du erfüllst mein Leben mit viel Licht. Ich zeige mich gerne mit dir.

Auditiv: Ich mag die Harmonie, die von dir ausgeht. Ich höre dir gerne zu. Ich liebe dich mal leise, mal laut. Bei mir wirst du immer die erste Geige spielen.

Kinästhetisch: Du berührst mich mit deiner Art zutiefst. Ich fühle mich so wohl in deiner Gegenwart. Was du anfasst, wird zu Gold. Mit dir will ich ich durch dick und dünn gehen. Mit dir ist mir ganz leicht ums Herz.

5.4 Feuer gefangen – Blut geleckt

5.4.1 Weitere Zugangshinweise

Neben der Wortwahl haben Bandler und Grinder noch weitere sogenannte Zugangshinweise identifiziert, die Rückschlüsse auf das Repräsentationssystem zulassen, in dem eine Person bevorzugt Informationen aufnimmt und verarbeitet. Dazu gehören:

- Körperhaltung
- Gestik
- Stimmhöhe und Sprechtempo
- Augenbewegungsmuster

Wir finden es nicht so leicht, diese Zugangshinweise in Alltagsgesprächen zu erkennen und zuzuordnen. Wir möchten aber kurz auf die Augenbewegungsmuster eingehen, da diese oft mit NLP in Verbindung gebracht werden. Die Begründer des NLP haben beobachtet, dass Menschen ...

- nach oben schauen, wenn sie sich an einen Anblick erinnern oder sich eine bildhafte Vorstellung von etwas machen (visuell);
- zur Seite blicken, wenn sie sich an Geräusche erinnern oder beispielsweise Melodien im Kopf komponieren (auditiv);
- den Blick nach unten richten, wenn sie einem Körpergefühl nachspüren oder einen inneren Dialog führen (kinästhetisch).

Im Internet finden Sie etliche Videos, die diese Zusammenhänge zeigen. Geben Sie beispielsweise bei *YouTube* einfach „Augenbewegungsmuster“ ein.

In einem kleinen Selbstversuch können Sie testen, inwieweit Sie den Thesen von Bandler und Grinder zustimmen.

Selbstversuch Augenbewegungsmuster:

Erinnern Sie sich einen Moment lang an eine Hochzeit, an der sie entweder teilgenommen haben oder die Sie im Fernsehen verfolgt haben.

Lassen Sie ein Bild vor Ihrem geistigen Auge davon entstehen. Wie sah das Brautpaar aus? Wie war es gekleidet?

Haben Sie das Bild vor sich? Gut, dann beobachten Sie, wohin Ihr Blick dabei wandert. Vermutlich nach oben, richtig?

Erinnern Sie sich nun an die Musik. Welche Lieder wurden gespielt? Hören Sie den Klang der Orgel in der Kirche?

Und was macht Ihr Blick? Geht er zur Seite? Wenn es Ihnen schwerfällt, die Töne und Geräusche zu erinnern, blicken Sie bewusst zur Seite. Vielleicht fällt es Ihnen dann leichter.

Zuletzt erinnern Sie sich daran, wie Sie sich gefühlt haben. War ihnen heiß oder kalt? Drückten die Schuhe vielleicht? Hatten Sie Herzklopfen? Wie fühlten Sie sich in Ihrer Kleidung?

Während Sie diesen Gefühlen nachspüren, schauen Sie vermutlich nach unten, oder?

5.4.2 *Auch die Augen sprechen*

In ähnlicher Weise können Sie die Augenbewegungsmuster nutzen, um Ihre Fähigkeit zum „Gedankenlesen“ zu demonstrieren. Es ist nur eine kleine Spielerei, mit der Sie leicht andere verblüffen können.

Führen Sie dafür jemand durch eine Hochzeit, wie oben beschrieben. Während Sie das tun, achten Sie darauf, nur sinnesspezifische Worte zu nutzen („aussehen, Bild machen, schauen etc.“ für visuell; „hören, lauschen, Geräusche etc.“ für auditiv und „fühlen, spüren, heiß / kalt etc.“ für kinästhetisch).

Beobachten Sie genau, ob die Person, deren Gedanken Sie lesen wollen, die Augen entsprechend nach oben, zur Seite und nach unten bewegt. Wenn nicht, stellen Sie eine weitere Frage im gleichen Sinneskanal.

Dann bitten Sie die Person, nun ganz intensiv entweder an den Anblick des Brautpaares, den Klang der Musik oder an das Gefühl im eigenen Körper zu denken. Verfolgen Sie dabei die Blickrichtungen. Sie brauchen eine scharfe Beobachtungsgabe und Vertrauen in Ihre unbewusste Wahrnehmung, denn der Blick schießt oft blitzschnell in die bestimmte Richtung und geht dann in die neutrale Position zurück.

5.4.3 *Repräsentationssysteme und Lerntypen*

Auch in der Pädagogik und in der Erwachsenbildung hat sich in den vergangenen Jahrzehnten langsam die Erkenntnis durchgesetzt, dass es entsprechend der Wahrnehmungstypen auch unterschiedliche Lerntypen gibt. Grundsätzlich gilt es deshalb, möglichst viele Sinne bei der Vermittlung von Lernstoff anzusprechen. Je nachdem ob ein Mensch eher den visuellen, den auditiven oder den kinästhetischen Wahrnehmungskanal bevorzugt, unterstützt ihn das beim Lernen:

- Grafiken, Bilder, Lernposter, Handouts, bildreiche Geschichten, Flipcharts, Filme, Fotos, Texte zum Selberlesen, Vorführungen, Anschauungsmaterial, Suchbilder
- Diskussionen, Vorträge, Erklärungen, Debatten, Lieder, Radiobeiträge, Geschichten, Erzählungen
- Übungen, selber Theater spielen, etwas anfassen können, Gruppenarbeiten, Bewegungsspiele, Brettspiele, ausprobieren, etwas herstellen

Insbesondere die Angebote für die kinästhetischen Lerntypen erscheinen vielen als kindische Spielereien. Hier kann doch niemals so viel Wissen vermittelt werden wie beispielsweise in wissenschaftlichen Vorträgen. Das stimmt vielleicht aus der Perspektive des Vortragenden oder Lehrers. Beim Sprechen kann er viele Fakten nennen und Zusammenhänge erklären. Aber die entscheidende Frage ist doch: Was davon bleibt den Zuhörern davon im Gedächtnis und was davon kann er anwenden?

„Erzähle mir und ich vergesse.
Zeige mir und ich erinnere mich.
Lass mich tun und ich verstehe." – *Konfuzius*

5.4.4 *Sinneskanäle in der Lyrik*

Zum Abschluss dieses Kapitels möchten wir Sie kurz in die Welt der Gedichte entführen. Denn schon lange, bevor Bandler und Grinder ihre Beobachtungen über die Repräsentationssysteme publiziert haben, nutzten Lyriker sinnliche Beschreibungen, um Bilder, Stimmungen und Gefühle gleichzeitig zu erzeugen. In meisterhafter Weise lassen sie Sinneskanäle dabei auch überlappen.

Ein schönes Beispiel ist das Gedicht „Ouvertüre" von Else Lasker-Schüler[19]. Dort heißt es:

An meinem Herzen (K) glitzerte (V) noch hell (V) dein Wort (A)
Und still (A) verschwanden (V) wir im Stadtgetriebe (K)
Im Abendschleier (V) der Septembertrübe (V)
In einem schluchzenden Akkord (A)

In der letzten Strophe von „Der Panther" schrieb Rainer Maria Rilke[20]:
Nur manchmal schiebt der Vorhang der Pupille (V)
Sich lautlos (A) auf. – Dann geht (K) ein Bild (V) hinein,
geht durch der Glieder angespannte (K) Stille (A) –
und hört im Herzen (K) auf zu sein.

5.5 Interviews

5.5.1 *„Ich kann meine Stärken und die meines Mannes klarer sehen"*

Carola K., Ärztin und Verhaltenstherapeutin

Vor einigen Jahren bin ich beim Stöbern in einer Buchhandlung auf ein Buch über NLP gestoßen. Ich fand das sehr interessant – auch weil es gute Tools bietet, die ich für meine Arbeit als Ärztin und Verhaltenstherapeutin nutzen kann. Es vergingen noch mehrere Monate, bevor ich mich für die Practitioner-Ausbildung anmeldete. Der bewusste Einsatz von Sprache und die Veränderungsarbeit durch Sprache waren ausschlaggebend für mich, mit NLP zu beginnen. Ein weiterer Anreiz mich fortzubilden ist, dass ich neugierig bin und es mir Spaß macht, neue und interessante Leute zu treffen. Das alles traf dann auch zu, sodass ich sogar die NLP-Trainerausbildung gemacht habe.

19 Else Lasker-Schüler, „Liebesgedichte", S. 106.

20 Rainer Maria Rilke, „Fünfzig Gedichte", S. 23.

Schon nach den ersten Seminartagen hat meine verhaltenstherapeutische Arbeit mit überwiegend hyperaktiven Kindern und deren Eltern von den NLP-Erkenntnissen profitiert. Ich habe bewusst positive Formulierungen in den Gesprächen mit meinen Patienten benutzt und auch mehr auf Rapport sowie Körpersprache, Gestik und Mimik geachtet. Um die bevorzugten Repräsentationssysteme der Kinder zu erkennen, gebe ich ihnen Zahlenfolgen vor, die sie dann wiederholen sollen. Dabei achte ich auf ihre Augenbewegungsmuster und kann dann entsprechend der Repräsentationssysteme Lernstrategien entwickeln. So ist es bei auditiven Kindern sehr hilfreich, wenn ihre Eltern oder Geschwistern ihnen Schultexte vorlesen oder die Kinder – sofern möglich – die Texte als Hörbuch oder auf CD anhören.

Wie so viele NLP-Seminarteilnehmer bin auch ich anfangs voller Begeisterung und Enthusiasmus nach Hause gekommen und wollte meinem Mann die neuen Tools zeigen. Er ist und war sehr geduldig und hat sich auch für die Methoden interessiert. Im Rückblick glaube ich allerdings, dass es ihm alles ein bisschen zu viel gewesen ist. Mein Mann, der auch Arzt ist, hat mich von Anfang an unterstützt. Selbst wollte er aber keine NLP-Ausbildung machen.

Auch unsere gemeinsame Arbeit mit Patienten hat von NLP profitiert. So konnte ich ihm nach Patientengesprächen konkreter Feedback geben, was aus meiner Sicht hätte besser laufen können. Mein Mann hat sich das auch immer zu Herzen genommen, sein Verhalten in vergleichbaren Situationen aber nicht geändert. Er ist internal in Hinsicht auf seine Diagnosen und sehr detailliert bei seinen Ausführungen. NLP hilft mir, sanft und fair die Gesprächsführung zu übernehmen, wenn ich das Gefühl habe, dass seine ausführlichen Erklärungen die Patienten nicht erreichen.

Im Laufe meiner NLP-Ausbildungsjahre hat mein Mann so viel von den Kommunikationsmethoden mitbekommen, dass er mich inzwischen selber schon schmunzelnd darauf aufmerksam macht, wenn ich in alte Muster zurückfalle und beispielsweise Negativformulierungen benutze. Ab und zu kommt es noch vor, dass ich ein bisschen herumzetere, wenn er spät abends noch im Haus aktiv ist und ich schon schlafen will. Dann macht er mich stets sehr nett darauf aufmerksam, dass das nicht „NLP-like" ist und ich mit auffordernden Formulierungen nichts bei ihm erreiche. Wenn ich ihm dagegen etwas wohlwollend und entsprechend seiner Metaprogramme sage, ernte ich in der Regel auch die gewünschte Reaktion. Mein Mann zeigt bei allem, was mit Struktur und Ordnung zu tun hat, ein „Weg-von-Muster". Durch entsprechende Formulierungen schaffe ich es inzwischen gut, ihn dazu zu bewegen, zu Hause und in der Praxis Ordnung zu schaffen und die Zeit besser zu planen.

Unseren vier erwachsenen Kindern fällt auch manchmal auf, dass meine Kommunikation sich verändert hat. Ich freue mich immer, wenn sie etwas NLP-Spezifisches in meiner Sprache entdecken. Eine unserer Töchter, die Lehrerin ist, möchte jetzt auch NLP lernen.

Insgesamt hat mich NLP selbstsicherer gemacht und mir geholfen, meine eigenen Stärken und die meines Mannes klarer zu sehen. Sich dieser Stärken bewusst zu sein, ist auf jeden Fall ein Gewinn für die Partnerschaft. Im „Machtgefüge" unserer Beziehung hat sich jedoch nichts geändert. Das war und ist gleichberechtigt.

5.5.2 „Nervige Situationen humorvoll entschärfen“

Gebhard K., Kinder- und Jugendarzt

Ich habe das erste Mal von NLP gehört, als eine von mir sehr geschätzte Schulpsychologin erzählt hat, wie sehr NLP ihre Arbeit mit Kindern und deren Eltern bereichert. Als dann meine Frau Carola kurz danach auch den Plan entwickelte, NLP zu lernen, um ihre verhaltenstherapeutische Ausbildung anzureichern, fand ich das sehr gut. Schließlich bringt es einen immer weiter, über den Tellerrand zu blicken und etwas Neues zu lernen.

Carola kam immer ganz begeistert von den Seminaren zurück. Ich habe sie dann manchmal schmunzelnd ausgebremst, wenn sie zu enthusiastisch war und gleich alles ausprobieren wollte. Wenn ich spät abends aus der Praxis kam und Carola mir sofort ihre neuesten Erkenntnisse erzählen wollte, war ich manchmal vielleicht ein bisschen genervt. Aber solche Situationen konnten wir beiden immer gleich wieder mit einem Witz oder einem Schmunzeln entschärfen.

NLP hat auch bei mir teilweise bewirkt, dass Carola mich dazu bewegen konnte, zu versuchen, meine Arbeitssituation besser zu strukturieren. Mir ging es darum, in der Praxis entlastet zu werden kann. Mithilfe eines NLP-Coaches kann ich jetzt in vielen Situationen besser „Nein“ sagen und mich abgrenzen. Leider konnte ich die eingeleiteten Umstrukturierungsmaßnahmen in meiner Gemeinschaftspraxis nicht voll umsetzen, weil meine Geschäftspartner nicht mitziehen wollten.

Ich habe von Carola während und nach ihren NLP-Kursen einige neue Dinge gelernt, die ich in meinem Berufsalltag anwende und die meine verhaltenstherapeutische Ausbildung ergänzen. Aus Zeitgründen möchte ich NLP nicht ausführlicher lernen. Meine geringe Freizeit widme ich lieber meiner Familie, dem Garten und der Musik.

6. | Ziele: Wissen, wo es hingehen soll

6.1 Alles klar! Ich weiß, wovon du redest

Im Gegensatz zu vielen anderen psychologischen und therapeutischen Modellen stehen im NLP die Ziele und nicht so sehr Probleme im Vordergrund. Selbstbestimmte Ziele zu entwickeln und zu formulieren ist der wichtigste Schritt in der Veränderungsarbeit.

NLPler sind davon überzeugt, dass sich Ziele leichter und schneller erreichen lassen, wenn man sich über den erwünschten Zustand klar ist. In vielen Fällen reicht es sogar schon aus, das Ziel vor Augen oder niedergeschrieben zu haben, um sich auf den Weg zu machen. Allerdings sollte auch immer überprüft werden, welche Konsequenzen das Erreichen des Ziels neben dem erwünschten Zustand noch hat.

6.1.2 Ziele positiv formulieren

Im Alltag konzentrieren sich viele Menschen auf das, was sie auf keinen Fall wollen, zum Beispiel: „Ich möchte *nicht* verlassen werden". Oft verwenden sie viel physische und psychische Energie darauf, ein unerwünschtes Ergebnis zu verhindern. Doch nur allzu oft führt die Fokussierung auf das, was nicht eintreten soll, dazu, dass genau das passiert. Deshalb ist es so wichtig, die Ziele positiv zu formulieren.

Ziele können kurz-, mittel- oder langfristig sein und sich sowohl auf Berufliches und Privates als auch auf die Entwicklung der Persönlichkeit und des Körpers beziehen. Von Visionen unterscheiden sich Ziele dadurch, dass sie konkreter, kurzfristiger und vor allem selbstverantwortlich zu erreichen sind.

Beispiele für Ziele:

- Ich trete bei meiner nächsten Präsentation selbstbewusst auf.
- Ich frage morgen meinen Partner, ob er mich heiraten möchte.
- Ich eröffne im Juli mit Susanne ein Geschäft für Recycling-Möbel in der Frankfurter Innenstadt.
- Ich bleibe gelassen im Gespräch mit meinem Sohn über Ordnung.

6.2 Komisch, irgendwas ist anders ...

In den meisten NLP-Weiterbildungen wird das Thema Ziele gleich zu Beginn behandelt. Die Teilnehmer lernen, zielfokussierte Fragen zu stellen, und so könnte es sein, dass Ihr Partner Sie nun beispielsweise fragt: „Was möchtest du erreichen? Bis wann willst du deine Projekte umsetzen? Was kann dich unterstützen, dein Ziel zu erreichen?"

Was diese Fragen bei Ihnen auslösen, hängt auch davon ab, wie Sie selbst zu Zielen stehen. Wenn Sie sich schon immer gerne Ziele gesetzt und meistens erreicht haben, lesen Sie bitte bei **6.2.1** weiter.

Für alle, die am liebsten im Moment leben und bisher keine Notwendigkeit für Ziele gesehen haben, geht es einfach unter **6.2.2** weiter.

Wenn Sie schon genug damit zu tun haben, Probleme zu lösen oder zu verhindern und keine Gedanken an eine ohnehin unsichere Zukunft verschwenden wollen, finden Sie unter **6.2.3** Hinweise zur Vermeidung von unnötigen Auseinandersetzungen mit Ihrem Partner.

6.2.1 Zeit für gemeinsame Ziele?

Sie sind jemand, der sich gerne Projekte vornimmt und umsetzt? Dann freuen Sie sich wahrscheinlich, dass Ihr Partner nun lernt, auch nach vorne zu schauen. Nutzen Sie einfach die Gunst der Stunde, um gemeinsame Projekte anzustoßen und voranzubringen.

Allerdings könnte es auch sein, dass Ihr Partner Ziele entwickelt, die Ihren eigenen entgegenstehen. Viele Menschen werden durch NLP ermutigt, erstmals eigene Ziele zu formulieren.

Gerade Frauen haben während der Kindererziehung häufig eigene Bedürfnisse zurückgestellt und sie dem Wohl der Familie oder der beruflichen Karriere des Mannes untergeordnet. Manche Wünsche, Visionen und Träume liegen tief vergraben unter Windeln, Schulbroten, Turnbeuteln und Hausaufgabenheften. Darüber lagert dann noch so mancher Schutt, den die Männer mit nach Hause bringen: Ärger im Job, verpatzte Aufträge, Konflikte mit dem Chef und so weiter.

Aber auch etliche Männer haben ihre Ideale und Träume der Karriere geopfert. Einiges davon kommt mit der Zielarbeit im NLP wieder an die Oberfläche. So kann es passieren, dass Ihr Partner plötzlich von Zielen spricht, von denen Sie noch nie gehört haben.

Vielleicht sind Sie derjenige, der für die Familie in den vergangenen Jahren die Ziele vorgegeben hat, und stellen nun fest, dass Ihr Partner einfach „nur“ mitgemacht hat. An dieser Stelle lohnt es sich zu klären, wer welche Bedürfnisse, Ziele und Visionen hat und wie daraus gemeinsame Ziele entwickelt werden können. Es lohnt sich, Zeit dafür einzuplanen. Wie wäre es, als Erstes ein gemeinsames Wochenende zu planen, an dem Sie sich zurückziehen, um in aller Ruhe gemeinsam Zukunftspläne zu machen? Vielleicht gibt es ein kleines nettes Hotel in Ihrer Nähe oder einen schönen Ort in der Natur, an dem Sie kreativ sein können. Hinweise für die Gesprächsstruktur finden Sie in den Abschnitten drei und vier dieses Kapitels.

„Werner ist ein sehr zielorientierter Mensch und dachte lange, dass seine Ziele auch meine sind. Als mir klar geworden war, dass ich teilweise etwas anderes in meinem Leben erreichen will als er, und ich anfing, darüber mit ihm zu sprechen, erlebte er das zunächst als Verrat" *– Rita B., Trainerin*

6.2.2 Sind zielstrebige Menschen glücklicher?

Wenn Sie sich entschieden haben, hier weiterzulesen, sind Sie vermutlich ein Mensch, der weder viel über zurückliegende Probleme noch über Pläne in der Zukunft nachdenkt. Sie leben bewusst oder unbewusst einfach im Hier und Jetzt und tun, wonach Ihnen gerade zumute ist. Damit sind Sie auch immer gut gefahren und nun kommt Ihr Partner und fragt Sie – mal versteckt, mal offen – nach Ihren Zielen. Puuhh – das kann anstrengend sein!

„Richtig schwierig ist es für mich, mit Martin über Ziele zu reden. Er weicht dann aus und sagt, ‚man' müsse mal sehen, was sich für Chancen bieten und was so passiert. Wenn er mit etwas unzufrieden ist und ich ihn frage, was er stattdessen möchte, wehrt er ab. Ich glaube, alleine die Art der Fragestellung macht ihn verrückt." *– Vera K., Trainerin*

„Wenn Vera mich gefragt hat, wie ich mir die Zukunft vorstelle, fühlte ich mich oft überfahren. Ich habe mich bemüht, Antworten zu geben, aber manchmal habe ich auch gesagt, dass ich da noch mal drüber nachdenken müsste. Das war nicht das, was sie hören wollte." *– Martin T., Projektmanager*

Menschen, die in den NLP-Weiterbildungen die Wirkung der Zielfokussierung bei sich selbst und bei den anderen Teilnehmern erleben, sind manchmal fast euphorisch. Plötzlich scheinen Veränderungen im Leben ganz leicht möglich. Sie beobachten, dass ihr aktueller Zustand sich verbessert und dass sie mehr Energie in sich spüren, wenn sie ein erreichbares Ziel vor Augen haben. Für viele Teilnehmer ist es das erste große Aha-Erlebnis in der Weiterbildung und so ist es nur allzu verständlich, dass sie sich wünschen, ihre Partner mögen das auch erkennen.

Das heißt natürlich nicht, dass Sie diese Begeisterung teilen müssen. Vielleicht werden Sie aber beobachten, dass Ihr Partner sich plötzlich Dinge vornimmt und realisiert – und das immer öfter ohne Sie. Während die Möglichkeiten Ihres Partners zunehmen, bleiben Ihre gleich oder werden sogar weniger. Vielleicht stört Sie das gar nicht, sondern Sie freuen sich daran, dass Ihr Partner erreicht, was er sich vornimmt. Auch wenn die Werbung und die Wirtschaft uns etwas anderes weismachen wollen:

Es gibt keinen allgemeingültigen Zwang, sich zu verändern, die Leistung zu verbessern oder etwas zu optimieren. Und wer sagt denn, dass Menschen, die nach Zielen streben, die zufriedeneren und glücklicheren sind?

Eine Partnerschaft, in der einer Ziele anstrebt und der andere mit dem zufrieden ist, was er hat, wie er ist und wie er lebt, kann funktionieren, wenn beide sich gegenseitig akzeptieren und den Gewinn, den sie aus der Art des anderen haben, schätzen können. Einmal auf den Geschmack gekommen, wird sich Ihr Partner aber wohl nicht mehr davon abhalten lassen, Ziele für sein Leben zu entwerfen und zu verfolgen.

Wie wäre es, wenn Sie sich doch mal ein Ziel setzen, eines, das einfach und in kurzer Zeit zu erreichen ist? Wenn Sie es tun, erzählen Sie Ihrem Partner davon. Und wer weiß, vielleicht finden Sie Gefallen daran, es mal mit etwas größeren Zielen zu probieren. Worauf Sie bei der Formulierung von Zielen achten sollten, erfahren Sie in den Abschnitten drei und vier dieses Kapitels.

> „Die beste Zeit, einen Baum zu pflanzen, war vor 20 Jahren.
> Die nächstbeste Zeit ist jetzt.“ – *Afrikanische Redensart*

6.2.3 *Ziele oder doch lieber Probleme?*

„Wie konnte es nur dazu kommen? Warum mache ich immer den gleichen Fehler? Wer ist schuld an der Misere? Wie hätte das Problem verhindert werden können?“ Diese Fragen sind durchaus berechtigt, beispielsweise bei der Aufarbeitung von historischen Ereignissen, der Fehlersuche in komplexen Systemen oder bei Präventionsmaßnahmen. NLPler sind jedoch davon überzeugt, dass problemorientierte Fragen nicht dabei helfen, mit persönlichen Schwierigkeiten besser fertig zu werden oder Unglück zu vermeiden. Gleichwohl beschäftigen sich viele Psychotherapieformen mit der Suche nach in der Vergangenheit liegenden Gründen für die Persönlichkeitsentwicklung, insbesondere die Psychoanalyse. Aber was hilft es wirklich, zu wissen, warum ich bin wie ich bin? Was bringt es mir zu erkennen, wer schuld ist an meiner Misere?

Diese Fragen kann natürlich jeder nur für sich selber beantworten. Im NLP spielen sie aber keine Rolle. Vielmehr wird der Blick auf die Möglichkeiten in der Zukunft und auf konkrete Veränderungswünsche gelenkt. Die entscheidende Frage, die vom Problem zum Ziel führen soll, lautet: „Was will ich stattdessen?“ Dabei erleben die NLP-Trainer oft, wie schwer es den Menschen fällt, die über viele Jahre eingeübten Problemfragen nicht mehr zu stellen, sondern sich auf die Ziele zu konzentrieren.

Denn die Fokussierung auf Probleme ist gerade in der deutschen Gesellschaft weitverbreitet.

Wenn Sie also Ihrem Partner von den Dingen erzählen, die gerade nicht gut laufen, und Ihr Partner Sie dann fragt: „Was möchtest du denn stattdessen?“, dann wissen Sie, dass Ihr Partner eine der wichtigsten Grundlagen des NLP bereits gelernt hat und sein neu erworbenes Wissen in Ihr gemeinsames Leben bringt. Es wäre nicht verwunderlich, wenn Sie diese Frage erst einmal komplett überfordert. Vielleicht spüren Sie sogar Gefühle wie Wut und Ärger in sich hochsteigen, weil Sie ernst genommen werden möchten mit Ihren Problemen und Sorgen.

Es ist eine große Kunst, zielorientierte Fragen so zu stellen, dass der andere sie nicht als Affront empfindet, sondern Lust bekommt, darüber nachzudenken. Anfänger haben häufig noch kein gutes Gespür für den richtigen Zeitpunkt und so platzen ihre Fragen oft unvermittelt ins Gespräch und lösen eher Ablehnung aus. Ob Sie die Fragen trotzdem als Herausforderung nehmen, liegt an Ihnen. Vielleicht möchten Sie Ihrem Partner aber auch klarmachen, dass Sie noch nicht so weit sind und sich erst langsam der Idee öffnen, auch mal über Ziele nachzudenken.

Und noch etwas: Menschen, die auf mögliche gefährliche Entwicklungen hinweisen, werden oft als Bremser oder Bedenkenträger gesehen. Dabei können sie dazu beitragen, dass allzu zielorientierte Menschen nicht blind ins Unglück laufen. Aus diesem Grund werden im NLP auch alle Ziele im sogenannten Öko-Check auf ihre Konsequenzen hin überprüft. Wie das genau geht, können Sie im nächsten Abschnitt lesen.

„Nur wer sich das Unmögliche zum Ziel setzt, kann das gerade noch Mögliche erreichen.“
– Victor E. Frankl, Neurologe und Psychiater

6.3 Wie geht das denn?

Um ein Ziel zu erreichen oder einen Plan Wirklichkeit werden zu lassen, müssen wir möglichst genau wissen, was wir wollen. Das klingt erst einmal selbstverständlich, doch viele Menschen können nicht ohne Weiteres ein klares und realistisches Ziel benennen, das sie verfolgen wollen.

6.3.1 Der Zielrahmen

Im NLP gibt es einen Katalog an Fragen zur Klärung eines Ziels, den sogenannten Zielrahmen. Dieser Zielrahmen fokussiert auf den gewünschten Ziel-Zustand. Er ist ein wichtiges Instrument im NLP, um Klarheit zu bekommen, Informationen zu sammeln und Veränderungsprozesse einzuleiten.

„Zur Vorbereitung auf meine Practitioner-Prüfung habe ich mit ihm den Zielrahmen und Schritte zum Ziel geübt – mit großem Erfolg für ihn. Denn er hat danach eine Musikband gegründet, mit der er regelmäßig probt und auch auftritt." – *Katrin B., Trainerin*

Gibt es vielleicht etwas, das Sie sich vornehmen möchten? Vielleicht etwas, das Sie immer schon mal wieder probiert und dann wieder aufgegeben haben? Etwas, von dem Sie träumen? Etwas, das Sie gerne ändern möchten, weil es Sie schon länger stört? Oder etwas, das Ihr Leben noch erfüllter machen würde?

Dann wollen wir Sie Schritt für Schritt durch die Fragen des Zielrahmens führen.

6.3.1.1 Zielsatz

Der Zielrahmen beginnt mit der Formulierung eines Zielsatzes, der bestimmte Kriterien erfüllen soll:

- **eigenverantwortlich erreichbar**
  Beispiel: Ich frage meinen Chef in der nächsten Woche nach einer Gehaltserhöhung
  Nicht eigenverantwortlich wäre: Mein Chef zahlt mir ein höheres Gehalt.
- **positiv formuliert**
  Beispiel: Ich ziehe in einem Jahr mit meinem Partner nach Frankreich.
  Nicht positiv wäre: Wie werden in einem Jahr nicht mehr in Deutschland leben.
- **realistisch**
  Beispiel: Ich laufe im nächsten Jahr den Berlin-Marathon mit.
  Nicht realistisch für die allermeisten wäre: Ich gewinne den Berlin-Marathon im nächsten Jahr.
- **im Präsens und ohne Modalverben**
  Beispiel: Ich meditiere jeden Morgen zu Hause zehn Minuten.
  Mit Modalverben wäre: Ich möchte jeden Morgen meditieren. Oder: Ich kann zehn Minuten meditieren.

- **keine Vergleiche**
  Beispiel: Ich verdiene in zwei Jahren € 3.000 im Monat und arbeite dabei nur an vier Tagen in der Woche.
  Mit Vergleich wäre: Ich verdiene mehr als heute oder arbeite weniger.

6.3.1.2 Kontext

Nachdem der Zielsatz formuliert ist, sollten Sie sich mit dem Kontext beschäftigen, um Ihr Ziel weiter zu konkretisieren.

- Mit wem wollen Sie Ihr Ziel erreichen?
- Wann wollen Sie es erreichen?
- Wo wollen Sie es erreichen?

Mit diesen Fragen können Sie sich beispielsweise klar darüber werden, wie viel Zeit Sie brauchen werden, um Ihr Ziel zu erreichen, und ob jemand Sie dabei unterstützen kann. Und: Sie haben hier auch schon das erste Mal die Möglichkeit, das Ziel auf den Prüfstand zu stellen und es eventuell anzupassen. Sollten Sie nämlich merken, dass ein Jahr als Vorbereitungszeit für einen Umzug nach Frankreich nicht ausreicht, können Sie hier einen neuen Zeitpunkt bestimmen.

6.3.1.3 Sinnlicher Beweis

Als Nächstes geht es darum, sich in den Zielzustand zu versetzen – und zwar mit „allen Sinnen". Das ist einerseits wichtig, um zu spüren, wie lockend der Zielzustand ist. Anderseits schaffen Sie damit etwas, mit dem Sie sich selber beweisen können, dass Sie Ihr Ziel erreicht haben. Dabei helfen diese Fragen:

- Woran merken Sie, dass Sie das Ziel erreicht haben?
- In welcher Umgebung befinden Sie sich dann?
- Wie sieht es dort aus?
- Wie sehen Sie sich selber?
- Welche Menschen sind bei Ihnen?

- Was spüren Sie?
- Wie ist das Gefühl genau?
- Gibt es einen bestimmten Geruch?

- Was hören Sie sich (innerlich) sagen?
- Was hören Sie andere sagen?
- Welche Musik oder anderen Geräusche nehmen Sie wahr?

6.3.1.4 Öko-Check

Wenn Sie Ihr Ziel jetzt schon „gesehen", „gefühlt" und „gehört" haben, sollten Sie prüfen, was sich für Sie und Ihr Umfeld noch alles verändert, wenn Sie das Ziel erreichen. Im NLP spricht man vom Öko-Check. Dieser Schritt ist enorm wichtig, denn wer zu sehr auf ein Ziel fokussiert ist und die Konsequenzen nicht beachtet, gibt oft auf halber Strecke auf. Häufig liegt das daran, dass sich unerwünschte Nebenwirkungen zeigen und dass die Anstrengungen unterschätzt werden. Sollten Sie nach dem Öko-Check feststellen, dass Sie lieber alles so lassen möchten, wie es gerade ist, haben Sie auch viel gewonnen: an Klarheit, an Freiheit und an Sicherheit.

Sie können mit allgemeinen Fragen beginnen:
- Welche Konsequenzen hat das Erreichen des Ziels für Sie?
- Welchen Preis müssen Sie zahlen?
- Was müssen Sie aufgeben, um Ihr Ziel zu erreichen?
- Was bringt es Ihnen, das Ziel zu erreichen?

Um sicher zu sein, dass Sie nichts übersehen haben, denken Sie an die folgenden Bereiche des Lebens:
- Welche Auswirkungen wird es auf Ihre Gesundheit haben?
- Wie lässt sich das Ziel mit Ihren Finanzen vereinbaren?
- Wie wird Ihre Familie / Partnerschaft betroffen sein?
- Mit welchen Konsequenzen rechnen Sie im Beruf / bei Ihrer Arbeit?
- Passt das Ziel zu dem, was Ihnen sonst noch im Leben wichtig ist?

Sind Sie bereit, diese Konsequenzen zu tragen? Bei diesem Schritt haben Sie die Möglichkeit, Ihr Ziel auch noch einmal zu verändern, sodass Sie mit den Konsequenzen „leben" können. Wenn die Antwort auf die letzte Frage dieses Abschnitts „Ja" lautet, geht es weiter.

6.3.1.5 Vorteil des aktuellen Zustandes

Nachdem Sie sich mit den Konsequenzen Ihres Ziels beschäftigt haben, sollten Sie sich noch zwei weitere Fragen stellen: Was ist gut an Ihrem bisherigen Verhalten bzw. an dem jetzigen Zustand? Welchen Vorteil bringt Ihnen das gegenüber dem Zielzustand?

Auf den ersten Blick muten diese Fragen vielleicht merkwürdig an. Dahinter steckt aber die Erfahrung, dass viele Menschen das, was sie haben, oft nicht zu schätzen wissen. Bedürfnisse, die erfüllt sind, stehen selten im Fokus der Aufmerksamkeit. Häufig nennen unsere Coachees auf diese Fragen Werte wie: Ruhe, Zuverlässigkeit, Sicherheit, Kontinuität. Das klingt alles nicht besonders aufregend und lockend und wird in seiner Bedeutung für ein zufriedenes Leben leicht unterschätzt. Deshalb lohnt es sich, darüber nachzudenken, wie das Positive der aktuellen Situation in den Zielzustand integriert werden kann.

> „Wenn das die Lösung ist, will ich mein Problem zurück." – *Spruch auf einer Postkarte*

6.3.1.6 Entscheiden

Wenn Sie Wege für sich gefunden haben, mit denen Sie sicherstellen können, dass Sie auch bei Erreichen des Ziels nicht auf das Positive des jetzigen Zustands verzichten müssen, dann sollten Sie sich jetzt entscheiden:
Sind Sie bereit, Zeit und Energie zu investieren, um Ihr Ziel zu erreichen?
„Ja, ich will!"
Oder: „Nein, ich will es nicht."

Bei einer negativen Antwort, sollten Sie Ihr Ziel verändern, bis Sie „Ja" sagen können. Oder Sie akzeptieren, dass die Kosten für Sie zu hoch sind, um das Ziel zu erreichen. Häufig stellt sich in diesem Fall heraus, dass es sich um ein Ziel handelt, das einem von anderen – oft den Partnern oder Eltern – in den Kopf gesetzt worden ist oder das vermeintlich gängigen gesellschaftlichen Vorstellungen entspricht.

Wenn Sie aus vollem Herzen Ja sagen, planen Sie den ersten Schritt, den Sie am besten in den nächsten 24 Stunden umsetzen. Bei größeren Projekten lohnt es sich, Teilschritte zu definieren. Darüber erfahren Sie mehr im nächsten Abschnitt.

> Der feige Löwe: „Jetzt gibt's nur noch eins, was ihr für mich tun müsst."
> Der Zinnmann: „Nämlich?"
> Der feige Löwe: „Mir die Sache wieder ausreden."
> *Aus: Der Zauberer von Oz*

6.4 Feuer gefangen – Blut geleckt

Wenn Sie jetzt Ihr Ziel formuliert haben und sicher sind, dass es zu Ihnen passt, dann sollten Sie keine Zeit verlieren, denn jetzt geht es darum, wie Sie das Ziel erreichen können. Dazu schlagen wir zwei Wege vor. Der erste eignet sich, wenn Sie schon eine genaue Vorstellung davon haben, was Sie tun müssen, um ans Ziel zu kommen, allerdings noch unsicher sind, wie Sie das schaffen können. Der zweite Weg ist eine Methode, um Teilschritte zu definieren.

6.4.1 Eigene Ressourcen erkennen und wecken

Eine der Grundannahmen des NLP besagt, dass jeder Mensch alle Ressourcen in sich hat, um ein gewünschtes Ergebnis zu erzielen. Das beinhaltet auch die Fähigkeit, sich alles, was man noch nicht kann oder weiß, aneignen zu können.

Als Ressourcen werden im NLP alle Hilfsmittel bezeichnet, die Sie brauchen, um eine Veränderung erfolgreich umzusetzen. Das können zum einen externe Dinge sein: Geld, Kontakte, Materialien, Platz oder ein Zertifikat. Zum anderen sind mit Ressourcen auch Fähigkeiten, Verhaltensweisen, Erfahrungen, Wissen und bestimmte positive Zustände gemeint, beispielsweise Mut, Gelassenheit, Vertrauen und Zuversicht.

Entscheidend ist jedoch, nicht nur auf das zu fokussieren, was Ihnen noch fehlt, sondern auch auf das, was Sie schon haben. Wir empfehlen deshalb, sich die folgenden Fragen zu stellen und die Antworten zu notieren:

- Welche Fähigkeiten, Werte und Ressourcen sind schon vorhanden, um dieses Ziel zu erreichen?
- In welchen drei Situationen in der Vergangenheit haben Sie diese Fähigkeiten schon erfolgreich angewandt?
- Welche Ressourcen brauchen Sie zusätzlich?
- Was können Sie tun, um diese zu bekommen?
- Wer kann Sie dabei unterstützen?

Wenn Sie herausfinden, dass Sie Ressourcen brauchen, über die Sie noch nicht verfügen, heißt das unter Umständen, einen zusätzlichen Zielsatz zu formulieren. Wir behaupten nicht, dass es immer und für jeden gleich leicht ist, Zugang zu neuen Ressourcen zu bekommen. Wie viel Sie investieren müssen, um beispielsweise eine Sprache fließend zu lernen, hängt davon ab, welche Kenntnisse Sie bereits haben und wie gut Sie sich Vokabeln merken können. Wenn Sie Sicherheit im Sprechen vor Gruppen brauchen, wird das ein langer Weg sein für alle, die darin bisher keine Übung haben. Für andere mag es reichen, neue Techniken des Selbstmanagements zu lernen. Alles ist möglich und es ist Ihre Entscheidung, ob Sie für ein lockendes, attraktives Ziel bereit sind, Zeit und Energie aufzubringen.

6.4.2 Schritte zum Ziel

In der Praxis hat es sich bewährt, bei größeren oder komplexeren Zielen die notwendigen Teilschritte zu visualisieren und erlebbar zu machen. Unseren Klienten hat das bislang ausnahmslos Spaß gemacht und es hat zu so manchen Aha-Erlebnissen geführt.

1. Nehmen Sie zwei Blätter Papier und schreiben Sie auf das eine Blatt „Heute“ und auf das andere Ihren Zielsatz, z. B. „Ich eröffne im nächsten Sommer einen Weinladen.“
2. Legen Sie beide Blätter so weit auseinander auf den Boden, dass genug Platz bleibt, den Zwischenraum mit nun zu entwickelnden Teilzielen zu füllen.
3. Stellen Sie sich auf das Ausgangspapier „Heute“. Von dort aus sollen Sie nun die Entfernung vom Jetzt-Zustand zum Ziel überwinden. Welche Schritte liegen dazwischen? Beantworten Sie deshalb die erste Frage: „Was tun Sie als Erstes, um Ihr Ziel zu erreichen?“
4. Schreiben Sie Ihr erstes Vorhaben in Stichworten auf ein weiteres Blatt Papier. In unserem Beispiel könnte das: „Ich besuche ein Seminar für Existenzgründung“ sein. Gehen Sie dann einen Schritt in Richtung Ziel und legen Sie das Blatt mit dem ersten Teilziel auf den Boden vor sich ab. Tun Sie so, als ob Sie diesen Schritt tatsächlich gemacht haben, „fühlen“ Sie sich in die Situation hinein. Vielleicht sehen Sie sich ja auch in Gedanken oder hören sich etwas sagen, wenn Sie sich vorstellen, was der erste Schritt zum Ziel ist.
5. Nun sind Sie Ihrem Ziel einen ersten Schritt näher gekommen. Jetzt fragen Sie sich: „Was kann ich als Nächstes machen, um mein Ziel zu erreichen?“ Unser Tipp: Benennen Sie Ihr Ziel in der Frage ab und zu konkret, z. B. so: „Was kann ich als Nächstes machen, um im nächsten Sommer einen Weinladen zu eröffnen?“ Damit verstärken Sie die Wirkung der Frage und es fällt Ihnen vielleicht leichter, den nächsten Schritt zu formulieren.
6. Wenn Sie den nächsten Schritt wissen und benennen können, gehen Sie wieder in Richtung Ziel und legen Sie erneut einen Zettel für Ihr Teilziel auf den Boden.
7. Dann stellen Sie die Frage nach dem nächsten Schritt so lange, bis Sie Ihr Ziel erreicht haben.
8. An dem Zettel mit Ihrem Zielsatz angekommen, sollten Sie einen Moment innehalten und versuchen zu spüren, wie es sich anfühlt, wenn Sie Ihr Ziel erreicht haben. Wie und wo sehen Sie sich? Mit wem? Welche neuen Qualitäten nehmen Sie wahr? Wie fühlen Sie sich?
9. Dann drehen Sie sich bitte noch einmal um und schauen sich die einzelnen Schritte genau an, die Sie zum Ziel gebracht haben. Welche Schritte sind Ihnen leichtgefallen und bei welchen brauchen Sie noch Ressourcen oder Hilfsmittel? Falls dies der Fall ist, schreiben Sie die benötigten Ressourcen auf einen Extrazettel. Wie Sie zu diesen Ressourcen kommen, können Sie in Kapitel 11 nachlesen.

Damit Sie Ihre Teilziele auf dem Weg zum „großen" Ziel nicht aus den Augen verlieren und auch tatsächlich verfolgen, empfehlen wir Ihnen, die Karten in der ausgelegten Reihenfolge einzusammeln und an einem gut sichtbaren Ort aufzubewahren. Die Karte mit dem ersten Teilziel sollte ganz oben liegen. Wenn Sie Ihren „ersten Schritt" gemacht haben, können Sie die Karte entfernen und sich dem zweiten Teilziel widmen. Und irgendwann bleibt dann nur noch die Zielkarte übrig ... Oder Sie stellen fest, dass Sie die notwendigen Schritte gar nicht gehen möchten. Also verwerfen Sie das Ziel und entwickeln Sie ein neues.

„Ich habe auch gemerkt, was ich beruflich nicht mehr will. Bei ‚Schritte zum Ziel' konnte ich einfach zu einem entscheidenden Schritt nicht ‚Ja' sagen. Das war erst ziemlich verwirrend. Aber ich empfand es als Erleichterung zu begreifen, dass ich den Job, um den ich mich beworben hatte, gar nicht machen wollte." – *Freddie S., Dipl.-Marketingwirt und Sexworker*

6.4.3 Zielvereinbarungen im Berufsleben

Viele Menschen schrecken bei dem Wort Ziel erst einmal zusammen. Wir finden das verständlich angesichts der Tatsache, dass es wohl kein größeres Unternehmen und keine Institution in Deutschland mehr gibt, die nicht mit ihren Mitarbeitern Zielvereinbarungen abschließen oder ihnen Zielvorgaben diktieren. In Banken beispielsweise erhalten die Leiter der Filialen in definierten Abständen Briefe, in denen ihnen vorgegeben wird, wie viele von welchen Produkten den Kunden verkauft und wie viele Lebensversicherungen und Rentenverträge abgeschlossen werden sollen. Dank elektronischer Datenüberwachung können die Vorgesetzten auf Knopfdruck erkennen, wer seine Wochen- oder Monatsziele nicht erreicht hat. Die Folge sind in der Regel eher unangenehme Gespräche, in denen der Druck auf die Mitarbeiter und Führungskräfte erhöht wird. Perfiderweise werden die Ziele – sofern sie erreicht worden sind – im nächsten Jahr höhergesteckt. Was als Ansporn zu mehr Leistung gedacht ist, wird so zu einer Quelle von Frustration.

In Callcentern werden mit den Mitarbeitern Zielvereinbarungen gemacht, in denen ihnen vorgeschrieben wird, wie lange ein Gespräch durchschnittlich dauern darf und wie hoch der durchschnittliche Umsatz sein soll.

Das sind nur zwei Beispiele, die deutlich machen, dass eine Abneigung gegen Ziele nachvollziehbar ist.

6.5. Interviews

6.5.1 *„Einfach mal größer denken“*

Katrin N., Psychologin und Trainerin

Während meines Psychologie-Studiums machte ich eine Psychoanalyse. Aber irgendwann merkte ich, dass mir die Vergangenheitsbewältigung nicht viel bringt. Ich wollte lieber Lösungen suchen, als noch tiefer in die Probleme einzutauchen. Als ich dann von NLP hörte, habe ich im Internet recherchiert und mich recht spontan zu einem Grundlagen-Seminar angemeldet, obwohl ich ein bisschen Angst hatte, dass mir die Inhalte möglicherweise nicht fundiert genug sein könnten. Aber schon nach den ersten beiden Tagen wusste ich, dass es genau das Richtige für mich ist.

Ich lernte Ziele zu entwickeln, Visionen und Fantasien zu haben und einfach mal größer zu denken, als ich es mir bis dahin zugetraut hatte. Ich komme aus einer Familie, in der nie über Ziele geredet wurde. Meine Eltern sind Sozialpädagogen ohne jegliches unternehmerisches Denken. Wirtschaftlicher oder beruflicher Erfolg ist ihnen eher suspekt. Vor NLP glaubte ich, dass ich nichts kann, keine Ideen habe und am besten nicht auffallen soll. Jetzt kann ich sagen: „Du bist kompetent", „Du hast gute Ideen, mit denen du dich zeigen kannst" und: „Du darfst damit Erfolg haben".

Natürlich war ich begeistert von dem, was ich alles neu für mich entdeckt hatte, und erzählte Max viel davon. Er hat sehr aufmerksam zugehört und sich für mich gefreut – auch weil er merkte, dass es mir guttat. Ich hingegen war sicher, dass es auch für ihn gut wäre, mal Ziele für sein Leben oder für seine Arbeit zu formulieren, und wollte ihn dabei unterstützen. Ich habe versucht, das Format *Zielrahmen* mit ihm zu machen, aber darauf hat er genervt reagiert. Ich kann das auch nachvollziehen, weil es mir vor NLP ähnlich ging, und wahrscheinlich habe ich es nicht gut gemacht, denn ich hatte ja noch nicht viel Übung darin. Max ist zufrieden mit dem, was er hat, und einfach nicht ehrgeizig. Er kommt aus einer Familie mit viel Geld und lehnt Menschen ab, die sich nur über den beruflichen Erfolg definieren. Er arbeitet häufig umsonst für andere Leute. Manchmal finde ich es toll, manchmal kann ich es akzeptieren, manchmal rege ich mich darüber auf und wünsche, er wäre zielstrebiger. Wenn ich mit ihm über gemeinsame Ziele sprechen möchte, darf das für ihn nicht zu formal werden. Zu Silvester haben wir uns beispielsweise ganz locker darüber unterhalten, was schön wäre, im neuen Jahr gemeinsam zu machen. Ehrlich gesagt waren mir die Ziele zu vage, aber ich wusste, wenn ich versuche, konkreter zu werden, macht er zu.

Ich habe ihn schon öfter gefragt, ob er nicht auch mal NLP machen möchte. Ich fände das toll, weil wir uns dann über die Inhalte austauschen und vielleicht besser die gemeinsame Zukunft planen könnten. Aber der formalen Ausbildung in NLP steht er skeptisch gegenüber.

6.5.2 „Der Enthusiasmus war mir unheimlich"

Max S., Sozialwissenschaftler

Als Katrin mit NLP anfing, war unsere Beziehung noch relativ „frisch". Deswegen redeten wir viel über das Leben, unsere Erwartungen und auch über berufliche Entwicklungen. Da Katrin Psychologin ist, fand ich es damals näherliegend, dass sie eine psychotherapeutische Ausbildung macht. Sie hat sich dann aber für NLP entschieden. Ich war unvoreingenommen und bestärkte sie, das zu tun, was ihr besser gefiel.

Als Katrin dann anfangs nach den Seminaren nach Hause kam, war sie immer ganz begeistert von dem, was sie neu gelernt hatte. Mir war dieser Enthusiasmus unheimlich. NLP kam mir plötzlich wie eine Sekte vor. Dieses Vorurteil hat sich inzwischen bei mir aufgelöst.

Ich war ein bisschen im Zwiespalt: Einerseits nahm NLP plötzlich so viel Platz in unserer Beziehung ein, andererseits wollte ich nicht Katrins Enthusiasmus dämpfen. Während dieser Zeit lag Katrin mir in den Ohren, auch mit NLP anzufangen. Das wollte ich auf keinen Fall, da ich nicht erkannt habe, was es mir bringen würde. Meine Interessen liegen woanders. Trotzdem war und ist mir immer wichtig, ihr das Gefühl zu geben, dass es in Ordnung ist, wenn sie NLP macht. Wenn ich mit NLP angefangen hätte, dann nur Katrin zuliebe.

Ich mochte es nicht, wenn sie mit mir gleich nach den Seminaren Übungen machen wollte, und ich habe sie nie richtig freiwillig mitgemacht. Allerdings finde ich die „Schritte zum Ziel" interessant. Zweimal haben wir zu Silvester Collagen gebastelt und dabei Zukunftsperspektiven entwickelt. Das fand ich o.k.

NLP ist immer sehr präsent in unserer Beziehung. Manchmal ist es eine Belastung und birgt Konfliktpotenzial: Katrins Zielorientierung ist mir teilweise zu forciert. Ich lebe lieber von Tag zu Tag. Entscheidungen möchte ich reifen und sich entwickeln lassen. So brauche ich oft auch länger, um eine Entscheidung zu treffen als Katrin. Was sehr schön ist in unserer Beziehung: Wir sprechen über alles und gehen viele Schritte zusammen. Für mich steht fest: NLP hat Katrin weitergebracht und damit auch unsere Beziehung. Und das ist positiv!

7. Das Metamodell der Sprache: Fragen, die uns weiterbringen

7.1 Alles klar! Ich weiß, wovon du redest

Mit Sprache beschreiben wir immer nur einen Ausschnitt der Welt. Wir beschreiben nicht die „wirkliche" Welt, sondern das, was wir dafür halten – also wie wir Ereignisse wahrnehmen und sie deuten. Um das sprachlich ausdrücken zu können, müssen wir Erfahrungen verallgemeinern, Informationen weglassen und unsere Beobachtungen in Zusammenhänge bringen. Warum müssen wir das tun? Weil wir sonst eine schier unglaubliche Menge an Details mitteilen müssten, die niemand aufnehmen könnte. Wir tun das auch, weil die Sprache nie der Vielfalt und der Geschwindigkeit des Denkens gerecht werden kann. Wie wir unsere Erfahrungen verarbeiten, spiegelt sich in unseren Worten wider. In diesem Sinne stehen unsere Worte für das Modell, das wir uns von der Welt machen. Und mit dem Metamodell der Sprache können wir erklären, wie jeder Mensch seine Erfahrungen in Worte ausdrückt.

7.1.1 Zugang zu unbewussten Erfahrungen

Das Metamodell der Sprache identifiziert und benennt einerseits Sprachmuster und -strukturen, die Menschen nutzen, um anderen ihre Erfahrungen mitzuteilen. Anderseits stellt das Metamodell eine Reihe von Fragen zur Verfügung, die zwei Ziele verfolgen: Fragende können die eigentliche Bedeutung dessen, was andere Menschen sagen, besser herausfinden. Und die Befragten können ihren „Horizont" erweitern, indem sie durch die Beantwortung dieser Fragen wieder Zugang zu unbewussten Erfahrungen bekommen und auf eigene Blockaden aufmerksam werden.

Das Metamodell ist neben dem Milton-Modell das linguistische Kernstück des NLP. Richard Bandler und John Grinder haben es entwickelt, nachdem sie die Gesprächsführung der außergewöhnlich erfolgreichen Therapeuten Virgina Satir und Fritz Perls analysiert hatten. Bandler und Grinder ordneten die Sprachmuster in Kategorien und gaben ihnen die Namen, die sich in der Sprache des NLP durchgesetzt haben: Tilgungen, Generalisierungen und Verzerrungen, die sie unter dem Begriff Metamodell-Verletzungen zusammengefasst haben. (siehe Punkt 3. in diesem Kapitel)

7.2 Komisch, irgendwas ist anders ...

„Meine Frau stellt andere Fragen, seit sie sich mit NLP beschäftigt. Da wir seit mehr als 30 Jahren verheiratet sind, habe ich natürlich sofort bemerkt, dass sich bei ihr etwas verändert hat." – *Uwe T., Unternehmensberater*

Wenn Ihr Partner plötzlich ungewohnt viele Nachfragen stellt, können Sie davon ausgehen, dass er das Metamodell der Sprache kennengelernt hat. Die Fragen könnten etwa so klingen:
„Wen meinst du denn, wenn du ‚man' sagst?"
„Was genau meinst du mit ...?"
„Wer sagt das?"
„Was hat das eine mit dem anderen zu tun?"
Oder auch nur: „Wirklich immer / keiner / nie?"

„Ich habe mich damals an den Metamodell-Verletzungen bei meinem Partner hochgezogen, da er oft Redewendungen wie immer, nie, keiner verwendet hat. Für mich war das eine Herausforderung, einen Lebenspartner zu haben, der in fast jedem zweiten Satz diese Generalisierungen benutzt hat." – *Thomas W., Coach und Unternehmensberater*

7.2.1 Nervige Fragen

Solche Fragen wirken bohrend, überkritisch und fast inquisitorisch. Sie unterbrechen oft den Fluss der Unterhaltung und den Rapport. Wenn diese Fragen wie aus der Pistole geschossen kommen und sich häufen, kann das richtig nerven. Möglicherweise fragen Sie sich sogar, ob es Ihr Partner noch gut mit Ihnen meint ...

Vielleicht hilft es Ihnen zu wissen, dass die Teilnehmer in NLP-Weiterbildungen darauf getrimmt werden, sogenannte Metamodell-Verletzungen bei sich und anderen zu erkennen und zu hinterfragen. Zu Übungszwecken ist das auch absolut sinnvoll. Nur nutzen Teilnehmer, die von der Idee des Metamodells fasziniert sind, leider auch oft Alltagsgespräche, um ihre neuen Erkenntnisse auszuprobieren und einzusetzen. Dabei übersehen sie dann leicht, dass die Metamodell-Fragen nur dann gestellt werden sollten, wenn die Fragenden ein ernsthaftes Interesse daran haben, mehr über die ursprünglichen Erfahrungen des Erzählers zu erfahren.

Die Metamodell-Fragen sind nicht entwickelt worden, um jemanden zu quälen oder ihn einer ungenauen Ausdrucksweise zu überführen, sondern um ihm neue Perspektiven zu ermöglichen. Gut eingesetzte Metamodell-Fragen bieten dem Befragten die Chance, die eigene Sichtweise zu hinterfragen, aus gedanklichen Sackgassen herauszukommen und unbewusste Erfahrungen wieder lebendig werden zu lassen. Dafür ist es aber wichtig, dass der Fragende einen guten Rapport zu seinem Gesprächspartner hat und dass er die Fragen zum Wohle des anderen auswählt.

„Da mein Mann in seinen Planungen und auch im Gespräch sehr sprunghaft ist, sind mir die Metamodell-Fragen eine große Hilfe. So kann ich jederzeit gezielt und konkret nachfragen, wenn er allzu sehr abdriftet oder ich das Gefühl habe, er verzettelt sich.“ – *Carola K., Ärztin und Verhaltenstherapeutin*

7.2.2 Metamodell-Verletzungen können wehtun

Wer das Metamodell kennengelernt hat, hat eine große Chance, sensibler als bisher mit Sprache umzugehen. Möglicherweise wird es Ihnen auch so gehen, wenn Sie dieses Kapitel zu Ende gelesen haben. Uns ist es jedenfalls auch so ergangen. Gerade zu Beginn fanden wir es schwer erträglich, erkennen zu müssen, wie andere sich durch ihre Worte selber einengen. Wir haben uns gefragt, warum zahlreiche Menschen so viel pauschalisieren, warum sie sich so undifferenziert und verschleiernd ausdrücken und warum sie Vorurteile einfach von anderen übernehmen. Eine Freundin von uns sagt oft Sätze wie: „Das ist mal wieder typisch für mich, ich kriege einfach nichts hin. Mein Vater hatte recht, als er meinte, dass aus mir nichts wird." Wir haben uns gefragt, warum sie sich das antut. Es hat uns bis an die eigene Schmerzgrenze wehgetan, zu sehen, wie sie sich beschneidet, einschränkt und mit Worten kleinmacht. Manchmal haben wir nachgefragt, ob sie wirklich nichts hinbekommen habe in den vergangenen Jahren, und natürlich sind ihr dann Dinge eingefallen, die ihr gut geglückt sind.

„Eine Zeit lang habe ich jede Metamodell-Verletzung hinterfragt und bin bei verletzenden Bewertungen an die Decke gegangen. Es ist für mich immer noch schwer auszuhalten, wenn ich sehe, was Menschen sich und anderen mit unbedachten Worten antun." – *Tina T., Coach*

7.2.3 Sich keine Löcher in den Bauch fragen lassen

Aber zurück zu Ihnen: Vielleicht denken Sie schon: „Alles schön und gut, aber wie kann ich damit umgehen, wenn mein Partner mir Löcher in den Bauch fragt?" Wir haben ein paar Vorschläge für Sie:

- Ganz direkt ansprechen, beispielsweise so:
  „Das sind mir im Moment einfach zu viele Fragen."
- Sagen Sie, was die Fragen bei Ihnen auslösen und was Sie sich stattdessen wünschen. Das könnte so klingen:
  „Wenn du mehrere von diesen Fragen hintereinander stellst, bin ich frustriert / irritiert / verwirrt / verlegen / ärgerlich / nervös / unglücklich / sauer. Es fällt mir gerade schwer zu erkennen, dass du es gut mit mir meinst. Ich bitte dich, dass du mich vorwarnst, wenn du nächstes Mal eine Metamodell-Frage stellst."
- Sie könnten die Frage zurückgeben:
  „Was meinst du denn dazu?"
  Oder: „Gute Frage, mich würde interessieren, was du dazu denkst."
- Nehmen Sie es mit Humor und reagieren Sie mit einem Augenzwickern, wenn Sie eine Metamodell-Frage herausgehört haben. Vielleicht so:
  „Achtung, Achtung! Metamodell-Alarm."
- Natürlich kann die eine oder andere Frage auch eine Anregung für Sie sein, wirklich noch einmal darüber nachzudenken.
- Um Metamodell-Fragen Ihres Partners vorzubeugen, haben Sie natürlich auch die Möglichkeit, achtsam mit Ihren Worten zu sein und beispielsweise Reizwörter wie „immer", „nie", „keiner", „alle", oder „du musst" zu vermeiden.

- Sicher wird auch die Sprache Ihres Partners nicht frei von Tilgungen, Verzerrungen und Generalisierungen sein. Da Sie nun schon einiges darüber wissen: Wie wirken die Metamodell-Verletzungen auf Sie und auf welche möchten Sie Ihren Partner aufmerksam machen?

„Ich fand die Fragen, die Tanja mir gestellt hat, manchmal recht eigenartig und ich habe immer auch mal ein wenig gelästert – das war aber scherzhaft gemeint." – *Sven S., Forstwirt*

7.3 Wie geht das denn?

Wenn Sie bereits das Kapitel über das Milton-Modell gelesen haben, werden Sie hier einiges wiederfinden, das Sie schon kennen. Denn das Metamodell ist in vielen Punkten die Umkehrung des Milton-Modells. Oder anders ausgedrückt: Das Metamodell gibt Werkzeuge an die Hand, die die Sprache konkreter machen, das Milton-Modell zeigt hingegen, wie und wofür vage Sprache genutzt werden kann. Gute Kommunikatoren nutzen beides zu seiner Zeit – je nachdem ob sie Erfahrungen ins Bewusstsein heben wollen oder ob sie das Bewusstsein ablenken wollen, um Botschaften ans Unbewusste zu senden. Beides kann in unterschiedlichen Situationen sinnvoll sein.

Bevor wir Ihnen im 4. Kapitel die Metamodell-Fragen vorstellen, finden Sie hier Hinweise über die Wirkung von Verzerrungen, Generalisierungen und Tilgungen.

7.3.1 Verzerrungen durch Ursache und Wirkung

Verzerrungen sind eine Art, wie wir uns ein Bild von der Welt um uns herum machen und wie wir diese Erfahrungen in Worte fassen. Wir verzerren, indem wir Zusammenhänge herstellen oder sie als gegeben annehmen. Wir suchen häufig nach Gründen für ein bestimmtes Ereignis, manchmal auch nach Schuldigen. Als beispielsweise im Sommer 2011 in England plötzlich Krawalle in mehreren Städten ausbrachen, wurde sofort diskutiert, woran das gelegen haben könnte. Schnell war die Rede von einer vernachlässigten Generation und von der Chancenlosigkeit der Jugend, insbesondere der Migranten. Interessanterweise hat sich dann jedoch gezeigt, dass auch Kinder aus gut situierten Familien an den nächtlichen Ausschreitungen beteiligt waren, während Einwanderer Bürgerwehren organisierten und sich klar gegen die Krawallmacher stellten.

Es ist nichts falsch daran, nach Gründen und Auslösern zu fragen. Im Gegenteil: Das kann zu neuen Erkenntnissen führen und ist Motivation für viele Forschungsprojekte. Aber es kann fatal sein, sich vorschnell auf einen Zusammenhang festzulegen, denn das schränkt das Weltbild ein.

Wir sind in einer Gesellschaft groß geworden, in der wir ganz selbstverständlich davon ausgehen, dass es immer einen Ursache-Wirkung-Zusammenhang gibt. Manche davon haben wir schon als Kind gehört: „Wenn du nicht aufisst, gibt es morgen schlechtes Wetter." Gut, daran werden Sie vermutlich nicht mehr glauben, aber wie sieht es aus mit: „Wenn du dich nicht warm genug anziehst, wirst du dich erkälten" oder: „Wenn du vor dem Essen naschst, wirst du nachher keinen Hunger mehr haben"?

Die meisten Ursache-Wirkung-Zusammenhänge haben wir so verinnerlicht, dass wir sie nicht bewusst wahrnehmen. Sie haben sich zu Gedankenstrukturen verfestigt, die in vielen Fällen nützlich sind. Denn sie helfen uns, die vielen Sinneseindrücke, die ständig auf uns einströmen, in die eigene Erfahrungswelt einzuordnen und zu interpretieren. Ohne diese Fähigkeit würden wir uns vermutlich in komplexen Situationen nicht zurechtfinden.

Wir alle verzerren, wenn wir beispielsweise ins Kino gehen und hinterher über die Aussage des Filmes diskutieren. In der Regel greifen wir einen Aspekt des Inhalts heraus und verbinden ihn mit unseren Erfahrungen. Andere Kinobesucher haben den Film vielleicht ganz anders „gesehen" und „verstanden".

7.3.2 Sprache kann Handlungsmöglichkeiten einschränken

Verzerrungen können uns aber auch blockieren. Das ist dann der Fall, wenn wir den Auslöser für ein unangenehmes Gefühl in einer äußeren Ursache suchen und somit selbst keine Verantwortung übernehmen und uns als „Opfer" betrachten.

Ein typisches Beispiel:

Frank sagt: „Petra macht mir schlechte Laune". Frank erlebt Petra als Verursacherin seines Gefühls und nimmt sich so die Möglichkeit, das eigene Erleben aktiv zu verändern. Mit dieser Verzerrung schränkt Frank seine eigenen Handlungsmöglichkeiten ein.

In der Alltagskommunikation sind Aussagen darüber zu finden, was der andere vermeintlich denkt. Auch das sind Verzerrungen, denn die „Gedankenleser" sind überzeugt davon, die Gedanken eines anderen zu kennen, ohne sich mit ihm darüber auszutauschen. Wie könnten Sie zum Beispiel wissen, ob der Satz: „Hermann hält sich für einen extrem guten Redner“, stimmt, wenn Hermann es Ihnen nicht selbst gesagt hat? Und wer meint, dass er mit der Aussage: „Der merkt überhaupt nicht, dass ich unter der Situation leide“ auf jeden Fall richtig liegt, hat möglicherweise nur Verhaltensweisen falsch interpretiert.

Eine besondere Spielart in vielen Beziehungen ist die Erwartung, der andere möge unausgesprochene Wünsche und Gedanken erkennen und sich danach richten. Natürlich stimmt es, dass viele Menschen intuitiv ahnen, was ihre Partner gerade beschäftigt. Dennoch: Wenn Sie ihn nicht direkt darauf ansprechen, können Sie nur vermuten, was der andere denkt. Wenn Sie also meinen, Sie wüssten, was der andere denkt, fragen Sie doch mal nach, ob Sie mit Ihrer Annahme richtig liegen. Dabei treten zuweilen erstaunliche Erkenntnisse zutage. So könnte es sein, dass Hermann mit gespielter Selbstüberzeugung versucht, seine Unsicherheit zu verbergen.

7.3.3 Generalisierungen verfestigen oft Vorurteile

Bei Generalisierungen schließen wir aus einzelnen Erfahrungen darauf, dass etwas immer so ist oder dass alle sich in einer Situation auf die beobachtete Art und Weise verhalten.

Auch Generalisierungen haben sowohl positive als auch negative Aspekte. Wenn wir aus einer selbst gemachten Erfahrung eine Regel ableiten, ist das eine wichtige Fähigkeit, die uns eine Menge Zeit, Energie oder auch Schmerzen ersparen kann. Wenn Sie als Kind die Erfahrung gemacht haben, dass es wehtut, die Hand über eine brennende Kerze zu halten, werden Sie sicher bei Flammen vorsichtig sein und nicht hineinfassen. Sie haben gelernt und generalisiert, dass es immer wehtut, den Finger in die Flamme zu halten.

Gleichzeitig können Generalisierungen auch zu Vorurteilen, schädlichem Schwarz-Weiß-Denken und hinderlichen Pauschalisierungen führen. Generalisierungen lassen keine Ausnahmen zu. In Konflikten heizen sie aus diesem Grund die Eskalation an.

Beispiel:

„*Nie* hast du am Wochenende Zeit für mich.“ Dem Konfliktpartner fällt in der Regel sofort mindestens eine Ausnahme ein. Er findet, dass die Vorwürfe überzogen sind, und beginnt mit der Verteidigung oder holt seinerseits die generalisierende Keule raus: „Immer vergisst du, dass wir im letzten Jahr drei Wochenenden gemeinsam an der Ostsee verbracht haben.“

Weitverbreitet sind Generalisierungen, die alle Menschen einer Nation oder einer Bevölkerungsgruppe über einen Kamm scheren. Auch das passiert mittels Sprache: Schwaben sind sparsam, die Thailänder lächeln immer, Amerikaner sind freundlich und oberflächlich und so fort. Den Teilnehmern interkultureller Trainings werden Gewohnheiten und Eigenarten eines Volkes beigebracht. Als eine erste Orientierung ist das auch sicher hilfreich, um mit unausgesprochenen Sitten und Gebräuchen klarzukommen. Gleichzeitig kann das Wissen über kulturelle Eigenarten dazu führen, eben nur das beschriebene Verhalten wahrzunehmen. Das wird der Vielfalt menschlicher Verhaltensweisen nicht gerecht. Im NLP wird dies „Wahrnehmungsfilter" genannt. Über die Deutschen beispielsweise wird gesagt, sie seien obrigkeitshörig, kinderfeindlich und waschen jedes Wochenende ihr Auto. Wie viele Deutsche kennen Sie, auf die das nicht zutrifft?

7.3.4 Tilgungen – ausgeblendete Informationen

Tilgung ist selektive Wahrnehmung. Sie ist sinnvoll, um unser Bewusstsein vor zu vielen Informationen schützen. Wir können nur einen Bruchteil der Sinneseindrücke um uns herum wahrnehmen. Schließlich ist es uns unmöglich, alle Informationen, die auf uns einfließen, zu verarbeiten. Und von der aufgenommenen Information wiederum geben wir nur einen Teil in Gesprächen weiter. In der Alltagskommunikation fehlt in vielen Aussagen die Information darüber, wer etwas tut oder tun soll. Beispiel: „Der Abwasch muss gemacht werden." Auch der Gebrauch von unspezifischen Verben tilgt Informationen: „ Er hat mich gar nicht wahrgenommen." Konkreter wäre: „Er hat nicht auf meine Fragen geantwortet" oder: „Er hat mich nur einmal angeschaut, aber nichts zu mir gesagt".

Getilgte Informationen können unser Denken und Handeln einschränken und dafür sorgen, dass wir unbewusst Informationen ausblenden. So haben Börsenpsychologen beobachtet, dass Profis ebenso wie Laien alle Informationen ausblenden, die ihren eigenen Kauf- und Verkaufsstrategien entgegenlaufen. Wer beispielsweise gerade sein Depot mit Gold aufgefüllt hat, wird Berichten über mögliche Kurskorrekturen nach unten weniger Bedeutung schenken als solchen, die einen weiteren Preisanstieg prognostizieren.

Je nach Persönlichkeit tilgen Menschen sowohl anerkennende Worte als auch warnende oder kritische Bemerkungen, wenn sie nicht ins eigene Welt- und Selbstbild passen. Beides kann fatale Folgen haben.

Beispiel 1:

Marc will sich von seinem ersten Geld ein „cooles" Auto kaufen. Am liebsten einen alten Ford Mustang. Er blättert durch Autozeitschriften und recherchiert im Internet. Er sieht sich schon in einem solchen Auto durch die Stadt fahren und nimmt schließlich einen Kredit auf, um einen – wie er findet – günstigen Wagen zu kaufen. Leider hat er sämtliche Informationen überlesen, die auf hohe Wartungs- und Benzinkosten hinweisen. Erst an der Tankstelle kann er diese Informationen nicht länger ausblenden. Er muss das Auto mit Verlust schnell wieder verkaufen.

Beispiel 2:

Anna ist Künstlerin. Hin und wieder verkauft sie ein Bild, aber eine richtige Ausstellung möchte sie nicht machen. Und das, obwohl mehrere Kunstkritiker ihre Bilder für großartig halten. Zwei Galeristen bemühen sich darum, eine Ausstellung mit ihr zu organisieren. Mit dem Hinweis, sie alle würden sich täuschen, weist Anna die Anerkennung von sich. Sie hört stattdessen immer wieder ihre Kunstlehrerin sagen, dass sie überhaupt kein Talent habe. Diese innere Stimme ist so laut, dass sie all die positiven Meinungen über ihre Arbeit tilgt. Schließlich gibt Anna die Malerei auf, weil „niemand gut findet, was sie macht".

7.3.5 Effektive Kommunikation, aber auch Missverständnisse

Wenn Sie lesen, auf welche Weise unsere Sprache Erfahrungen tilgt, fragen Sie sich vielleicht, wie es sein kann, dass wir trotzdem oft wissen, was der andere gemeint hat. Menschen aus ein und demselben Kulturkreis machen oft ähnliche Erfahrungen, sodass manchmal nur wenige Worte nötig sind, um ein Geschehen zu beschreiben. Stellen Sie sich nur mal vor, sie wollen jemanden erklären, was eine Taufe ist, der noch nie etwas davon gehört hat. Sie müssten wohl erzählen, wo die Taufe stattfindet, wer welche Rolle spielt, wie die Abläufe sind, was gesagt und gesungen wird und welches Religionsverständnis mit der Taufe verbunden ist. Das wäre langatmig, anstrengend und vielleicht würden Sie und der Zuhörer sich in den vielen Details schnell verlieren.

Tilgungen machen die Kommunikation effektiv und sie helfen dabei, den Überblick zu behalten. Einerseits! Anderseits haben sicher auch Menschen aus demselben Kulturkreis nicht genau die gleichen Assoziationen, wenn sie das Wort „Taufe" vernehmen. Manche hören aus den Worten des Pfarrers Warnungen, andere Geborgenheit, wieder andere hören nur die Glocken. Manche sehen volle Kirchen vor ihrem geistigen Auge, andere nur den engsten Familienkreis. Einige werden sich ans Frieren in der schlecht beheizten Kirche erinnern, andere an die überheizten Räume des Lokals, in dem hinterher gefeiert wurde. All diese Unterschiede bleiben in der Alltagskommunikation verdeckt. Was für das relativ stark festgelegte Ritual der Taufe zutrifft, gilt erst recht bei abstrakten Begriffen wie „Liebe“, „Respekt“, „Verantwortung“, „Erlebnis“ oder „Abenteuer“. Dass zwei Menschen sich unter diesen Begriffen etwas Verschiedenes vorstellen, wird oft erst dann deutlich, wenn sie für Planungen oder Projekte relevant werden.

Beispiel:

Zwei junge Menschen möchten gemeinsam in den Urlaub fahren. Der eine sagt: „Lass uns irgendwas suchen, wo wir viele Abenteuer erleben können.“ Der andere ist damit sehr einverstanden und beginnt im Internet nach Orten zu suchen, an denen Mountainbiking, Paragliding oder Wildwasser-Rafting möglich sind. Sein Freund fällt bei den Vorschlägen aus allen Wolken: Er hatte an ein wildes Nachtleben gedacht.

Es ist gar nicht so wichtig, dass Sie sich die genauen Bezeichnungen der NLP-Metamodellmuster merken. Es reicht völlig aus, wenn Sie trainieren Ihre Aufmerksamkeit darauf zu lenken, was andere Menschen sagen und was sie nicht sagen. Entscheidend ist, dass Sie ein Gefühl dafür entwickeln, wie Menschen sich in ihrer gedanklichen Flexibilität einschränken.

Die britischen NLP-Trainerinnen Romilla Ready und Kate Burton empfehlen übrigens, zuerst die Verzerrungen infrage zu stellen, dann die Generalisierungen und schließlich die Tilgungen. Ihrer Erfahrung nach würden wir bei einem Beginn mit den Tilgungen mehr Informationen erhalten, als wir zunächst verarbeiten könnten.[21]

„Klug fragen können ist die halbe Weisheit.“ – *Sir Francis Bacon*

7.4 Feuer gefangen – Blut geleckt

Das Metamodell der Sprache ist nicht nur eine Methode zur Informationssammlung, sondern es ist auch ein Instrument der Veränderung. Durch Hinterfragen von Äußerungen lassen sich nämlich auch Perspektiven erweitern und innere Schranken überwinden. Um das tun zu können, haben Bandler und Grinder zunächst genau beschrieben, durch welche Sprachmuster wir verzerren, tilgen und generalisieren. Außerdem schlagen sie Fragen vor, mit denen eben diese aufgedeckt werden können.

21 Romilla Ready, Kate Burton: „Neuro-Linguistisches Programmieren für Dummies“, S. 257.

7.4.1 Fragen, die den Handlungsspielraum vergrößern

Unter den verschiedenen Fragesätzen, die wir in diesem Kapitel vorstellen, werden Sie die von vielen Menschen oft gestellte „Warum-Frage“ nicht finden. NLPler nennen dafür einen nachvollziehbaren Grund: Der Antwortende würde veranlasst werden, sich zu rechtfertigen, und liefe so Gefahr, sich so noch mehr in seinen Problemen zu verfangen. Mit den Metamodell-Fragen hingegen soll genau das Gegenteil bewirkt werden – der Handlungsspielraum soll vergrößert werden.

Die wichtigsten Fragen, um Nominalisierungen, andere Tilgungen, Verzerrungen und Generalisierungen aufzulösen, werden Sie hier anhand von Bespielsätzen kennenlernen. Wir haben lange hin und her überlegt, ob wir Sie mit den vielen Fachbegriffen konfrontieren, denn es geht Ihnen ja sicher eher darum, dass Ihnen gute Fragen einfallen. Wie die entsprechende Metamodell-Verletzung im NLP heißt, ist dabei unwichtig. Letztlich haben wir uns aber dafür entschieden, die Beispiele mit den Fachbegriffen zu verbinden, damit Sie wissen, wovon die Rede ist.

7.4.2 Nominalisierungen

Nominalisierungen sind abstrakte Hauptwörter, die aus Verben oder Eigenschaftswörtern gebildet sind.

Beispiele:

Verständnis – verstehen
Freiheit – frei sein

Aussage: „Ich spüre seine Ablehnung.“
Ziel des Hinterfragenden: Vom Gesprächspartner erfahren, was der andere tut und wie das Gefühl der Ablehnung entsteht.
Metamodell-Frage: „Was genau tut er, dass du dich abgelehnt fühlst?“

7.4.3 *Ursache-Wirkung*

Ursache-Wirkungs-Muster beschreiben eine Ursache X und eine Wirkung Y. Das heißt: Ein Zustand wird mit einem anderen Ereignis oder Verhalten begründet.

Aussage: „Sein Verhalten macht mich wütend."
Ziel des Hinterfragenden: Dem Gesprächspartner zeigen, dass er selbst entscheiden kann, ob es ihm damit gut geht oder nicht. Das heißt: Jeder ist selbst für seine Gefühle verantwortlich.
Metamodellfrage: „Wie genau macht er es, dass du dich wütend fühlst?"

7.4.4 *Vorannahmen*

Immer wenn ein Teil des Satzes eine Aussage enthält, die wahr sein muss, damit der Rest des Satzes sinnvoll ist, handelt es sich um eine Vorannahme. Häufig handelt es sich dabei um Adjektive, mit denen Personen oder Ereignisse beurteilt werden.

Beispiele:

Aus unserer zerrütteten Ehe kann nichts mehr werden.
Vorannahme: Die Ehe ist zerrüttet

Wann wirst du mich besuchen?
Vorannahme: Du wirst mich besuchen.

Aussage: „Er wird noch so geizig werden wie sein Vater."
Ziel des Hinterfragenden: Den Gesprächspartner überprüfen lassen, ob eine Eigenschaft (hier: geizig sein) tatsächlich einer Person zuzuordnen ist.
Metamodellfrage: „Wie genau kommst du zu dem Schluss, dass sein Vater geizig ist?"

7.4.5 Gedankenlesen

Sätze, die ungeprüft wiedergeben, was ein anderer denkt, fühlt oder möchte, werden im NLP als Gedankenlesen bezeichnet. Es werden innere Prozesse beschrieben, über die eigentlich nur die betroffene Person etwas mitteilen kann.

Aussage: „Das ist genau das Richtige für dich und wird dir gefallen.“
Ziel des Hinterfragenden: Der Gesprächspartner soll erkennen, dass seine Aussage über die Gedanken des anderen keine Tatsache ist, sondern dass es sich um reine Spekulation, eine Interpretation und eventuell sogar um eine Projektion handelt.
Metamodellfrage: „Woher weißt du das? Wer sagt das?“

7.4.6 Verallgemeinerung durch Universalquantoren

Universalquantoren sind Wörter, die keine Ausnahme zulassen.

Beispiele:
alle, jeder, immer, überall, sämtliche, nie, keiner, nirgendwo, nichts, niemand

Aussage: „Niemand will mit mir abends ausgehen.“
Ziel des Hinterfragenden: Durch besondere Betonung des Schlüsselwortes (hier: *niemand*) soll der andere auf die Verallgemeinerung aufmerksam gemacht werden und veranlasst werden, seine Aussage selbst noch einmal zu überprüfen.
Metamodellfrage: „Willst du damit sagen, dass wirklich niemand etwas mit dir machen will?“

7.4.7 Fehlender Bezugsindex

Bei einem fehlenden Bezugsindex bleibt unklar, auf wen sich eine Aussage bezieht.

Aussage: „Man sollte nicht einfach auf den Gefühlen anderer Menschen herumtrampeln."
Ziel des Hinterfragenden: Den anderen dazu bringen, sich klarzumachen, an wen er selbst denkt, wenn er diesen Satz sagt.
Metamodellfrage: „Wer genau?" Oder: „An wen denkst du, wenn du von *man* und *anderen Menschen* sprichst?"

7.4.8 Komplexe Generalisierung / Gleichsetzung

Bei komplexen Generalisierungen macht der Sprecher zwei Aussagen hintereinander und bringt sie dadurch in einen Zusammenhang.

Aussage: „Mein Chef verlangt ständig Überstunden von mir, er hat mich auf dem Kieker."
Ziel des Hinterfragenden: Dem anderen aufzeigen, dass es nicht unbedingt einen Bezug zwischen seinen beiden Aussagen gibt, und ihn so auf die vielleicht unzutreffende Gleichsetzung aufmerksam machen.
Frage: „Bedeutet das, dass er dich nicht mehr auf dem Kieker hat, wenn er dich pünktlich gehen lässt?"

7.4.9 Unspezifische Verben

In unserer Sprache gibt es viele Verben, die nur vage beschreiben, wie oder was genau jemand macht. Unspezifische Verben geben wenig Auskunft darüber, was im Einzelnen passiert ist oder passieren soll.

Aussage: „Er verlangt von mir, dass ich arbeiten gehe."
Ziel des Hinterfragenden: Den anderen zu einer konkreten Aussage bringen (hier das unspezifische Verb *verlangen* konkretisieren) und so eventuelle Pauschalurteile auflösen.
Frage: „Wie genau verlangt er das?"

7.4.10 Modaloperatoren

Als Modaloperatoren werden die folgenden Hilfsverben bezeichnet: müssen, dürfen, können, sollen sowie die entsprechenden Verneinungen. Modaloperatoren zeigen an, dass der Sprecher für sich keine Wahlmöglichkeiten sieht.

Aussage: „Ich muss mindestens einmal am Tag meine Mutter anrufen."
Ziel des Hinterfragenden: Den anderen darüber nachdenken zu lassen, ob eine Beschränkung seiner individuellen Möglichkeiten wirklich gewünscht ist oder ob er lieber weniger eingeschränkt leben würde.
Frage: „Was würde passieren, wenn du es nicht tätest?"

7.4.11 Fehlende Vergleiche

In der Alltagskommunikation kommt es häufig vor, dass wir Komparative (schöner, größer, besser) und Superlative (das Schönste, Größte, Beste) benutzen, ohne zu sagen, im Vergleich wozu wir das meinen. Wenn beispielsweise jemand sagt: „Es ist klüger, erst mal abzuwarten", bleibt unklar, in Bezug auf was es klüger ist.

Aussage: „Wenn ich doch weniger aufbrausend wäre!"
Ziel des Hinterfragenden: Den anderen dazu bringen, über seine Aussage nachzudenken, sie zu konkretisieren und einen Vergleichsmaßstab zu nennen.
Frage: „Im Vergleich wozu bist du aufbrausend?"

Das waren viele Fachbegriffe und Informationen zu sprachlichen Phänomenen und doch ist es nicht mehr als ein erster Einstieg in die Möglichkeiten, die das Metamodell bietet.

Uns geht es – wie gesagt – nicht darum, dass Sie alle Begriffe zuordnen können, sondern darum, dass Sie Anregungen bekommen, wie Sie Einschränkungen im Weltbild anderer und in Ihrem eigenen erkennen können. Was Sie daraus machen, ist natürlich Ihre Entscheidung. Vielleicht nutzen Sie die neu gewonnenen Erkenntnisse, um mit Ihrem Partner gemeinsam zu üben. Vielleicht sind Sie aber auch neugierig darauf geworden, noch mehr über das Metamodell zu erfahren, und Sie blättern mal in den Büchern Ihres Partners[22]. Vielleicht lassen Sie die Information auch einfach erst mal sacken und stellen dann einem Gesprächspartner intuitiv Fragen, wenn Sie bemerken, wie sehr er seine Wahlmöglichkeiten durch Tilgung, Verzerrung und Generalisierung einschränkt.

Es kann übrigens auch lohnend sein, die eigene Sprache auf Einschränkungen zu überprüfen und sich selbst hin und wieder mal eine Metamodell-Frage zu stellen.

7.5 Interviews

7.5.1 „Fragen, die ihn zum Überlegen bringen sollten"

Vera K. , Trainerin bei einer Versicherungsgesellschaft

Meine Chefin ist NLP-Lehrtrainerin und ich fand es immer toll, wie sie ihre Ziele erreicht und sich selbst in einen guten Zustand bringen kann. Das wollte ich auch lernen. Deshalb habe ich mich vor einem Jahr für eine NLP-Ausbildung entschieden. Bei der Arbeit geht mir jetzt auch tatsächlich vieles leichter von der Hand, in der Beziehung leider nicht.

Mein Freund hat zwar nichts gegen NLP, aber er interessiert sich gar nicht dafür. Zu Beginn der Weiterbildung habe ich ganz viel erzählt über die Dinge, die ich neu gelernt hatte. Ich bin da aber nicht auf Gegenliebe gestoßen. Irgendwann habe ich das Erzählen dann eingestellt. Vor Kurzem hat er sich gewundert, warum ich nicht mehr darüber rede. Er hat also immerhin etwas bemerkt, aber er weiß nicht, warum ich nichts mehr erzähle. Ich finde das sehr schade, weil ich glaube, dass NLP eine Bereicherung für die Beziehung sein kann, wenn der andere sich auch damit auseinandersetzt. Wenn das nicht passiert, steigt die Trennungsgefahr, weil einer sein Leben umkrempelt und der andere stehen bleibt. Deshalb wünsche ich mir sehr, dass er sich auch mit NLP beschäftigt. Aber die Chancen dafür schätze ich nicht hoch ein.

Ich habe meinem Freund immer wieder Fragen gestellt, die ihn zum Überlegen bringen sollten, aber es hat nicht geklappt, was mich wiederum frustriert hat. Er empfindet es als stressig, wenn ich mit Fragen seine Metamodell-Verletzungen oder Vorannahmen aufdecken will. Allerdings muss ich gestehen, dass ich die Fragen auch oft ohne Weichmacher oder einleitende Floskeln gestellt habe. Beispielsweise nutzt er viel das Wörtchen „man", was mich zur Weißglut treibt. Er hingegen ist entsetzt, wieso ich nachfrage, wen er mit „man" denn meine. Für ihn ist klar, dass er von sich selbst als „man" spricht. Interessanterweise hält er Menschen, die ihre Sätze mit „ich" bilden, für egoistisch und egozentrisch.

---

22 Weiterführende Literatur: Bandler, Richard & Grinder, John (2011): Metasprache und Psychotherapie. Die Struktur der Magie I, Paderborn, Junfermann.

Richtig schwierig ist es für mich, mit ihm über seine oder über unsere Ziele zu reden. Er weicht dann aus und sagt, „man" müsse mal sehen, was sich für Chancen bieten und was so passiert. Ich glaube, er setzt sich lieber keine Ziele, um nicht enttäuscht zu sein, wenn es nicht klappt. Wenn er mit etwas unzufrieden ist und ich ihn frage, was er stattdessen möchte, wehrt er ab. Ich glaube, schon allein die Art der Fragestellung macht ihn verrückt.

Seit ich mich mit NLP beschäftige, denke ich nicht mehr so oft, dass ich im Recht bin und der andere sich ändern soll. Und – auch wenn es mir oft noch schwerfällt – ich kann die positive Absicht seines Verhaltens besser erkennen und wertschätzen. Ich denke, das hat sich positiv auf unsere Beziehung ausgewirkt. Durch die Beschäftigung mit den LAB-Profilen kann ich mir erklären, warum ich mich dauernd gebremst fühle und er oft das Gefühl hat, von einem D-Zug überfahren zu werden. Er ist reaktiv, wartet lieber ab und bewahrt die Ruhe. Ich hingegen bin ziemlich proaktiv, treibe Dinge voran und mache auch mal Druck.

7.5.2 „Voll in den Sand gesetzt"

Martin T., Projektmanager

Bevor ich Vera kennenlernte, hatte ich zwar von NLP gehört, mir aber keine Gedanken darüber gemacht. So hatte ich keine Ahnung, was auf uns zukommen würde, aber im Rückblick sehe die Entwicklung, die NLP in unsere Beziehung gebracht hat, kritisch.

Zu Beginn hat sie mir sehr viel erzählt, wie beispielsweise das Ankern funktioniert. Das fand ich sogar ganz spannend, aber dann muss ich irgendwann mal eine Bemerkung gemacht haben, die ihr nicht gefiel. Daraufhin hat sie entschieden, mich nicht mehr mit einzubeziehen. Das habe ich wohl voll in den Sand gesetzt. Ich habe dann im Internet nachgeschaut, was es mit NLP auf sich hat. Das fand ich aber nur bedingt spannend, manches klang mir auch zu esoterisch. So richtig verstanden habe ich aber nicht, was NLP genau ist und was damit erreicht werden soll. Ich habe Vera nie erzählt, dass ich mich im Internet schlau gemacht habe.

Wir hatten mal eine Auseinandersetzung, in der es darum ging, dass ich oft von „wir" spreche und nicht so gerne von „ich". Vera erklärte mir dann, dass sie damit nicht umgehen könne. Sie will immer wissen, wen ich meine, wenn ich von „wir" spreche. Ich hingegen möchte andere mit einbeziehen. Das habe ich in meiner Sozialisation so gelernt und damit habe ich auch gute Erfahrungen gemacht. An der Stelle sind wir nicht weitergekommen und hatten einen Kommunikationsknoten.

Manchmal war es auch nervig, dass sie so aus dem Nichts heraus fundamentale Fragen gestellt hat wie beispielsweise: „Was bedeutet Glück für dich? Sag mir das mal in drei Stichworten!" Das klang so schulisch für mich, weil es sich nicht aus einem Gespräch entwickelt hatte. Ich fühlte mich nicht auf Augenhöhe mit ihr, sondern eher abgefragt. In solchen Situationen bin ich dann auch mal bockig geworden und habe unwirsch reagiert.

Bei anderen Fragen, zum Beispiel zu meinen Zielen oder wie ich mir die Zukunft vorstelle, fühlte ich mich überfahren. Ich habe mich bemüht, Antworten zu geben, aber manchmal habe ich auch gesagt, dass ich da noch mal drüber nachdenken müsste. Das war nicht das, was sie hören wollte.

Heute denke ich, dass ich mich mehr mit NLP hätte auseinandersetzen sollen, obwohl ich der Meinung bin, dass man entweder kommunizieren kann oder eben nicht. Durch Kurse kann es höchstens etwas besser und runder werden. Wenn mich irgendwann jemand so an das Thema heranführt, dass der Funken überspringt, könnte ich mir vorstellen, mal ein Wochenendseminar zu besuchen.

8. Das Milton-Modell: Das Bewusstsein ablenken

8.1 Alles klar! Ich weiß, wovon du redest.

Das Milton-Modell umfasst eine Beschreibung von Sprachmustern und ihrer Wirkungsweise. Die Begründer des NLP, Richard Bandler und John Grinder, haben das Modell entwickelt, nachdem sie die sprachlichen Muster des äußerst erfolgreichen Psychotherapeuten Milton Erickson genau studiert hatten.

8.1.2 *Mit Sprache zaubern*

Erickson hat in seinen Therapiesitzungen mit Sprache „gezaubert“ und gezielt das Unterbewusstsein angesprochen, um Veränderungen möglich zu machen. Er hat durch seine Worte das Denken und die Gefühle seiner Patienten so gesteuert, dass sie sich in konstruktive und gute Zustände begeben konnten. Ericksons Ziel war es, dass seine Zuhörer in einen tiefen Entspannungszustand (Trance) gerieten, um dann leichter Zugang zu ihren unbewussten Ressourcen und Fähigkeiten zu bekommen. Um das zu erreichen, verwendete er eine vage Sprache, die es den Klienten ermöglichte, assoziativ aus ihrer Erfahrungswelt den Worten des Therapeuten unbewusst eine eigene, für sie sinnvolle Bedeutung hinzufügen. Dazu setzte er bewusst Tilgungen, Verallgemeinerungen und Verzerrungen ein. Das Milton-Modell ist damit auch eine Umkehrung des Metamodells.

Die Sprachmuster des Milton-Modells werden bewusst in Coachings, in einigen Therapieformen und beim autogenen Training (also einer Art leichter Hypnose) genutzt. Sie lassen sich beispielsweise aber auch in Alltagsgesprächen sowie im Training / Unterricht, bei Business-Besprechungen, im Verkauf und bei Präsentationen anwenden.

Im NLP geht es darum, die Sprachmuster des Milton-Modells zu kennen und bei anderen zu erkennen. Außerdem lernen NLPler, diese Sprachmuster gezielt einzusetzen, damit Klienten, Gesprächspartner oder Seminarteilnehmer eigene Ansätze finden können, um Ziele zu erreichen oder auch um Probleme zu lösen.

8.2 Komisch, irgendwas ist anders ...

Das Milton-Modell ist die Kunst der vagen Sprache. Wer sie beherrscht, nutzt Worte und Sprachmuster, um Gedankenräume zu öffnen, und vermeidet dabei alle Konkretisierungen, Appelle, Aufforderungen und Imperative. Das kann irritierend wirken. Wenn Sie bisher von Ihrem Partner klare Ansagen gewohnt waren – egal ob Sie es mochten oder nicht –, wird Ihnen vielleicht auffallen, dass diese weniger werden. Manche empfinden das als ein Reden-um-den-heißen-Brei-Herum, andere sind froh, dass ihr Partner nicht mehr so viele innere Widerstände durch seine Formulierungen provoziert. Vielleicht bemerken Sie aber auch, dass Sie ab und an mal etwas tun, was Ihr Partner möchte – und das, obwohl Sie dazu eigentlich keine Lust haben.

8.2.1 Als Fragen getarnte Aufforderungen

Beim Milton-Modell wird schnell der Verdacht der Manipulation durch Sprache laut. Und ganz klar, wenn das Milton-Modell im eigenen und nicht in erster Linie im Interesse des Gegenübers genutzt wird, lässt sich damit vortrefflich manipulieren. Häufig geschieht das durch als Fragen getarnte Aufforderungen. Beispiel: „Wann buchst du den Flug für unseren Sommerurlaub?" Die Aufforderung, die dahinter steht lautet: „Buche den Flug (möglichst schnell)!" Eine andere Möglichkeit der indirekten Aufforderungen sind eingebettete Vorannahmen. Beispiel: „Ich frage mich, wann du das Auto in die Werkstatt bringst." Die Vornahme ist: „Du bringst das Auto in die Werkstatt." Oder: „Es würde mich interessieren, wie du das deinem Chef sagen willst." Vornahme: „Du wirst es deinem Chef sagen."

Die Absichten sind teilweise leicht zu durchschauen und trotzdem passiert es immer wieder, dass man die Frage beantwortet, ohne die Vorannahme infrage zu stellen. Später stellt sich dann das dumpfe Gefühl ein, überfahren worden zu sein.

8.2.2 Milton in der Alltagskommunikation

In der Alltagskommunikation verbreitet sind Formulierungen wie: „Hier müsste man mal wieder sauber machen." Vermutlich denkt, wer so etwas sagt: „Ich finde, du solltest sauber machen." Noch ein anderes Beispiel: „Wir sollten mal über die Organisation der Geburtstagfeier sprechen." Dahinter steht der Wunsch: „Ich möchte mit dir über die Geburtsfeier reden."

Auch Menschen, die von NLP nichts wissen, nutzen manche dieser Formulierungen. Vielleicht haben Sie sich sogar in den beschriebenen Beispielen selbst erkannt. In NLP-Weiterbildungen lernen die Teilnehmer die verschiedenen Milton-Sprachmuster und ihre Einsatzmöglichkeiten systematisch kennen. Die Muster werden geübt, um die Aufmerksamkeit der Klienten, Teilnehmer oder Coachees in eine beabsichtigte Richtung zu lenken, um innere Ressourcen zu aktivieren und neue Perspektiven zu ermöglichen. Da das Milton-Modell ein hochwirksames Sprachmodell ist, fühlt sich mancher jedoch verführt, es im eigenen Interesse zu nutzen.

8.2.3 *Mit dem Metamodell kontern*

Wie können Sie darauf reagieren? Möglich wäre, dass Sie sich selbst mit den Milton-Sprachmustern vertraut machen. So können Sie schneller erkennen und flexibel darauf eingehen, wenn Ihr Partner Milton-Muster offensichtlich im eigenen Interesse nutzt. In diesem Fall empfehlen wir die Abschnitte drei und vier dieses Kapitels.

Tilgungen, Generalisierungen und Verzerrungen können Sie auch mit sogenannten Metamodell-Fragen entgegentreten. Mehr dazu finden Sie im Kapitel 7.

Wenn Sie die von ihrem Partner angesprochenen Themen zu diesem Zeitpunkt nicht weiter vertiefen möchten, können Sie ihm einfach beipflichten, beispielsweise indem Sie sagen: „Das frage ich mich auch“ bzw.: „Das würde mich auch interessieren“. Oder: „Ja, das sollten wir wirklich tun.“ Ihr Partner wird vermutlich zunächst verblüfft sein und dann bemerken, dass er seinem Ziel so nicht näher kommt. Wie wird Ihr Partner darauf reagieren? Das hängt sehr von Ihrer Beziehungs- und Kommunikationsstruktur ab. Alles ist möglich – von der Konkretisierung des Anliegens bis zum Vorwurf des Nicht-Verstehen-Wollens, eventuell mit Tränen und Streit.

Eine weitere Möglichkeit des Umgangs mit Milton-Mustern besteht darin, die vermutete Absicht zu verbalisieren und beispielsweise zu fragen: „Meinst du damit, dass ich mal wieder sauber machen sollte?“ Oder: „Möchtest du, dass ich die Flüge so schnell wie möglich buche, weil du die Sorge hast, dass sonst alles ausgebucht ist?“ Diese Rückfragen können der Beginn von offener Kommunikation sein, in der jeder seine Wünsche, Bedürfnisse, Erwartungen und Sorgen formulieren kann.

8.2.4 *Vage Sprache – einer langer Weg*

Noch mal zurück zum ersten Satz dieses Abschnitts: „Das Milton-Modell ist die Kunst der vagen Sprache.“ Milton Erickson hat diese Kunst meisterlich beherrscht, indem er viel ausprobiert, geübt und beobachtet hat. Viele andere haben in Kommunikationstrainings gelernt, die Muster in ihre Sprache zu integrieren. Aber das ist ein langer Weg, an dessen Anfang Ihr Partner gerade steht. Das heißt: Seine Formulierungen werden zunächst vielleicht unbeholfen, gekünstelt und irgendwie fremd klingen. Haben Sie dafür Verständnis, unterstützen Sie Ihren Partner oder machen Sie sich darüber lustig? Das ist natürlich Ihre Entscheidung.

„In der Kommunikation mit meinen Kindern setze ich die Milton-Sprachmuster bewusst ein und nutze viele Bilder und Metaphern. Seitdem ich das tue, ist es für mich viel einfacher mit ihnen geworden. Ich stoße auf weniger Widerstand.“ – *Rita B., Trainerin*

8.3 Wie geht das denn?

Wer die Sprachmuster des Milton-Modells kennt und beherrscht, kann sie sehr wirkungsvoll in der beruflichen und alltäglichen Kommunikation einsetzen. Besonders geeignet sind die Sprachmuster für Situationen, in denen Sie sich nicht festlegen möchten und gleichzeitig die Zuhörer für sich und Ihre Sache gewinnen wollen. Es geht vor allem darum, bei den anderen innere Widerstände zu vermeiden und dabei unspezifisch zu bleiben. Wir möchten das am Beispiel einer Begrüßung zu einem Seminar verdeutlichen.

8.3.1 Begrüßung mit Trance

Der Seminarleiter könnte sagen: „Meine Damen und Herren, freuen Sie sich auf einen Tag voller Inspiration! Beteiligen Sie sich, diskutieren Sie mit und hören Sie gut zu!“

Was löst das bei Ihnen aus? Vielleicht so etwas wie: „Warum sollte ich?“ Oder: „Das wollen wir erst einmal sehen.“ Oder sogar: „Na, das können die ohne mich machen!“

Im Vergleich dazu eine Einleitung, in der bewusst Milton-Muster verwendet werden: „Ja, meine Damen und Herren, mancher wird sich vielleicht schon fragen, was er dazu beitragen kann, dass wir heute Abend mit einem Gefühl von Inspiration nach Hause gehen. Aus Erfahrung wissen wir, dass es einigen Spaß macht, zu diskutieren, und dass andere lieber erst einmal zuhören.“

Diese Worte werden vermutlich zunächst eine leichte Verwirrung auslösen. Das ist erwünscht und führt dazu, dass die Zuhörer das Gesagte auf sich beziehen. Beispielsweise: „Ich kann etwas beitragen und es kann mir Spaß machen.“ Diese Gedanken kommen in der Regel nicht ins Bewusstsein, aber sie wirken sich unbewusst auf das Handeln, Denken und Fühlen aus.

Fragen Sie sich schon, wie Sie die Milton-Sprachmuster in Ihrem beruflichen Umfeld einsetzen können? Während Sie die folgenden Beispiele lesen, werden Sie erkennen, wie leicht es sein kann, positive Veränderungen bei sich selbst und bei anderen Menschen zu bewirken.

8.3.2 Tilgungen

Mit Tilgungen lässt der Sprecher Teile einer Information weg, die der Zuhörer ergänzen muss, um dem Gehörten für sich einen Sinn zu geben. In der Alltagskommunikation tilgen wir ständig Informationen. Das ist notwendig, um unsere Gesprächspartner nicht zu langweilen. Stellen Sie sich doch einmal vor, wir würden über jede Kleinigkeit ausführlich und detailliert berichten. Uns würde wahrscheinlich kaum noch jemand zuhören. Dass wir trotz des Weglassens von Informationen in der Regel das Gefühl haben, genau zu wissen, wovon der andere spricht, liegt daran, dass wir das Gehörte oder Gelesene mit Details aus eigenen Erfahrungen vervollständigen.

Es gibt verschiedene Sprachmuster, mit denen Information bewusst getilgt werden kann. Wir möchten Ihnen zwei vorstellen: Nominalisierung und unbestimmter Bezug.

Beispiel für unbestimmten Bezug:

Zu Beginn einer Fortbildung sagt der Seminarleiter: „Ich denke, dass jeder von Ihnen schon neugierig ist."

Bei diesem Satz erfahren Sie nicht, worauf Sie neugierig sein könnten oder sollten. Diese Information ist **getilgt**. Vielleicht sind Sie ja neugierig auf neue Lerninhalte, auf die Methoden oder aber eher auf neue Kontakte, die Sie in dem Seminar knüpfen können.

Beispiel für Nominalisierung:

„Sicherheit und Fortschritt sind wichtig für die Zufriedenheit."

In dem Satz sind „Sicherheit", „Fortschritt" und „Zufriedenheit" Nomen, die aus Verben (fortschreiten) oder Adjektiven (sicher, zufrieden) gebildet sind (**Nominalisierungen**). Sie tilgen jede Menge Informationen: Wer fühlt sich sicher, schreitet fort oder ist zufrieden? Womit ist jemand zufrieden? Worauf bezieht sich das Gefühl der Sicherheit? „Sicherheit" bedeutet für Ihren Arbeitskollegen vielleicht, viele Polizisten auf den Straßen zu sehen, für Sie hingegen, Ihren Kontostand nicht unter € 1.000 sinken zu lassen (finanzielle Sicherheit).

Da die Nominalisierungen es einem Sprecher erlauben, vage zu bleiben, wimmeln gerade Politikerreden von Nominalisierungen (s. Punkt 4 dieses Kapitels).

8.3.3 Generalisierungen

Bei den generalisierenden Sprachmustern werden Erfahrungen bewusst verallgemeinert. Damit soll der Angesprochene assoziieren, ein Teil dieser Erfahrung zu sein oder zu werden. Dazu eignen sich Worte wie beispielsweise: *immer, alle, jeder, überall, niemand, keiner oder nirgends.*

Eine weitere Möglichkeit, dass der andere sich zu den Angesprochenen zählt, sind die Verben *können, sollen, dürfen, müssen* sowie die entsprechenden Verneinungen.

Beispiel für eine Generalisierung:

„Jeder kann lernen, das Milton-Modell anzuwenden." Diesen Satz wird Ihr Unterbewusstsein sich merken, denn wenn es jeder kann, dann auch Sie!

8.3.4 Verzerrungen

Beim Verzerren suggeriert der Sprecher eine Ursache-Wirkungsbeziehung, die eigentlich unzulässig ist – und zwar zwischen etwas Bekanntem / Vorhandenem / Erlebtem (der Ursache) und etwas Erwünschtem (der Wirkung). Erstaunlicherweise werden diese postulierten Zusammenhänge aber auch in der Alltagskommunikation selten infrage gestellt. Beispiel: „Wenn du nicht lernst, wirst du eine schlechte Klassenarbeit schreiben." Das klingt fast wie ein Naturgesetz. Oder haben Sie schon mal erlebt, dass jemand gefragt hätte, was das eine mit dem anderen in diesem Fall zu tun hat? Entspannungstrainer und Hypnotherapeuten nutzen diese Verknüpfungen, um ihre Klienten / Patienten schneller in einen Trance-Zustand zu führen.

Beispiel für Verknüpfung:

„Sie können den Klang meiner Stimme hören und so beginnen, sich immer mehr zu entspannen." Damit wird zwischen dem tatsächlich Erlebten (nämlich dem Hören der Stimme) und der erwünschten Wirkung (der Entspannung) ein Zusammenhang hergestellt, der noch nicht eingetreten ist.

Neben der Verknüpfung von Ursache und Wirkung durch das Wort „und" gibt es noch die Möglichkeit, die Aussagen in Trance-Sprache zeitlich oder kausal zu verbinden. Bei der zeitlichen Verknüpfung verwendet der Coach oder Therapeut beispielsweise die Wörter „wenn", „seit", „bevor" oder „während".

Beispiel für zeitliche Verknüpfung:

„Und während du hier sitzt und meine Stimme hörst, kannst du erleben, wie einfach es ist, dich an einen erfolgreichen Tag zu erinnern."

Bei kausalen Verzerrungen werden zwei Aussagen durch Wörter wie „wenn ..., dann ...", „möglich machen" oder „bewirken" kombiniert.

Beispiel für kausale Verzerrung:

„Ihr entspannter Zustand macht es möglich, immer mehr loszulassen und tiefe Gefühle zu spüren".

Verzerrungen durch das Behaupten von Zusammenhängen erzielen ihre beabsichtigte Wirkung insbesondere dann, wenn der Sprechende im ersten Satzteil etwas nennt, was bereits auftritt (z. B. Stimme hören, sitzen), und dies mit etwas verbindet, das eintreten soll. Das hilft, den Zuhörenden Schritt für Schritt in einen tiefen Entspannungszustand zu führen.

Neben Tilgungen, Generalisierungen und Verzerrungen hat Milton Erickson noch etliche weitere Sprachmuster genutzt. Wir möchten Sie mit drei von ihnen vertraut machen: Vorannahmen, Zitate und Verneinungen.

8.3.5 Vorannahmen

Vorannahmen sind ein sehr wirksames Sprachmuster, wenn vom Gegenüber Widerstand erwartet wird. Sie suggerieren Wahlmöglichkeiten, die allerdings nicht relevant sind – im Gegensatz zu der Botschaft, die als Vorannahme mitgeliefert wird. Beispiel: „Wann wirst du mit der Diät beginnen?" Die Vorannahme heißt: Du wirst mit der Diät beginnen.

Milton Erickson und auch die Begründerin der Familientherapie, Virginia Satir, haben bewusst Vorannahmen in die Gespräche mit ihren Klienten eingebaut und festgestellt, dass Menschen diese Vorannahmen unbewusst akzeptieren und ihnen folgen.

Da dieses Sprachmuster äußerst effektiv ist, wird es auch viel in Verkaufs- und Beratungsgesprächen benutzt.

Beispiel:

„Darf ich Sie für genaue Informationen über die Möglichkeiten der privaten Altersvorsorge am Montagnachmittag oder am Dienstagmorgen anrufen?"

Hier bezweckt der Bankberater, dass der Kunde über die Terminalternativen nachdenkt und sich für einen der beiden Zeitpunkte entscheidet, ohne darüber nachzudenken, ob er überhaupt ein weiteres Gespräch mit dem Bankangestellten möchte.

Auch in der Erziehung unserer Kinder haben die eingebauten Vorannahmen oft die gewünschten Resultate erzielt.

Beispiel:

„Möchtest du dir die Schuhe vor der Tür oder im Flur ausziehen?" Die Eltern lösen hier im Idealfall bei ihrem Kind einen inneren Suchprozess nach der Alternative „vor der Tür oder im Flur" aus. Ob es die Schuhe überhaupt ausziehen möchte, scheint keine Rolle zu spielen. Allerdings möchten wir Sie warnen: Schlaue Kinder durchschauen irgendwann diesen kleinen Trick und dann sollten Sie sich nicht wundern, wenn Ihr Kind Sie eines Tages fragt: „Möchtest du mir das neue Handy lieber zu Weihnachten oder zu meinem Geburtstag schenken?"

8.3.6 Zitate

Zitate sind eine gute Möglichkeit, Botschaften zu übermitteln, ohne dass Sie für den Inhalt verantwortlich gemacht werden können. Wenn die Adressaten dem Inhalt nicht zustimmen, wird das nicht dem Sprecher, sondern dem Urheber der Worte angelastet. Besonders wirkungsvoll sind Zitate von Menschen, denen Weisheit und Kompetenz zugeschrieben werden: Goethe, Einstein, Cicero. In Verkaufsgesprächen werden häufig andere Kunden zitiert: „Gestern hat ein Kunde nach der Probefahrt gesagt: ‚Das Fahrgefühl ist einfach toll'".

Eine weitere Spielart von Zitaten sind Du-Botschaften. Lassen Sie die folgenden Sätze einfach mal auf sich wirken: „Gestern musste ich meinen Mitarbeiter loben. Ich habe ihm gesagt: ‚Du hast das einfach toll gemacht. Du bist einer meiner Besten'". Menschen fühlen sich gemeint, wenn sie in direkter Rede angesprochen werden, auch wenn sie nicht der eigentliche Adressat sind. Das können Sie daran erkennen, dass sich das Gesicht Ihres Gegenübers aufhellt, wenn Sie ihm diese positiven Botschaften schicken. Das gilt natürlich auch für negative Du-Botschaften. Aus diesem Grunde verzichten wir an dieser Stelle auf ein Beispiel.

8.3.7 Verneinungen

„Bitte denken Sie jetzt nicht an einen lauen Sommerabend am Meer!" Um das nicht zu tun, müssen Sie es erst einmal machen. Unser Gehirn funktioniert so, dass es nicht bewusst eine Vorstellung ausschalten kann, ohne nicht wenigstens kurz diese Vorstellung aufzurufen. Milton Erickson hat negative Anweisungen genutzt, um die Aufmerksamkeit der Klienten in eine bestimmte Richtung zu lenken und ohne Widerstand zu erzeugen. Der Intellekt wird durch das „nicht" beruhigt. Verneinungen können dem Klienten helfen, etwas in Betracht zu ziehen, gegen das sich sein Bewusstsein wehrt.

Beispiele für hilfreiche Verneinungen:

„Du musst dich nicht gleich entspannen."
„Du solltest nicht einfach so an die schönen Momente denken."
„In dieser Angelegenheit ist es nicht leicht, deinen Frieden damit zu schließen."

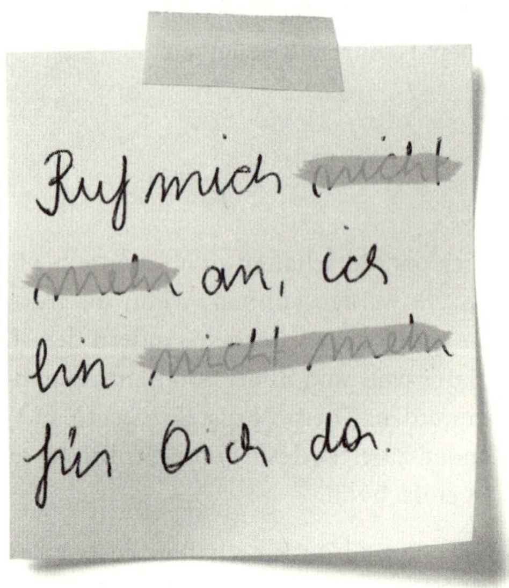

Sie haben in diesem Kapitel eine Auswahl an hypnotischen Sprachmustern des Milton-Modells kennengelernt, die auch Ihr Partner in seiner NLP-Ausbildung geübt hat. Wenn Sie mehr über Milton Erickson und die Hypnotherapie sowie über die Anwendung der Sprachmuster durch bekannte Politiker erfahren wollen, können Sie im nächsten Abschnitt noch tiefer in das Thema einsteigen.

8.4 Feuer gefangen – Blut geleckt

8.4.1 Milton Erickson (1901–1980)

Milton Ericksons Start ins Leben kann als schwierig bezeichnen: In der Schule galt er als zurückgeblieben, da er Legastheniker war. Mit 17 Jahren erkrankte er an Kinderlähmung. Er fiel ins Koma und seine Ärzte glaubten nicht mehr daran, dass er noch einmal aufwachen würde. Als er nach drei Tagen wieder zu Bewusstsein kam, war er vollkommen gelähmt. In dieser Zeit entdeckte er die Kraft seiner Gedanken. So betrachtete er stundenlang seine Hände und erinnerte sich an das Gefühl, eine Heugabel zu halten – bis das Gefühl nach und nach zurückkehrte. Im Schaukelstuhl sitzend, wünschte er sich nichts sehnlicher, als aus dem Fenster zu schauen. Und er schaffte es mit kaum wahrnehmbaren Bewegungen, ganz langsam zum Fenster zu kommen. Mithilfe seiner Willens- und Vorstellungskraft gelang es ihm, seine Muskeln so gut wieder zu aktivieren, dass er nach knapp einem Jahr an Krücken gehen und die Universität besuchen konnte. Später sagte er, dass in dieser Zeit sein Interesse an Trance-Phänomenen entstanden sei.

In den Semesterferien unternahm er alleine einen 1200 Meilen langen Kanu-Trip auf dem Mississippi. Von diesem kehrte er körperlich so gestärkt zurück, dass er wieder ohne Krücken gehen konnte. Nur ein leichtes Hinken war geblieben.

Milton Erickson schloss 1928 sein Studium mit einem Master of Art in Psychologie und einem Doktor der Medizin ab. 1930 bis 1934 hatte er verschiedene Positionen bis hin zum leitenden Arzt des Worcester State Hospital inne. Von 1934 bis 1948 hatte er eine ordentliche Professur für Psychiatrie an der medizinischen Fakultät der Wayne State University in Detroit. Er war also ein durchaus anerkannter Akademiker und das, obwohl er viele der damals gängigen Thesen und Methoden der Psychoanalyse und der Psychotherapie grundlegend infrage stellte: Während seine Kollegen daran arbeiteten, standardisierte Methoden der Behandlung zu entwickeln, entwickelte er individualisierbare Methoden. Er betonte stets, dass jeder Mensch anders sei und es somit nötig sei, für jeden den passenden Ansatz und Zugang zu finden. Sigmund Freud, der Begründer der Psychoanalyse, und seine zahlreichen Schüler betrachten das Unbewusste als einen Teil der Persönlichkeit, der für viele psychische Krankheiten verantwortlich ist. Es ist ein Hort verdrängter Triebe und unerwünschter Ängste. Der erste Schritt der Heilung besteht für sie deshalb in der rationalen Einsicht des Patienten in die ihm unbewussten Zusammenhänge seines Leidens.

8.4.2 Meister der Hypnose

Erickson hingegen betont die positive Rolle des Unterbewusstseins. Für ihn ist es eine unerschöpfliche Ressource zur kreativen Selbstheilung. Ericksons Ansatz hat zum Ziel, seinen Patienten durch Hypnose den Zugang zu diesen Ressourcen zu ermöglichen. Ihm ging es also nicht darum, zu analysieren, warum jemand ein Problem hat, sondern ihm Wege zu zeigen, wie er seine unbewussten Fähigkeiten nutzen kann, um die gewünschten Veränderungen im Verhalten zu erreichen. Mithilfe der Hypnose versuchte er mit dem Unterbewusstsein des Patienten Kontakt aufzunehmen.

Dabei wandte Erickson sich aber auch von den bis dahin üblichen Methoden der Hypnose ab, wie Einsatz von Pendel, Spiegel oder fixierendem Augenkontakt. Er nutzte Sprache, Gestik und Mimik, um seine Klienten in eine leichte Trance zu bringen, und entwickelte diese Methoden immer weiter. Oft nutzte er in seinen Therapiegesprächen Märchen, Parabeln, Metaphern und Anekdoten, die auf die Situation der Patienten zugeschnitten waren.

Damit hatte er – oft sehr schnell – Erfolg. Während bei der klassischen Psychoanalyse bis zu 300 Therapiestunden angesetzt werden, brauchte Erickson selten mehr als 25 Stunden, bis seine Patienten seine Hilfe nicht mehr benötigten. Schon zu Lebzeiten hatte er sich einen Ruf als einmaliger Meister der Hypnose erworben und beeinflusste durch sein Wirken und seine zahlreichen Veröffentlichungen die therapeutische Szene. Seine Erkenntnisse und Methoden prägten beispielsweise die Familientherapie, einige Schulen der systemischen Therapie und vor allem die lösungsfokussierten Therapieformen.

1947 geriet Erickson nach einem Sturz vom Fahrrad erneut in Lebensgefahr. Wegen der Gefahr einer Tetanusinfektion ließ er sich impfen, obwohl er wusste, dass er auf den Impfstoff allergisch war. Die Reaktion seines Immunsystems löste einen Schock aus, den er nur knapp überlebte. Die Folge waren weitere schwere Allergien gegen Pollen, Hausstaub und verschiedene Lebensmittel. Er richtete sich deshalb eine Praxis in seinem Haus in Phoenix ein, die er 1974 aufgab, nachdem er ein weiteres Mal an Kinderlähmung erkrankt war. Danach litt er unter Muskelschwund und hatte starke Schmerzen in den Muskeln und Gelenken. Ab 1976 war er auf einen Rollstuhl angewiesen. Bis eine Woche vor seinem Tod am 25. März 1980 unterrichtete er Studenten bei sich zu Hause und verfasste Schriften.

8.4.3 „Yes, we can"

„Wir stehen für Frieden und Freiheit. Sie sind Voraussetzungen für Sicherheit und Wohlstand!" Erinnert dieser Satz Sie an etwas? Wahrscheinlich denken Sie: „Das ist ein typischer Politiker-Ausspruch." Und genauso ist es. Politiker und Manager großer Unternehmen zeichnen sich oft dadurch aus, dass sie in ihren Reden und Statements wichtige Informationen weglassen und sich nur sehr vage ausdrücken. Damit verfolgen sie bewusst oder unbewusst zwei Absichten: Zum einen kann jeder ihren Worten zustimmen. Nicht weil sie unbestritten recht haben, sondern weil die Formulierungen so vage sind, dass die Zuhörer oder Leser sich ihre eigenen Vorstellungen machen müssen. Und ihren eigenen Vorstellungen stimmen die meisten Menschen auf jeden Fall zu.

Die zweite Absicht ist, sich also auf keine nachprüfbaren Fakten festzulegen. So kann sie später niemand auf genaue Aussagen oder Versprechen „festnageln".

Wir haben noch eine kleine Kostprobe eines Politikers, der weltweit als einer der besten Redner gilt: Barack Obama. In einem Interview mit dem Tagesspiegel vom 6. Juni 2011 sagte er: „Nach meinem Gefühl ist Kanzlerin Merkel eine ausgezeichnete Wahl, weil sie das Versprechen der Freiheit verkörpert und die Chancen, die die Demokratie bietet."

Die Aussage wirft folgende Fragen auf: Wem verspricht Angela Merkel Freiheit? Um welche Freiheit geht es? – Um politische, wirtschaftliche oder um die Freiheit der Meinungsäußerung? Für wen soll diese Freiheit gelten? Wem bietet die Demokratie welche Chancen? Und worauf beziehen sich diese Chancen?

Obama sagte in dem Interview auch: „Deutschland hat sich auch als eine Führungsmacht in der EU erwiesen, die sich für Integration, Stabilität und Frieden einsetzt".

Und auch hier fragen wir uns: Wer sagt das? Wer oder was soll wo hineinintegriert werden? Was soll stabil bleiben oder soll es erst stabil werden? Wie setzt sich Deutschland ein?

Der Wahlkampf-Spruch von Barack Obama „Yes, we can!" ist gleich dreifach „Milton": Worauf bezieht sich das Yes? Wer ist *wir*? Was können wir tun?

Vielleicht haben Sie auf einige der Fragen spontan Antworten im Sinn gehabt. Das sind dann Ihre Antworten und so ist Ihnen jetzt sicher bewusst geworden, durch welche Informationen Sie die Redebeiträge quasi automatisch ergänzt haben.

Natürlich wären anderseits Reden unerträglich, in denen jeder Punkt bis ins Letzte konkret benannt würde. Schnarch! Aber die eine oder andere Phrase infrage zu stellen kann nicht schaden.

Wir wissen natürlich nicht, was Sie aus diesen Informationen machen: Ihre Reden selbst noch vager gestalten, weil Sie die Vorteile erkannt haben? Oder die Reden anderer genauer hinterfragen? Wenn Sie sich für die zweite Variante entscheiden, finden Sie im Kapitel 7 über das Metamodell noch weitere Anregungen für Fragen, die Sie stellen können.

8.4.4 Sprachmuster in der Werbung

Auch die Claims für die Produkte und andere Werbeaussagen wimmeln von Tilgungen, Generalisierungen und Verzerrung.

Hier einige Beispiele:

Toyota: „Nichts ist unmöglich" (Wirklich nichts? Worauf bezieht sich dieses Nichts?)
bac: „Mein bac, dein bac, bac ist für uns alle da" (Wer sind wir alle?)
Omo: „Keiner wäscht reiner ..." (Was wird gewaschen? Reiner als was?)
O2: „O2 can do." (Was kann O2?)
Audi: „Vorsprung durch Technik" (Vorsprung in Bezug auf was oder wen? Welche Technik?)
Coca-Cola: „Can't beat the feeling." (Welches Gefühl?)
Deutsche Bank: „Leistung aus Leidenschaft" (Wer leistet was? Wer hat Leidenschaft wofür?)
Avon: „Mit Avon siehst du bezaubernd aus." (Was hat Avon mit dem Aussehen zu tun?)
Blend-a-Med: „Damit Sie auch morgen noch kraftvoll zubeißen können." (Ist es wirklich die Zahnpasta, die dafür sorgt, dass ich morgen noch kraftvoll zubeißen kann?)
Haribo: „Haribo macht Kinder froh und Erwachsene ebenso" (Was hat das Frohsein mit Haribo zu tun? Wie macht Haribo froh? Wenn man es ansieht, isst, verschenkt oder wegwirft?)

8.4.5 Hypnose beim Zahnarzt

„Jetzt entspannen Sie sich mal und denken an etwas Schönes!" Für Menschen mit einem mechanischen Menschenbild muss das ausreichen, damit der andere sich entspannt. So nach dem Motto: „Ich habe Ihnen doch gesagt, dass Sie sich entspannen sollen, also tun Sie es einfach." So ist es neulich einem Freund von uns beim Arzt ergangen: Ihm stand eine Darmuntersuchung bevor. Jeder, der das schon mal mitgemacht hat, weiß, dass es tatsächlich besser läuft, wenn man entspannt ist. Aber angesichts der zu erwartenden Schmerzen und der unangenehmen Situation, einem Fremden das nackte Hinterteil entgegenzustrecken, ist das wahrlich leichter gesagt als getan. Deshalb nutzen ganzheitlich orientierte Ärzte immer häufiger hypnotische Sprachmuster, um eine leichte Trance bei ihren Patienten zu induzieren. Insbesondere Zahnärzte haben gute Erfahrungen bei der Behandlung von Patienten in leichter bis tiefer Trance gemacht. 1994 wurde die „Deutsche Gesellschaft für Zahnärztliche Hypnose“ gegründet. Auf ihrer Website heißt es: „Ziel der zahnärztlichen Hypnose ist, dass der Patient nach einer langen Behandlung das Gefühl hat, sich gut erholt zu haben. Patienten, die aufgrund extremer Angst kaum zum Zahnarzt gehen, ermöglicht die Hypnose Angstabbau und damit eine gründliche Zahnsanierung.“

8.4.6 Wer oder was lenkt das Unbewusste?

Viele Entspannungsübungen – wie beispielsweise das autogene Training – nutzen Milton-Sprachmuster. Sogenannte Fantasie- oder Traumreisen bestehen nur aus Milton-Formulierungen.

Hier ein Beispiel:

„Du kannst es dir für einen Augenblick bequem machen, wenn du möchtest die Augen schließen – jetzt oder später. – Vielen hilft es, die Augen zu schließen, sie können tiefer entspannen – loslassen. – Nimm wahr, wie du von der Erde getragen wirst – wie deine Füße den Boden berühren – wo du schon schwer bist und wo du Gewicht abgeben kannst. – Und du weißt, dass du jederzeit deine Haltung ändern kannst, um es dir noch bequemer zu machen – um noch mehr zu entspannen. – Du kannst dich einfach ausruhen – entspannen – oder meiner Stimme lauschen und den Worten folgen. Nimm für einen Augenblick deinen eigenen Atemrhythmus wahr. – Du kannst dich von deinem Atmen schaukeln lassen, um diesen Zustand von Entspannung – von Loslassen – von Gelöst-Sein noch mehr zu genießen. – Einatmen und mit jedem Ausatmen kannst du noch mehr loslassen – und tiefer in die Entspannung sinken. – Die Gedanken kommen und gehen – kommen und gehen – gehen lassen.“

„Vieles davon macht nicht wirklich Sinn“, denken Sie? Genauso ist es und das ist auch die Absicht: Während das Bewusstsein damit beschäftigt ist, dem Gehörten einen Sinn zu geben, erreichen die nächsten Botschaften das Unbewusste und beginnen dort zu wirken.

„Wenn mein Mann gestresst und angespannt von der Arbeit nach Hause gekommen ist, habe ich ihm ein paar Mal angeboten, ihn auf eine „Fantasie-Reise“ zu schicken. Er hat sich dann aufs Sofa gelegt und sich von mir mit hypnotischer Sprache in die Tiefenentspannung führen lassen.“ – *Katrin B., Trainerin*

Der Mediziner, Autor und Entertainer Eckart von Hirschhausen bietet folgendes Bild an, um den Zusammenhang zwischen Bewusstem und Unbewusstem zu erklären:

„Das Bewusstsein ist wie ein Reiter auf einem Elefanten. Der Dickhäuter ist das Unbewusste, unsere ganzen automatischen Handlungen und Assoziationen, von denen wir das Wenigste mitbekommen, die aber sehr mächtig sind. Und wenn der Reiter in eine andere Richtung will als der Elefant, zeigt sich schnell, wer der Stärkere von den beiden ist. Elefanten bringt man besser nicht mit Gewalt zu Vernunft ...“[23]

Mit Milton-Sprache wird der Reiter abgelenkt, um dem Elefanten ungestört ins Ohr flüstern zu können.

8.5 Interview

8.5.1 „Milton-Muster beim Spazierengehen“

Freddie S., Werbekaufmann und Dipl.-Marketingwirt, arbeitet als Sex-Worker und LifeCoach. Zurzeit bildet er sich zum NLP-Trainer weiter. Er lebt zusammen mit seinem Partner **Marc R., der Heilpraktiker und Heiler** ist.

Freddie: Das erste Mal ist mir NLP in meiner Zeit als Werbekaufmann begegnet. Damals hatte ich den Eindruck, dass NLP in erster Linie damit zu tun hat, Dinge zu verkaufen und Kunden zu manipulieren.

Marc: Als ich vor über 20 Jahren von NLP gehört hatte, fand ich es interessant. Der Name hat mich allerdings davon abgehalten, tiefer einzusteigen. Programmieren klang für mich sehr nach Manipulation. Aber als Freddie vor vier Jahren damit begann, war ich NLP gegenüber offen eingestellt. Ich habe gesehen, dass es ihn unterstützt hat, sich darüber klar zu werden, was er wirklich will.

Freddie: Ich habe auch gemerkt, was ich beruflich nicht mehr will. Bei „Schritte zum Ziel“ konnte ich einfach zu einem entscheidenden Schritt nicht „Ja“ sagen. Das war erst ziemlich verwirrend. Aber ich empfand es als Erleichterung zu begreifen, dass ich den Job, um den ich mich beworben hatte, gar nicht machen wollte. So konnte ich dann

23 Eckhard von Hirschhausen: „Glück kommt selten alleine“, S. 68.

meine damals noch vage Idee, Coach zu werden, konkretisieren. Von solchen Erfahrungen habe ich Marc immer ganz viel erzählt. Ich war so begeistert, dass ich oft gesagt habe: „Marc, du musst das auch machen. Du musst es wenigstens mal kennenlernen." Das war schon leicht missionarisch ...

Marc: ... und total euphorisch. Ich habe mich trotzdem entschieden, keine NLP-Ausbildung zu machen. Stattdessen lerne ich es von Freddie. Manche Dinge erscheinen mir allerdings viel zu kompliziert, wie der „History Change". Aber die Themen, die ich interessant und hilfreich finde, lese ich auch noch mal nach. Das Milton-Modell beispielsweise hilft mir, schneller Zugang zu meinen Klienten zu finden. Ich achte nun bewusster auf meine Sprache.

Freddie: Gerade die Milton-Muster haben wir auch viel zusammen geübt. Wir haben Übungskarten mitgenommen und uns beim Spazierengehen oder auf einer Wiese immer wieder neue Formulierungen überlegt – spielerisch und mit viel Spaß dabei. Inzwischen habe ich die Milton-Muster schon so in meine Sprache integriert, dass ich mich anstrengen muss, „normal" zu reden. Marc merkt es aber schnell, wenn ich meine Wünsche zu sehr in Milton verpacke, und dann höre ich auch damit auf. In meiner Arbeit als Escort unterstützt mich das Milton-Modell dabei, eine schöne und entspannte Atmosphäre herzustellen, in der meine männlichen Kunden sich wohlfühlen und dann mit einen guten Gefühl wieder gehen.

9. Drei Positionen: Ich, du und der Blick von außen

9.1 Alles klar! Ich weiß, wovon du redest

Wir alle kennen Situationen, in denen wir mit Arbeitskollegen, Vorgesetzten, Freunden oder dem Partner kontrovers diskutieren oder sogar richtig streiten. Oft sind wir dann so sehr auf unseren Standpunkt fixiert, dass wir uns mit den Sichtweisen der anderen nicht auseinandersetzen wollen. Manchmal verlieren wir darüber den Kontakt zu den eigenen Bedürfnissen und den Blick für die Gesamtsituation.

Dabei ist es gerade bei Konflikten hilfreich, sich sowohl in die Gedankenwelt seines Gegenübers einzufühlen als auch das Ganze von außen zu betrachten. Die so trainierte Weitsichtigkeit macht uns zu Strategen, die gelassener, selbstsicherer und flexibler in Gespräche gehen können.

Die im NLP entwickelte Methode, das Geschehen aus verschiedenen Positionen wahrzunehmen, wird mit „drei Positionen" bezeichnet. Dabei fühlen Sie sich nacheinander in den eigenen, den Standpunkt des am Konflikt Beteiligten sowie in den eines unparteiischen Beobachters ein.

9.1.1 *Wahrnehmung aus verschiedenen Positionen*

Die eigene Position wird als „1. Wahrnehmungsposition“ bezeichnet. Dort machen Sie sich bewusst, was Sie fühlen, sehen und hören, wenn Sie an einen Konflikt denken. Dabei sollen Sie auch ganz egozentrisch sein und nur an sich denken.

In der „2. Wahrnehmungsposition“ schlüpfen Sie in die Haut der anderen Person und beschreiben den Konflikt aus deren Blickwinkel. Wie sieht also Ihr Chef, Ihr Kunde, Ihr Partner oder Ihr Mitarbeiter die Situation? Was fühlt er? Was sagt und hört er? Die Welt aus der Perspektive einer anderen Person zu betrachten erfordert ein gewisses Maß an Einfühlungsvermögen. In der „2. Position“ sind Sie also vom eigenen Erleben dissoziiert. Sie tun so, als wären Sie die andere Person.

Wenn Sie dann zuletzt in die „3. Position“ wechseln, nehmen Sie den Platz eines Zuschauers ein. Sie betrachten das Geschehen von außen, aus der sogenannten Metaposition. Sie nehmen eine unabhängige Rolle ein. Dabei würdigen Sie die Situation beider beteiligten Seiten und schildern, wie deren Konflikt oder Gespräche auf jemanden wirken, der nicht beteiligt ist.

Erfolgreiche Kommunikatoren sind in der Lage, alle drei Positionen einzunehmen. Dadurch erlangen sie mehr Informationen als jemand, der auf einem eigenen Standpunkt beharrt und seine Sichtweise nicht verlassen kann. Wer die Methode beherrscht, kann Zugang zu Gedanken und Sichtweisen erlangen, die ihm sonst verborgen bleiben. Alle drei Positionen sind wichtig, da sie uns befähigen, sowohl unsere eigenen Bedürfnisse klar zu äußern als auch die Bedürfnisse anderer zu erkennen und zudem sachlich Muster und Strukturen zu analysieren.

9.2 Komisch, irgendwas ist anders ...

Nehmen wir einmal an, Sie erzählen Ihrem Partner von einer Auseinandersetzung, die Sie mit Verwandten, Freunden oder Kollegen hatten. Ihr Partner hört zu, stellt Fragen und kommentiert Ihre Schilderungen. Nach und nach schleicht sich bei Ihnen der Eindruck ein, dass Ihr Partner die Gegenseite besser versteht als Ihre. Er scheint sogar den Standpunkt Ihres Konfliktpartners zu vertreten. Vielleicht spüren Sie Wut oder Irritation in sich wachsen, denn gerade in dieser Angelegenheit wäre Ihnen die Loyalität des Partners besonders wichtig. Außerdem vermissen Sie vielleicht Verständnis für Ihre Situation und möglicherweise platzt es dann aus Ihnen heraus: „Sag mal, auf welcher Seite stehst du eigentlich?“

9.2.1 Die 1. Position würdigen

So oder so ähnlich könnte es Ihnen ergehen, wenn Ihr Partner sich in seiner NLP-Weiterbildung gerade mit den „drei Positionen“ beschäftigt hat. In den dazugehörigen Übungen geht es nämlich darum, nacheinander die Positionen der an einem Konflikt beteiligten Personen einzunehmen und sich in deren Lage einzufühlen. Zwischendurch werden die Teilnehmer angehalten, sich die Situation von außen – aus der sogenannten Meta-Position – anzuschauen. Deshalb könnte es auch sein, dass Ihr Partner Sätze sagt wie: „Schau dir das Ganze doch mal von der Meta-Position aus an“ oder: „Wenn ich unsere Beziehung von außen betrachte ...“

> „Wenn Werner mir von Auseinandersetzungen mit Mitarbeitern erzählte, versuchte ich auch die Perspektive der anderen zu berücksichtigen. Das kam bei ihm nicht so gut an, er ist manchmal richtig ärgerlich geworden und fragte mich, auf welcher Seite ich eigentlich stünde und zu wem ich hielte. Dabei hatte ich ihn nur gefragt, ob er sich vorstellen kann, wie sich der andere in der Situation gefühlt hat.“ – *Rita B., Trainerin*

Da die meisten Menschen es gewohnt sind, Auseinandersetzungen hauptsächlich aus der eigenen Perspektive heraus zu betrachten und zu bewerten, machen viele Teilnehmer bei dieser Übung überraschende Erfahrungen. Indem sie sich bewusst in den Konfliktpartner hineinversetzen, bekommen sie eine Ahnung davon, welche Gedanken und Gefühle bei anderen entstehen, was ihnen fehlt und was sie erreichen möchten. Bei manchen öffnen sich während der Übung gedankliche Knoten. Konflikte werden plötzlich lösbar.

So ist es verständlich, dass Ihr Partner auch Ihnen Wege aus Ihrem Konflikt aufzeigen möchte. Wenn er dabei aber den ersten Schritt übergeht, nämlich das Würdigen des Konflikts aus Ihrer Perspektive, kann das schnell so wirken, als hätte sich Ihr Partner auf die andere Seite geschlagen. Das ist schade, denn gerade die „drei Positionen“ bieten Paaren eine gute Möglichkeit, sich besser kennenzulernen und Konflikte konstruktiv zu lösen. Mehr dazu können Sie in Abschnitt 9.4 lesen.

> „Ohne NLP wären wir sicher nicht mehr zusammen. Vor allem die Fähigkeit, uns gemeinsam von außen – aus der Metaposition – zu betrachten, entschärft viele angespannte Situationen, sodass wir dann oft lachen.“ – *Evelyne Maaß, Autorin, Lehrcoach und NLP-Lehrtrainerin*

9.2.2 Die Positionen tauschen

Wie können Sie aber damit umgehen, wenn Ihr Partner Sie ungebeten in die Position Ihres Konfliktgegners versetzen will? Es gibt mindestens drei Möglichkeiten:

1. Machen Sie Ihrem Partner klar, dass Sie zunächst Verständnis und Unterstützung für Ihre Position brauchen und im Moment nicht in der Lage sind oder keine Lust haben, sich in den Konfliktpartner zu versetzen.
2. Fragen Sie Ihren Partner, ob er bereit wäre, Sie durch die gesamte Übung zu führen. Das setzt natürlich voraus, dass Sie Ihrem Partner zutrauen, Sie zu unterstützen. Außerdem sollten Sie ein wirkliches Interesse daran haben, den Konflikt zu lösen. Eventuell braucht Ihr Partner etwas Zeit für die Vorbereitung.
3. Drehen Sie den Spieß einfach um und bitten Sie Ihren Partner, sich doch mal einen Augenblick in Ihre jetzige Lage zu versetzen. Dafür wäre es gut, vorübergehend die Plätze zu tauschen. Vielleicht wiederholen Sie die letzten Sätze Ihres Partners noch einmal, nachdem er Ihren Platz eingenommen hat, und fragen ihn, wie es ihm damit geht.

Übrigens: Dieses Buch – das gilt insbesondere für die Abschnitte „Komisch, irgendwas ist anders“ – ist angewandtes Denken in „drei Positionen“. Wenn Sie die Texte noch einmal durchlesen, können Sie feststellen, dass wir versuchen, Ihre Gedanken, Gefühle und Bedürfnisse zu erahnen (1. Position). Wir beschreiben, was die Interviewpartner uns erzählt haben, in der Hoffnung, dass Sie sich in deren Aussagen wiederfinden und so besser ausdrücken können, wo bei Ihnen der Schuh drückt. Des Weiteren beschreiben wir, wie es Ihrem Partner mit seinem neuen Wissen geht und welches seine Absichten sein könnten (2. Person). Außerdem bieten wir Ihnen noch eine Perspektive von außen an, die Sie beide miteinbezieht (3. oder Meta-Position). Natürlich sind das immer nur Annäherungen an das, was Sie tatsächlich miteinander erleben. Unser Anliegen ist es, Brücken anzubieten, und dazu eignen sich die „drei Positionen“ besonders gut.

9.2.3 Drei Positionen – ein Gewinn für Zweier-Beziehungen

Vielleicht haben die Ausführungen in diesem Kapitel Ihnen Lust gemacht, mithilfe der „drei Positionen“ mehr Flexibilität in Ihre Beziehung zu bringen und sich dabei gegenseitig besser kennenzulernen. Hier ein paar Vorschläge:

- Tauschen Sie einfach mal die Rollen und übernehmen Sie für eine bestimmte Zeit die Aufgaben im Haushalt, die sonst immer Ihr Partner erledigt. Sprechen Sie hinterher darüber, wie es Ihnen dabei ergangen ist.

- Wenn Sie feste Plätze am Tisch, im Wohnzimmer oder im Bett haben, setzen bzw. legen Sie sich einfach mal dorthin, wo Ihr Partner sonst sitzt oder liegt. Sie können dieses Spiel auch weitertreiben und aus dieser Position das sagen und tun, was Sie sonst bei Ihrem Partner beobachten. Am besten Sie übertreiben ein bisschen und nehmen es mit viel Humor.
- Schulen Sie Ihre Wahrnehmungsfähigkeit und versuchen Sie zu erraten, was Ihr Partner gerade denkt. Formulieren Sie das immer als Frage oder Vermutung und seien Sie fair mit dem anderen. Wenn er richtig geraten hat, geben Sie es zu – auch wenn Sie sich ertappt fühlen oder es Ihnen in dem Augenblick unangenehm ist.
- Verabreden Sie sich zu einem Gespräch miteinander, in dem jeder für eine bestimmte Zeit nur darüber redet, was ihn gerade bewegt und was er fühlt. Lassen Sie sich gegenseitig ausreden und kommentieren Sie das Gesagte nicht, lassen Sie es einfach auf sich wirken. Wenn es Ihnen schwerfällt, über Ihre Gefühle zu reden, finden Sie vielleicht ein Bild oder ein Musikstück, das Ihre Stimmung gut widerspiegelt.
- Betrachten Sie sich gemeinsam von außen. Treten Sie dafür ein Stück zurück und schauen Sie zusammen auf den Platz, an dem Sie beide eben noch gesessen oder gestanden haben. Erzählen Sie, was Sie beobachten. Was hören Sie? Welche Vermutung haben Sie über die Gefühle der beiden, die dort sitzen. Was glauben Sie, bräuchten die beiden? Was würde Ihnen guttun?
- Wenn Sie immer wieder in die gleichen Streitereien verfallen, überlegen Sie gemeinsam, welches Verhalten welche Reaktion hervorruft und an welcher Stelle jeder von Ihnen die Spirale unterbrechen könnte.

9.3 Wie geht das denn?

Da Sie ja jetzt wissen, was auf Sie zukommen kann, wenn Ihr Partner in seiner NLP-Ausbildung die Wahrnehmungspositionen kennengelernt hat, haben Sie vielleicht Lust, die Methode selbst einmal zu üben. Schließlich können Sie damit nicht nur schwierige Kommunikationssituationen bewältigen. Das Modell der drei Wahrnehmungs-Positionen kann nämlich nicht nur direkt in einem Konflikt, sondern auch für die Vor- und Nachbereitung wichtiger Gespräche genutzt werden. Die Methode, die Sie alleine oder mit einer anderen Person als Coach üben können, besteht aus zehn Schritten:

9.3.1 In zehn Schritten durch die drei Positionen

1. Benennen Sie das Thema (zum Beispiel die Auseinandersetzung um Überstunden mit einem Vorgesetzten) und beschreiben Sie die Konfliktsituation.
   - Wo findet das Gespräch statt?
   - Wo stehen bzw. sitzen Sie und Ihr Konfliktpartner?
   - Kennzeichnen Sie die Plätze im Raum, sodass klar ist, auf welchen Platz Sie in den drei Positionen jeweils wechseln. Diese Plätze können Sie beispielsweise mit Karten oder mit drei Stühlen festlegen.

2. Jetzt können Sie die „1. Position" aktivieren. Nehmen Sie den zuvor von Ihnen bestimmten Platz ein und lassen Sie die Situation vor Ihrem geistigen Auge ablaufen Typische Fragen, die Sie sich selber stellen können, sind:
   - Was nehme ich wahr?
   - Was denke ich dort über mich?
   - Was denke ich jetzt über die andere Person?
   - Was denke ich über die Situation?
   - Wie fühle ich mich?

3. Wenn Sie sich die Fragen beantwortet haben und sich Ihrer Gefühle in der Situation klarer geworden sind, verlassen Sie Ihren Platz. Bevor Sie die „2.Position" einnehmen, stellen Sie sich die andere Person vor. Wie verhält sie sich, wie sind ihre Gesten, ihre Mimik, wie spricht sie? Es genügt, wenn Sie einen kurzen Eindruck haben, wie sich die Person in der Situation bewegt und verhält.

4. Nehmen Sie nun die „2. Position" ein. Sie betrachten den Konflikt nun aus der Sicht des anderen und sprechen aus ihm heraus. Auch hier fragen Sie sich als die andere Person:
   - Was nehme ich wahr?
   - Wie geht es mir in dem Konflikt?
   - Was denke ich dort über mich?
   - Was denke ich jetzt über die andere Person?
   - Was denke ich über die Situation?
   - Wie fühle ich mich?

5. Verlassen Sie dann die „2. Person" und nehmen Sie nun die „3. Position" ein. Betrachten Sie die Szene der beiden „Konfliktpartner" aus einer neutralen, unabhängigen Position heraus:
   - Wie läuft der Dialog zwischen der ersten und der zweiten Person?
   - Wie fühlt sich das von außen an?
   - Wie sieht es von außen aus?
   - Welche Ziele haben die beiden Personen?

6. Wenn Sie aus der 3. Position heraus die Situation analysiert haben, stellen Sie sich die Frage:
   Was braucht die Person in der 1. Position, um sich besser zu fühlen und um anders reagieren zu können? Häufige Antworten auf die Frage sind:
   - Selbstvertrauen
   - Mut
   - Liebe
   - Zuversicht
   - Sicherheit

   Diese positiven, hilfreichen Zustände oder Gefühle werden im NLP Ressourcen genannt.

7. Gehen Sie dann erneut in die 1. Position, und tun Sie so, als ob Sie die benötigten Ressourcen hätten. Durchlaufen Sie die Situation jetzt noch mal und beobachten Sie, was sich an Ihren Reaktionen ändert. Starten Sie einen gedanklich neuen Dialog mit Ihrem Konfliktpartner.

8. Begeben Sie sich wieder in die Meta-Position und überlegen Sie, was die andere Person an Ressourcen brauchen könnte. Nehmen Sie die 2. Position ein und stellen Sie sich vor, die Person hätte die gewünschten Ressourcen. Wie würde das Gespräch dann laufen?

9. Gehen Sie dann noch einmal in die 3. Position. Wie haben sich die Kommunikation, das Verhalten, die Gestik und Mimik der Beteiligten verändert? Werden zusätzliche Ressourcen benötigt oder ist das Ziel erreicht? Wenn das Ziel noch nicht erreicht ist, werden die letzten beiden Schritte mit weiteren Ressourcen so lange wiederholt, bis der neutrale Beobachter zufrieden ist und Sie in der 1. Person kein negatives Gefühl mehr haben.

10. Future Pace: Jetzt sind Sie wieder „Sie selbst“ und sagen, wie es sein wird, wenn Sie der anderen Person das nächste Mal begegnen. Sie können sich auch sein / ihr Gesicht vorstellen und es gedanklich verbinden mit den Ressourcen, die Sie in der 1. Position gefunden haben. Dann könnte es passieren, dass Sie bei der nächsten Begegnung mit der Person die Ressourcen ganz automatisch in sich spüren.

„Jedes Ding hat drei Seiten:
Eine, die du siehst.
Eine, die ich sehe.
und eine, die wir beide nicht sehen.

Es gibt also drei Wahrheiten:
Meine Wahrheit.
Deine Wahrheit.
Und die Wahrheit."
– *Asiatische Weisheit*

9.4 Feuer gefangen, Blut geleckt

9.4.1 Gespräche vorbereiten

Die drei Wahrnehmungspositionen lassen sich nicht nur bei Konflikten anwenden, die in der Vergangenheit liegen, sondern auch zur Vorbereitung auf schwierige Gespräche.

Beispiel:

Sie planen mit zwei Freunden eine gemeinsame Radtour. Der Zeitraum steht schon fest, aber die Route noch nicht. Aus der Vergangenheit wissen Sie, dass das zu langen Diskussionen führen kann, an deren Ende oft Kompromisse stehen, mit denen keiner richtig glücklich ist und wofür jeder unterschwellig die anderen verantwortlich macht. Dieses Mal möchten Sie das gerne vermeiden. Und so können Sie sich auf das Gespräch vorbereiten:

1. Werden Sie sich über Ihre eigenen Interessen und Bedürfnisse klar, aber legen Sie sich dabei nicht auf konkrete Ziele fest (1. Wahrnehmungsposition).
   - Was ist Ihnen wichtig?
   - Wie lang wünschen Sie sich die einzelnen Etappen?
   - Möchten Sie mehr Kultur oder Natur?
   - Sind Ihnen die Ziele wichtiger oder die Fahrt an sich?
   - Steht der sportliche oder der Genuss-Aspekt im Vordergrund?

2. Versetzen Sie sich nacheinander in die Lage der beiden Mitfahrer und überlegen Sie, welches ihre Interessen und Bedürfnisse sein könnten. Wenn Sie sich nicht sicher sind, fragen Sie einfach nach (2. Wahrnehmungsposition).

3. Vergegenwärtigen Sie sich die gesammelten Interessen und Bedürfnisse. Finden Sie die Übereinstimmungen und suchen Sie nach Möglichkeiten, gegensätzliche Interessen miteinander zu vereinen (3. Wahrnehmungsposition).

Wenn Sie nun Ihren Mitradlern mehrere Vorschläge präsentieren, die möglichst viele Interessen berücksichtigen, haben Sie gute Chancen, dass das Gespräch konstruktiv bleibt und am Ende gute Lösungen gefunden werden.

In ähnlicher Weise können Sie sich vorbereiten,
- wenn Sie Ihren Chef um eine Gehaltserhöhung bitten möchten,
- wenn Sie Mitarbeiter für ein Projekt gewinnen wollen,
- wenn Sie mit Ihrem Vermieter einen Mietvertrag aushandeln müssen,
- wenn der Lehrer Ihres Kindes Sie zu einem Gespräch eingeladen hat,
- wenn Sie die Beschwerde eines Kunden bearbeiten,
- wenn Sie jemanden beraten möchten,
- wenn Sie mit Ihrem Partner über dessen Erwartungen sprechen möchten.

9.4.2 *Das Geheimnis guter Reden*

Auch wenn Sie Vorträge und Reden halten oder etwas präsentieren möchten, können die drei Positionen ein Leitfaden für die Vorbereitung sein. So ist es ratsam, sich in die Situation der Zuhörer (2. Wahrnehmungsposition) zu versetzen und sich zu fragen:

- Was wissen die Zuhörer bereits?
- Welche Informationen sind für Sie besonders wichtig?
- Welche Bilder oder Metaphern passen gut zu dem Publikum?
- Womit könnten Sie ihre Aufmerksamkeit gewinnen?
- Welche Sprache / Fachausdrücke gehören zum Repertoire des Publikums?
- In welcher Verfassung werden Ihre Zuhörer sein?
- Was beschäftigt die Zuhörer momentan auch oder sogar viel mehr als Ihr Thema?

Der US-amerikanische Präsident Barack Obama hat in vielen seiner Reden gezeigt, dass er es meisterhaft versteht, die Gedanken, Gefühle und Sorgen der Zuhörer aufzunehmen und zu integrieren. Zu Beginn seiner Kandidatur hat er beispielsweise häufig über seine Herkunft und seinen Namen gesprochen, denn er wusste, dass seine Landsleute diesbezüglich skeptisch waren. Außerdem spricht er über die finanziellen und alltäglichen Sorgen der Menschen:

„Ich habe mit älteren Mitmenschen gesprochen, die von Konzernchefs übers Ohr gehauen wurden, die ihre Pensionen verschleudert und gleichzeitig dicke Prämien eingestrichen haben, und mit Rentnern, die sich noch immer nicht die verschriebenen Medikamente leisten können. ... Ich habe mit Lehrern gesprochen, die nach Schulschluss in Donut-Läden arbeiten, um über die Runden zu kommen.“[24]

So weit Barack Obama, der vielleicht eine Anregung bieten kann. Aber da Sie sich sehr wahrscheinlich nicht als Präsident der Vereinigten Staaten bewerben wollen, werden Sie andere Zuhörer mit anderen Bedürfnissen und Erwartungen haben.

Wenn Sie Ihre Antworten auf die obigen Fragen gefunden haben, kommen Sie zu sich selbst (1. Wahrnehmungsposition).

- Was brauchen Sie zur Vorbereitung?
- Wie können Sie sich in einen guten Zustand versetzen?
- Wer könnte Sie unterstützen?
- Welche Botschaft ist Ihnen wichtig?
- Was ist Ihr Ziel?
- Was möchten Sie von sich erzählen?

Auch hierzu ein Beispiel von Barack Obama: „Meine Kindheit verbrachte ich mal hier, mal dort. Aufgewachsen bin ich in Hawaii und Indonesien. Großgezogen wurde ich von meiner alleinerziehenden Mutter und meinen Großeltern in Kansas. Als Kind und Jugendlicher war ich mir nie ganz sicher, wer ich war oder wo ich hingehörte.“[25]

Zum Schluss betrachten Sie alles noch mal von außen (3. Wahrnehmungsposition).

- Wie gut passen Raum und Zeitrahmen?
- Wie ist die Akustik?
- Was könnte an der Situation so verbessert werden, dass alle davon profitieren?
- Was verbindet Sie mit den Zuhörern?

Als Beispiel noch einmal Barack Obama: „Wir haben uns heute Abend hier versammelt, um die Bedeutung unserer großen Nation zu bekräftigen ... Dieses Jahr, bei dieser Wahl sind wir wieder dazu aufgerufen, unsere Werte und unser Engagement zu bekräftigen, sie der harten Wirklichkeit entgegenzusetzen und darauf zu schauen, dass wir dem Erbe unsere Vorväter und der Verantwortung für die künftige Generation gerecht werden.“[26]

---

24 Zitiert aus Shel Leanne: Sag's wie Obama, S. 93.

25 Ebd. S. 96.

26 Ebd. S. 25.

9.4.3 *Verstehen heißt noch lange nicht übereinstimmen*

Zwei Dinge möchten wir an dieser Stelle noch mal betonen, um eventuellen Missverständnissen vorzubeugen:

1. Wenn Sie sich in den anderen versetzen, um ein besseres Verständnis für seine Position, seine Gedanken und Gefühlen zu bekommen, kann das mitunter auch Ihre Sicht auf die Dinge verändern. Aber es bedeutet nicht, dass Sie mit seinem Standpunkt übereinstimmen müssen.
2. Das Durchspielen einer Situation in der 2. Position heißt nicht, dass Sie daraufhin alle Wünsche und Bedürfnisse erfüllen müssen. Vielmehr geht es darum, dass Sie Ihre Interessen unter Wahrung der Interessen der anderen umsetzen können. Wenn Sie beispielsweise möchten, dass Ihr Publikum Ihnen bis zum Schluss genau zuhört, tun Sie gut daran, in kurzen, klaren Sätzen zu sprechen und viele Bilder zu nutzen, die aus der Lebenswelt der Zuhörer / Zuschauer stammen.

„Wenn es ein Geheimnis des Erfolges gibt, so ist es dieses: Den Standpunkt der anderen verstehen und die Welt mit ihren Augen sehen.“ – *Henry Ford*

9.4.4 *Eigene Bedürfnisse formulieren – aber nicht wie die „Axt im Walde“*

Ein großer Teil der Menschen nimmt die 1. Position als die natürliche wahr. Es ist die eigene Perspektive, aus der heraus wir die Welt betrachten. Es sind die Klänge, die wir hören, und die Körpergefühle, die wir erleben. Nur aus der 1. Position heraus können wir unsere eigenen Bedürfnisse formulieren und entscheiden, was uns guttut und was nicht.

Menschen, die jedoch überwiegend aus der 1. Position die Welt betrachten, gelten als egoistisch und unflexibel. Sie können gut ihre Interessen durchsetzen – und verlieren dabei manchmal Freunde und Partner. Sie benehmen sich oft wie die „Axt im Walde“. In der pathologischen Form fehlt diesen Menschen jegliche Form von Empathie. Die Gefühle anderer sind ihnen egal. Forscher gehen davon aus, dass das aber nur auf etwa ein bis zwei Prozent der Bevölkerung zutrifft.

9.4.5 „Das Herz am rechten Fleck" – aber nicht bis zu Selbstaufgabe

Inwieweit wir uns in die Situation anderer Menschen oder in die 2. Position versetzen können, hat viel mit der individuellen Fähigkeit zur Empathie zu tun. Der Primatenforscher Frans de Waal ist sich sicher, dass Empathie zur biologischen Grundausstattung psychisch gesunder Menschen gehört. Wer Empathie hat, dem falle es schwer, einem anderen Menschen bewusst Schmerzen zuzufügen oder ihn gar zu töten – selbst im Krieg. Frans de Waal zitiert aus Studien, die zeigen, dass im Vietnamkrieg der allergrößte Teil der Soldaten nicht getötet hat: Von etwa 50 000 verschossenen Kugeln war nur eine tödlich.[27] Zu unser aller Glück scheint also die Fähigkeit, die 2. Position einzunehmen, den meisten Menschen möglich zu sein. Der Wert der 2. Position liegt in der Fähigkeit, auf andere eingehen und für sie da sein zu können. Menschen, die diese Position präferieren, haben in der Regel viele Freunde, denn sie „tragen das Herz am rechten Fleck". Manche tun das in einem Ausmaß, dass sie ihre eigenen Gefühle und Bedürfnisse vernachlässigen. Sie versuchen ihr Leben nach den (vermeintlichen) Bedürfnissen und Erwartungen anderer auszurichten. Dabei durchleben sie deren Sorgen und Probleme, als seien es ihre eigenen – und brechen manchmal zusammen.

9.4.6 Auch mal distanziert – aber nicht „lebendig begraben"

Während den meisten Menschen die 1. und die 2. Position vertraut sind, ist ihnen die Idee eher fremd, eine Situation, an der sie selbst beteiligt sind, von außen wahrzunehmen. Es erfordert die Fähigkeit, sich von dem Geschehen emotional zu distanzieren und sich selbst in dem sozialen Gefüge sowohl als Auslöser als auch als Betroffener zu sehen. Die 3. Position ist hilfreich, wenn es darum geht, soziale Prozesse zu analysieren und zu erkennen, wie Verhalten und emotionale Reaktion bei allen Beteiligten zusammenhängen. Dafür ist es – trotz der erforderlichen emotionalen Distanz – notwendig wahrzunehmen, welche Gefühle die Betroffenen verbal und körpersprachlich zum Ausdruck bringen.

Es gibt allerdings durchaus Menschen, die sich überwiegend in der 3. Position befinden. Sie sind eher nüchterne Beobachter als Teilnehmer ihres eigenen Lebens. Sie sind emotional nicht so schnell zu erschüttern, aber auch angenehme Gefühle prallen an ihnen ab. Vielleicht würden sie gerne das Leben genießen und sich für Vorhaben begeistern, aber sie haben keine Ahnung wie. In der Regel sind es sehr

27 Vgl. Berliner Zeitung vom 1. Mai 2011, Magazin S. 3.

pflichtbewusste, pragmatische aber auch zuverlässige Menschen. Anderen erscheinen sie manchmal, als seien sie „lebendig begraben".

Fazit: Alle drei Positionen haben Licht- und Schattenseiten und sie sind alle gleich wichtig. Für ein gutes Selbstmanagement sowie für gelungene und erfolgreiche Kommunikation ist es entscheidend, flexibel zwischen den Positionen wechseln zu können.

9.5 Interviews

9.5.1 „Er dachte, ich hätte die Fronten gewechselt"

Rita B., Trainerin

Ich habe immer geahnt, dass ich ein Talent für Sprache und Kommunikation habe. Zum Beispiel halte ich gerne Büttenreden. Aber erst als andere zu mir sagten: „Da steckt was in dir, daraus kannst du was machen", wagte ich, über ein Kommunikationstraining nachzudenken. So stieß ich auf NLP.

Schon vor den Weiterbildungen fragte ich mich oft: „Bist du am richtigen Platz?" Diese Frage wurde stärker und drängender, als ich mit NLP anfing. Zwischendurch dachte ich sogar, dass ich weggehen müsste.

Nach dem ersten Block-Seminar hatte ich einen unglaublichen Drang, darüber zu sprechen, was ich Neues erfahre und was das mit mir macht. Aber es gab niemanden in meiner Umgebung, der sich dafür interessierte. Manchmal hatte ich das Gefühl, ein Mars-Mensch zu sein, der auf die Erde trifft. Auch bei meinem Mann merkte ich schnell, dass das nicht seine Welt war. Ich hatte das Gefühl, dass er es auch nicht wirklich verstehen wollte. Ich erzählte ihm dann nur noch das, von dem ich glaubte, dass er es annehmen würde. Aber ich habe natürlich meine neuen Erkenntnisse in unsere Gespräche eingebracht. Wenn er mir beispielsweise von Auseinandersetzungen mit Mitarbeitern erzählte, versuchte ich auch die Perspektive der anderen zu berücksichtigen. Das kam bei ihm nicht so gut an, er ist manchmal richtig ärgerlich geworden und fragte mich, auf welcher Seite ich eigentlich stünde und zu wem ich hielte. Dabei hatte ich ihn nur gefragt, ob er sich vorstellen kann, wie sich der andere in der Situation gefühlt haben könnte. Oder in der NLP-Sprache: Ich versuchte ihn dazu zu bringen, auch mal die 2. Position gedanklich einzunehmen. Das ist mir aber nicht gelungen. Er dachte, ich hätte die Fronten gewechselt, und fühlte sich von mir im Stich gelassen.

Als ich NLP kennenlernte, war ich fast euphorisch und dachte, dass sich damit alle Probleme lösen lassen. Aber ich musste erkennen, dass dem nicht so ist. Trotzdem ist es für mich fantastisch, wie viel besser ich Alltag, Familienleben und Beruf mit NLP bewältigen kann. Jetzt weiß ich, dass ich am richtigen Ort bin. Gleichzeitig ist ein neues Leben wahr geworden. Ich habe meine Berufung gefunden und arbeite jetzt als Trainerin. Auch das war für meinen Mann nicht leicht zu verstehen. Er ist ein sehr zielorientierter Mensch und dachte lange, dass seine Ziele auch meine sind. Als mir klar geworden war, dass ich teilweise etwas anderes in meinem Leben erreichen will als er, und ich anfing, darüber mit ihm zu sprechen, erlebte er das zunächst als Verrat. Inzwischen akzeptiert er, dass ich eigene Bedürfnisse und berufliche Vorstellungen habe, und er unterstützt mich gnadenlos – auch weil er sieht, dass es mir guttut.

9.5.2 *„NLP interessiert mich nicht"*

Werner B., Unternehmer

Als Rita mir erzählte, dass sie NLP lernen möchte, war mein erster Gedanke: „Was ist das denn?" Sie erklärte mir dann, dass sie NLP beruflich als Trainerin verwenden möchte, und das hat mir als Information gereicht.

Wenn sie von den Ausbildungs-Wochenenden nach Hause kam, hat sie mir viel erzählt, aber ich habe mir nichts davon gemerkt. Rita weiß auch, dass ich nur geringes Interesse an den Inhalten habe. Mir reicht es, dass sie Spaß an der Sache hat und damit zufrieden und glücklich ist. Deshalb würde ich sie auch nie davon abhalten wollen. Wenn sie damit auch beruflich Erfolg haben kann – umso besser. Der Weg ihrer Karriere interessiert mich mehr als das, was sie beim NLP gelernt hat, und dabei unterstütze ich sie auch.

Irgendwann habe ich Veränderungen bei Rita festgestellt, die sich für mich hauptsächlich in ihrer Sprache geäußert haben. Sie hat eine andere Ausdrucksweise bekommen und analysiert mehr, was andere sagen. Außerdem nimmt sie auch andere Blickwinkel ein. Im Geschäftlichen finde ich ihren Gesprächsstil sehr hilfreich, aber innerhalb unserer Beziehung finde ich es manchmal sehr anstrengend. Ich muss nicht alles so tief ergründen. Ich finde es gut, so wie es zwischen uns beiden ist, und ich habe auch nicht das Gefühl, dass sich unsere Beziehung durch Ritas NLP-, Trainer- und Coaching-Ausbildungen verändert hat. Sie wirkt allerdings zufriedener.

10. Ankern und Ressourcen: Sich selbst und andere in gute Zustände bringen

10.1 Alles klar! Ich weiß, wovon du redest

Alles, was eine emotionale Reaktion auslöst, ist ein Anker. Es passiert uns ganz automatisch und unbewusst jeden Tag unzählige Male, dass wir Reize mit Gefühlen verknüpfen. Diese Reize wirken individuell ganz unterschiedlich. Beispielsweise löst der Duft von frisch gegrilltem Fisch bei manchen Menschen Heißhunger und Urlaubsstimmung aus, andere verbinden damit eher Ekel und Übelkeit. Was ungesteuert und quasi natürlich funktioniert, kann auch bewusst kreiert und genutzt werden. Darum geht es im NLP, wenn von Ankertechniken die Rede ist.

Entscheidend dafür ist, dass es nicht nur externe Reize sind, die einen gewünschten Zustand oder eine innere Reaktion auslösen, sondern auch konstruierte und erinnerte Bilder, Geräusche und Gefühle. So kann schon der Gedanke an den Duft von gegrilltem Fisch die oben beschriebenen Reaktionen auslösen. Im NLP geht es einerseits darum, negativ besetzte Anker zu entmachten und andererseits ressourcenvolle Zustände zu ankern, um sie dann in den gewünschten Momenten auslösen zu können. Wenn NLPler von Ressourcen sprechen, meinen sie alles, was unterstützend und energiebringend ist. Häufig genannte Ressourcen sind Selbstvertrauen, Gelassenheit, Mut und Zeit. Wir finden, dass auch Humor eine wichtige Ressource ist, um schwierige Situationen zu meistern.

Die Ankertechniken beruhen auf der Arbeit des Hypnotherapeuten Milton Erickson und den Forschungen des russischen Verhaltensforschers Iwan Pawlow.

10.1.1 Ankern mit allen Sinnen

Anker können in alle fünf Sinneskanäle „installiert" werden:

Visuelle Anker:
- Symbole (z. B. Abzeichen, Verkehrsschilder oder religiöse Zeichen wie Kreuz oder Davidstern)
- Bilder (z. B. auf Werbeplakaten und Urlaubsfotos)
- Farben (z. B. Rot: Stopp! Anhalten! Grün: Alles o.k., du darfst.)

Auditive Anker:
- Worte (z. B. Prüfung, NLP, Sonnenuntergang)
- Lautstärke, Tonhöhe, Sprachgeschwindigkeit
- Geräusche, Melodien und akustische Signale (z. B. Werbejingles und -melodien, Sirenen, Kirchenglocken)

Kinästhetische Anker:
- sogenannte Raumanker (z. B. Bodenanker oder bestimmte Plätze im Raum)
- Körperempfindungen (z. B. Hunger, Kopfschmerzen, Akupunktur)
- Berührungen (z. B. an Kopf, Schulter oder Hand)

Gustatorische Anker (Geschmack):
- Gerichte (z. B. Knödel oder Erbsensuppe)
- Gewürze

Olfaktorische Anker (Geruch):
- künstliche Düfte (z. B. Parfüm, Waschmittel, neues Auto)
- natürliche Gerüche (z. B. Rosen, Schweiß, Tannenzweige)

10.1.2 *Den eigenen Zustand steuern*

Das Ziel des bewussten Ankerns ist es, sich jederzeit in einen guten Zustand bringen zu können. NLPler sehen in der Fähigkeit, ressourcenvolle Zustände zu ankern, den Schlüssel zu Höchstleistungen und zu einem erfolgreichen Selbstmanagement.

So weit die Theorie: Einen Anker zu installieren und erfolgreich auszulösen braucht viel Geduld. Die Fähigkeit zu ankern entwickelt sich in den meisten Fällen nur durch dauerhaftes Üben. Bei manchen klappt das sofort, viele NLP-Anfänger schaffen es während ihrer Practitioner-Ausbildung aber noch nicht. Vielleicht sind Sie ja neugierig geworden und lassen sich auf eine Anker-Übung mit ihrem Partner ein.

10.2 Komisch, irgendwas ist anders ...

„Was bräuchtest du denn, um dein Ziel zu erreichen?“, ist eine klassische Frage nach Ressourcen, mit der Ihr Partner Sie möglicherweise konfrontiert. Die Idee dabei ist, dass es uns manchmal an Ressourcen fehlt, um Probleme zu lösen oder Ziele zu erreichen. NLPler gehen davon aus, dass jeder alle Ressourcen hat, die er dafür braucht. Es kommt darauf an, diese im richtigen Moment zu aktivieren. Das hört sich erst mal verlockend einfach an. Um festzustellen, welche Ressource nötig wäre, stellen NLPler die eingangs erwähnte Frage.

Als ob es immer so einfach wäre zu wissen, was man braucht! Geld fällt vielen Menschen schnell ein oder Glück oder beides zusammen in Form eines Lottogewinns. Das ist aber nicht das, was NLPler mit Ressourcen meinen. Deshalb wird Ihr Partner wahrscheinlich weiterfragen, wenn Sie auf die erste Frage nicht mit den „typischen NLP-Ressourcen“ antworten. Das kann dann schon ganz schön nerven. Und es spricht dafür, dass Ihr Partner Sie unterstützen möchte, weil er etwas über Ressourcen gelernt hat – auch wenn seine Fragen noch unbeholfen klingen.

10.2.1 *Anker sind individuell*

Die Beschäftigung mit sogenannten Ankern kann auch dazu führen, dass Ihr Partner beispielsweise Fotos in der Wohnung aufstellt und andere wegräumt. Vielleicht sagt Ihr Partner auch Sätze wie: „Der Geruch des Parfums xy löst bei mir Aggressionen aus“ oder: „Der Geschmack von Dominosteinen erinnert mich an meine Oma und ich fühle mich beschützt“. Oder: „Wenn ich das Lied ‚La Bamba‘ von Neil Diamond höre, spüre ich immer ein Kribbeln im ganzen Körper, weil wir als Teenager dazu ein Kuss-Spiel gemacht haben". Spätestens wenn Sie solche Sätze hören, können Sie sicher sein, dass Ihr Partner die Anker-Techniken des NLP gelernt hat. Vielleicht finden Sie manches davon interessant und anderes sehr befremdlich, weil die Anker bei Ihnen etwas ganz anderes auslösen. Es kann aber auch sein, dass Sie manche Reaktionen Ihres Partners besser verstehen können, wenn Sie wissen, was bestimmte Anker in ihm auslösen. Wenn es Sie interessiert, noch mehr darüber zu erfahren, dann gehen Sie doch einfach mal gemeinsam durch Ihre Wohnung und erzählen Sie sich gegenseitig, welche Gegenstände, beispielsweise Bilder und Souvenirs, bestimmte Gefühle in Ihnen auslösen. Manchmal erklärt sich dadurch auch, warum Ihr Partner scheinbar bedeutungslose Gegenstände über viele Jahre aufhebt.

Sie könnten auch die Chance nutzen, Ihrem Partner zu sagen, was bestimmte Wörter oder Ausdrucksweisen in Ihnen auslösen. Wie reagieren Sie beispielsweise innerlich, wenn Sie die Worte „Liebe", „Beziehung", „Haushaltsplan" oder „NLP" hören? Und welche Wörter rufen Lust in Ihnen hervor und welche sind eher abtörnend? Ein solcher Austausch kann äußerst fruchtbar sein, wenn Sie beide offen und neugierig damit umgehen und im Hinterkopf behalten, dass es keine richtigen und keine falschen Verknüpfungen gibt. Anker sind so individuell unterschiedlich wie Fingerabdrücke. Möglicherweise haben Sie als Paar ja auch gemeinsame Anker, die es sich lohnt wieder aufzufrischen. Das könnte ein Restaurant sein, in dem Sie schöne Stunden miteinander hatten, ein Urlaubsfoto, eine CD von einem Konzert, das Ihnen beiden sehr gefallen hat, oder die Erinnerung an die Wärme einer romantischen Sommernacht.

10.2.2 *Mehr Mut und Gelassenheit*

Vielleicht merken Sie, dass Ihr Partner das Ankern gelernt hat, aber auch daran, dass er offensichtlich mit mehr Mut in schwierige Situationen hineingeht oder seine Bedürfnisse selbstbewusster formuliert. Möglicherweise wundern Sie sich auch über die Ruhe und Gelassenheit, die Ihr Partner plötzlich an den Tag legt. Das mag Sie erfreuen, herausfordern oder auch erschrecken. Wenn es bei Ihrem Partner mit dem Ankern von Ressourcen so gut funktioniert, bitten Sie ihn doch einfach mal, Ihnen zu erklären und zu zeigen, wie das geht, oder folgen Sie den Schritten, die wir Ihnen im nächsten Abschnitt vorschlagen. Sie könnten davon profitieren.

10.3 Wie geht das denn?

Wir alle wollen mit guten Gefühlen beziehungsweise „ressourcenvoll", wie NLPler sagen, in Personalgespräche oder zu wichtigen Verabredungen gehen. In der Erziehung von Kindern wünschen sich viele, stets mit Gelassenheit, Liebe und Konsequenz reagieren zu können. Doch leider klappt das nicht immer: Wir sind nervös, uns fehlen die richtigen Worte, wir werden rot, bekommen feuchte Hände oder regen uns furchtbar auf. Manchmal vermeiden wir eine Situation ganz, weil wir keinen Zugang zu unseren Ressourcen haben. Mit dem Ankern von Ressourcen können wir versuchen, in der jeweiligen Situation genau das Gefühl auszulösen, welches wir brauchen. Der erste Schritt des Ankerns ist also, sich klarzumachen, welche Ressource(n) Sie in einer bestimmten Situation auf „Knopfdruck" in sich entstehen lassen möchten: Vielleicht Mut? Zuversicht? Klarheit? Offenheit?

Das NLP kennt viele unterschiedlich komplexe Ankermethoden. Eine einfach zu übende Technik stellen wir hier vor.

Beispiel:

Sie wollen die Ressource „Mut" aktivieren. Zunächst wählen Sie dafür einen Anker aus. Das könnte beispielsweise sein:

- ein Druck mit dem rechten Daumen auf ihre linke Handfläche (kinästhetisch)
- ein Bild oder ein Foto (visuell)
- eine Melodie, ein Wort oder ein kurzer Satz (auditiv)

Wichtig bei der Auswahl ist, dass der Anker leicht wiederholbar ist und dass Sie ihn immer dabei haben bzw. auslösen können. Eine CD wäre beispielsweise eher unpraktisch, denn die könnten Sie während eines Personalgesprächs nicht abspielen. Besser wäre eine Melodie, die Sie innerlich summen können. Bei visuellen Ankern sollte es Ihnen möglich sein, diese auch innerlich zu sehen. Das macht Sie unabhängiger. Bei kinästhetischen Ankern achten Sie darauf, dass Sie die Bewegung oder den Druck auf eine bestimmte Körperstelle auch unauffällig in der Öffentlichkeit ausführen können.

Darüber hinaus sollte der Anker einzigartig sein. Das bedeutet, dass Sie sich eine Bewegung, ein Bild, Wörter oder Melodien aussuchen sollten, die Sie im Alltag nicht verwenden. Der Anker sollte exklusiv für den gewünschten Zustand stehen.

Haben Sie einen passenden Anker gefunden? Gut, dann können sie fortfahren.

10.3.1 Anker installieren

So setzen und lösen Sie den Anker aus:

1. Suchen Sie sich einen ruhigen Ort, an dem Sie einen Moment lang die Augen schließen und sich ganz auf sich besinnen können. Denken Sie dann an eine Situation in Ihrem Leben, in der Sie mutig waren. Suchen Sie nach einem Moment, in dem Sie das Gefühl von Mut ganz selbstverständlich erlebt haben. Weniger gut ist es, wenn Sie Situationen nehmen, in denen Sie Angst hatten und dann allen Mut zusammengenommen haben. Wenn Sie eine solche Situation ankern, laufen Sie Gefahr, gleichzeitig die Angst zu ankern. Nehmen Sie sich für die Erinnerung an eine solche Situation ruhig Zeit.
2. Versuchen Sie diesen Moment von damals noch einmal so intensiv wie möglich innerlich zu erleben. Sie sehen sich selbst in der Situation mutig, Sie fühlen den Mut und hören sich vielleicht sogar selbst, was Sie in einer solchen Situation gesagt haben. Wenn Sie das alles ganz intensiv innerlich erleben, setzen Sie Ihren Anker.
3. Berühren oder drücken Sie beispielsweise mit dem rechten Daumen Ihre linke Handinnenfläche, betrachten Sie das ausgewählte Bild oder summen Sie „Ihre" Melodie dazu.
4. Überprüfen Sie innerlich, wie intensiv Ihr Zustand jetzt ist. Fühlen Sie sich mutig, wenn Sie Ihren Anker auslösen? Wenn ja, haben Sie die Ressource Mut erfolgreich aktiviert. Wenn nicht, wiederholen Sie die Schritte 1 bis 3 beliebig oft.
5. Damit dieses Gefühl von Mut immer wieder ausgelöst wird, wenn Sie es brauchen, sollten sie das Vorgehen so häufig wie möglich üben oder, wie NLPler sagen, den Anker aufladen. Nur dann bleibt das Gefühl mit dem Anker verbunden. So können Sie die Ressource Mut immer dann aktivieren, wenn Sie das Gefühl brauchen.

Hier noch einmal kurz zusammengefasst, wie diese Basis-Ankertechnik funktioniert:

1. Erzeugen Sie in Gedanken den gewünschten Gefühlszustand.
2. Sobald dieser Gefühlszustand am stärksten ist, verknüpfen Sie ihn mit dem ausgewählten Anker, zum Beispiel einer Geste.
3. Diese zwei Schritte sollten Sie so lange üben, bis beim Auslösen des Ankers der gewünschte Gefühlszustand auftritt.

10.3.2 Weitere Ankermöglichkeiten

Wenn Sie sich mit dieser Ankermethode einigermaßen sicher fühlen, können Sie auch eine etwas umfangreichere Technik ausprobieren. Fragen Sie Ihren Partner doch einfach mal, ob er Ihnen „Ankern stapeln" oder die „Ankerkette" erklären möchte. Ansonsten geben Sie einfach in eine Internet-Suchmaschine die Begriffe „Ankern“ sowie „NLP“ ein. Sie werden gute Anleitungen für die unterschiedlichsten Ankertechniken, aber auch Kritisches zu der Methode finden.

10.4 Feuer gefangen, Blut geleckt

10.4.1 *Fremdanker*

Wie oben beschrieben, ist das Ankern eine effektive Technik der Selbstkonditionierung. Es ist aber auch möglich, dass andere bei uns Anker setzen. Häufig passiert das unbewusst und ohne Absicht. Viele Menschen beispielsweise zucken innerlich zusammen, wenn sie ihren vollen Vornamen hören. Warum? Immer wenn ihre Eltern so nach ihnen riefen, wussten sie: „Jetzt wird es ernst und eventuell ungemütlich.“ Manchen geht deshalb sofort durch den Kopf, was sie in der letzten Zeit „ausgefressen“ haben, wenn sie beispielsweise „Johannes!“ statt dem üblichen Hansi hören oder „Eva-Maria!“ statt Evi.

Anker können aber auch bewusst von anderen gesetzt werden. So ändern Hypnotherapeuten ihre Klangfarbe und ihren Tonfall, wenn sie möchten, dass ihre Klienten in Trance gehen. Möglich ist es auch, einen Zustand über eine Körperberührung oder eine Geste bei einer anderen Person zu ankern. Das geht so: Immer wenn Ihr Gegenüber sich in einem bestimmten, ressourcenvollen Zustand befindet, legen Sie beispielsweise Ihre Hand auf seinen Unterarm oder machen eine Geste. Wichtig ist, dass es sich dabei um eine Geste handelt, die Sie sonst nie machen. Wenn Sie dann zu einem anderen Zeitpunkt meinen, es wäre gut für die andere Person, in diesen ressourcenvollen Zustand zu kommen, berühren Sie ihn an der „Ankerstelle“ oder machen Sie die entsprechende Geste.

10.4.2 *Die manipulative Seite*

Hier noch ein Beispiel des Entertainers Thorsten Havener, der beschreibt, wie er sich der Technik des Ankerns bedient, wenn er möchte, dass eine Zuschauerin sich für eine bestimmte imaginäre Tür entscheidet:

„Angenommen ich möchte, dass sie die rote Tür wählt ... Ich schaue sie an und sage: ‚Vor Ihrem geistigen Auge sehen Sie jetzt zwei Türen: eine rote‘ – dabei hebe ich meine rechte Hand und zeige mit der offenen Handfläche nach rechts in die Richtung der imaginären roten Tür – ‚und eine blaue‘ – jetzt hebe ich meine linke Hand und zeige mit der linken Handfläche nach links in Richtung der imaginären blauen Tür. ‚Durch welche der beiden Türen möchten Sie jetzt gehen?' Während ich dies ausspreche, hebe ich die rechte Hand und mache erneut dieselbe Geste in Richtung der roten Tür. In diesem Moment sind meine Chancen extrem hoch, dass sie genau diese wählen wird, weil sie durch meine Handbewegung verankert wurde."[28]

Hier zeigt sich, wie machtvoll und manipulativ das Ankern sein kann. Es liegt auf der Hand, dass es nicht immer zum Nutzen der anderen Person eingesetzt wird. Und so verwundert es nicht, dass die Werbeindustrie sich schon für die Reiz-Reaktions-Modelle interessiert hat, bevor die NLP-Gründer die Ankertechniken und ihren Gewinn für die Persönlichkeitsentwicklung beschrieben haben. Das Bestreben der Marketingstrategen ist es, über visuelle, auditive und kinästhetische Anker starke Marken zu schaffen, die für bestimmte Werte und Gefühle stehen. Sie entwerfen Markenwelten, in denen die Angestellten Markenbotschafter sind und entsprechend ausgewählt und geschult werden. So hat beispielsweise BMW nach der Übernahme von Mini für diese Marke andere Verkäufer eingestellt, die besser zum Mini-Image passen.

10.4.3 Eigene Ankerwelten entdecken

Noch einmal zurück zu den Ankern, die Sie sich selbst bewusst oder unbewusst geschaffen haben. Anker sind in unserem Alltag allgewärtig. Nicht zu ankern ist genauso wenig möglich wie nicht zu kommunizieren. Deshalb lohnt es sich, machtvolle Anker in der eigenen Umgebung mal bewusst unter die Lupe zu nehmen. Dafür haben wir einige Anregungen für Sie.

Lassen Sie den Blick durch die Räume schweifen und beobachten Sie, welche Bilder gute Gefühle bei Ihnen auslösen. Welches sind Ihre ersten Assoziationen, wenn Sie einen Gegenstand sehen? Was verbinden Sie damit? Was zaubert ein Lächeln in Ihr Gesicht? Welcher Anblick beruhigt Sie, welcher lässt Sie zarte Aufregung spüren?

Vielleicht haben Sie ein Foto in der Schublade, das Sie eigentlich gerne öfter sehen würden, weil es Sie an einen angenehmen Moment erinnert. Vielleicht schieben Sie Ihren Lieblingssessel an Ihren Lieblingsplatz in der Wohnung, um das Wohlgefühl noch zu steigern. Vielleicht richten Sie die Lampen anders ein, damit ein visueller Anker, der Ihnen guttut, besser zur Geltung kommt. Vielleicht nehmen Sie ein Bild ab, das zwar ein gutes Kunstwerk ist, Sie aber in eine schlechte Stimmung bringt. Aber denken Sie auch daran, dass die Dinge für Ihren Partner möglicherweise etwas

---

28 Thorsten Havener, „Denken Sie nicht an einen blauen Elefanten", S. 164.

ganz anders bedeuten. Nehmen Sie deshalb Veränderungen in gemeinsam bewohnten Räumen möglichst behutsam vor.

Vielleicht lassen Sie aber auch alles, wie es ist, weil Sie – ohne es zu wissen – für positive Anker in Ihrer Wohnung gesorgt haben.

10.4.4 Emotionale Ereignisse verändern die Reaktionen

Reaktionen auf Reize können sich auch ändern. Das geschieht immer dann, wenn ein emotionales Ereignis das vorherige überlagert. So werden die meisten Menschen das World Trade Center in New York mit den Anschlägen vom 11. September 2001 verbinden. Bis dahin dürften die Bilder der Doppeltürme sehr unterschiedliche Gefühle in den Betrachtern geweckt haben: Sehnsucht oder vielleicht auch Erfolg und Macht.

Ähnliche Phänomene lassen sich nach Trennungen beobachten: Die Hochzeitsbilder, einst Symbol für Glück, Liebe und Vertrauen, wirken plötzlich inszeniert oder gar zynisch. Die meisten Menschen nehmen die Fotos dann von den Wänden und lassen sie in Schubladen oder Mülltonnen verschwinden.

Eine Freundin hat uns vor Kurzem von einer interessanten Erfahrung berichtet: Nach drei schwierigen Jahren hatte sie sich von ihrem Mann getrennt. Eigentlich ging es ihr gut damit und sie wusste, dass die Entscheidung richtig war. Dennoch überfiel sie in stillen Momenten eine leichte Traurigkeit und der Gedanke: „Na ja, es gab ja auch schöne Momente und überhaupt ...“ Zufällig fiel ihr ein Foto vom ihrem ehemaligen Mann in die Hände. Es war eines der Fotos, die man normalerweise gleich vernichtet, denn in dem Moment der Aufnahme hatte der Mann deutlich sichtbar schlechte Laune. Sie brauchte sich nur dieses Bild anzuschauen, um sofort wieder zu wissen, warum sie sich getrennt hatte. Ihr ganzer Körper fühlte sich steif und vertrocknet an. Vorsichtshalber hat sie das Foto noch ein paar Monate aufgehoben und ab und zu auch wieder angeschaut.

Auch wenn es hier funktioniert hat, möchten wir Sie nicht unbedingt dazu ermutigen, für alle Fälle auch ein Schlechte-Laune-Foto aufzuheben ☺.

10.4.5 Mediale Anker

Gesichter, Kleidung, Stimme, Sprache und Körperhaltung sind starke Anker. Manche davon entstehen im direkten Kontakt, andere werden durch die Medien vermittelt. Mediale Bilder leben von einer eindeutigen Sprache und Aussage. So wurden bis vor Kurzem beispielsweise kaum erfolgreiche türkischen Frauen mit Kopftuch gezeigt, sondern eher jene, die einer bildungsfernen Schicht entstammen. Manager werden so gut wie nie in ihrer Freizeitkleidung, sondern vornehmlich im Anzug abgebildet. Und Akademiker werden für Foto- und Filmaufnahmen meistens vor Bücherwände gesetzt. Und so verknüpfen wir unbewusst das Kopftuch mit schlechter Bildung, den Anzug mit Erfolg und die Bücherwand mit intellektueller Autorität.

Auch wenn das sogar in vielen Fällen zutreffend sein mag, möchten wir einen Appell loswerden: Glauben Sie nicht alles, was Sie denken! Hinterfragen Sie die angebotenen Verknüpfungen, um offen für andere Erfahrungen zu bleiben.

10.4.6 Negativ-Anker bei Personen

Vielleicht gibt es einen Kollegen, über dessen Verhalten Sie sich oft so ärgern, dass Sie stets aggressiv auf seine Fragen reagieren, auch wenn diese durchaus berechtigt oder sogar hilfreich sind. „Wenn ich den schon sehe, seine Stimme höre oder das Parfüm rieche, platzt mir der Kragen", denken Sie vielleicht und dann wissen Sie, dass all das starke Anker für Sie sind. Manchmal reicht es, den Namen zu lesen oder zu hören, um die ganze Palette schlechter Gefühle zu erleben.

Haben Sie beispielsweise einen Nachbarn, der sich bei jedem Geräusch beschwert oder sogar die Polizei ruft, wird Wut in Ihnen hochsteigen, auch wenn Sie ihm bei Bäcker begegnen und er Sie freundlich grüßt. Und manchmal ist es vielleicht auch Ihr Partner, der Sie mit einer bestimmten Verhaltensweise oder Gestik innerlich an die Decke gehen lässt.

Sie haben mindestens drei Möglichkeiten, mit Negativ-Ankern dieser Art umzugehen:

- Sie verlassen die Situation.
- Sie ankern die Zustände, die Sie brauchen, um entspannter in der Situation reagieren zu können. Sie sind der Herr über Ihren Zustand, nicht der andere!
- Sie gehen auf Distanz zu der Situation und betrachten diese möglichst neutral von außen. Sie könnten sich beispielsweise vorstellen, die Szene fände auf einer Bühne statt und Sie betrachten das Ganze von den Zuschauerrängen aus. Oder Sie sagen zu sich selbst: „Na, was wirst du als Nächstes tun?" NLPler nennen dieses Sich-Distanzieren „dissoziieren".

10.4.7 Schöne Momente bewahren

Aber auch Personen können positive Anker und eine unschätzbare Ressource sein. Manche Menschen fühlen sich geborgen, wenn sie an ihre Großmutter denken. Mit einigen Freunden verbinden wir Geselligkeit, mit anderen inspirierende Gespräche. Und dann gibt es Menschen, die brauchen wir nur anzuschauen, um Lust zu empfinden. Diese angenehmen Momente sollten wir mit allen Sinnen genießen und mittendrin sein oder wie NLPler sagen: assoziiert sein. Und wenn es besonders schön, anregend oder entspannt ist, ankern Sie doch einfach mal den Zustand, damit Sie ihn später immer mal wieder „herbeizaubern" können. Wie das geht, wissen Sie ja, und wenn nicht, empfehlen wir den dritten Abschnitt dieses Kapitels (10.3).

Zum Abschluss noch ein literarisches Beispiel fürs Ankern. Im Gedicht „Ouvertüre" von Else Lasker-Schüler[29] heißt es:

Und nur geheim betreten wir den Ort,
wo uns vergoldete die Liebe.
Bewahren wir sie, dass sie nicht erfriere
oder im Alltag blinder Lust verdorrt.

29 Else Lasker-Schüler, „Liebesgedichte", S. 106.

10.5. Interview

10.5.1 *„Ich brauchte noch Mut für die Trennung“*

Susanne S., Wirtschaftsingenieurin

Ich bin mit einem Wochenendseminar an der Volkshochschule ins NLP eingestiegen. Themen an diesem Wochenende waren Träume und Visionen. Wir sollten uns überlegen, wie wir in 20 Jahren gerne leben wollten. Ich habe mich erst schwer damit getan, weil ich eigentlich eher ein realistisch denkender Mensch bin. Aber irgendwann konnte ich mich darauf einlassen. Dann ist mir schnell klar geworden, dass meine Beziehung nicht meinen Vorstellungen entsprach. Wir waren damals fast sieben Jahre zusammen. Wir hatten uns aufeinander eingespielt und miteinander arrangiert. Als ich mir dann vorgestellt habe, dass dieses Arrangement eventuell für die nächsten 20 Jahre so weitergehen würde, habe ich mich wie vertrocknet gefühlt. Mir war klar, dass ich von einer ganz anderen Beziehung träumte. Diese Gedanken waren so stark, dass ich mich recht schnell zu einer Trennung entschloss. Aber ich wusste noch nicht genau, wie ich das machen sollte, und mir fehlte der Mut. Ich fürchtete seine Reaktion und ich wusste nicht, was danach passieren würde.

Als ich dann im weiteren Verlauf der NLP-Ausbildung die Anker-Technik kennenlernte, war ich zunächst wieder sehr skeptisch. Ich konnte mir einfach nicht vorstellen, dass es möglich ist, das Gefühl von Mut „auf Knopfdruck“ entstehen zu lassen. Bei den anderen schien es zu funktionieren und so probierte ich einfach weiter. Ein bisschen Mut konnte ich für die Trennung ja noch gebrauchen. Obwohl ich nicht überzeugt war, drückte ich immer wieder meinen Daumen und erinnerte mich dabei an eine Situation im Klettergarten, als ich mich voller Mut auf die Hängebrücken wagte.

Als ich meinem Freund sagte, dass ich mich trennen wolle, habe ich den Daumen gedrückt und ... Naja, ich weiß nicht, ob es geholfen hat, aber ich habe es geschafft. Es war dann ein relativ schmerzloses und schnelles Ende. Er meinte noch: „Na, andere bleiben doch auch zusammen, auch wenn es nicht mehr prickelt.“ Da war mir noch klarer, dass ich gehen will, um meinem Traum eine Chance zu geben.

11. Neurologische Ebenen: Vom Alltag bis zum Sinn des Lebens und zurück

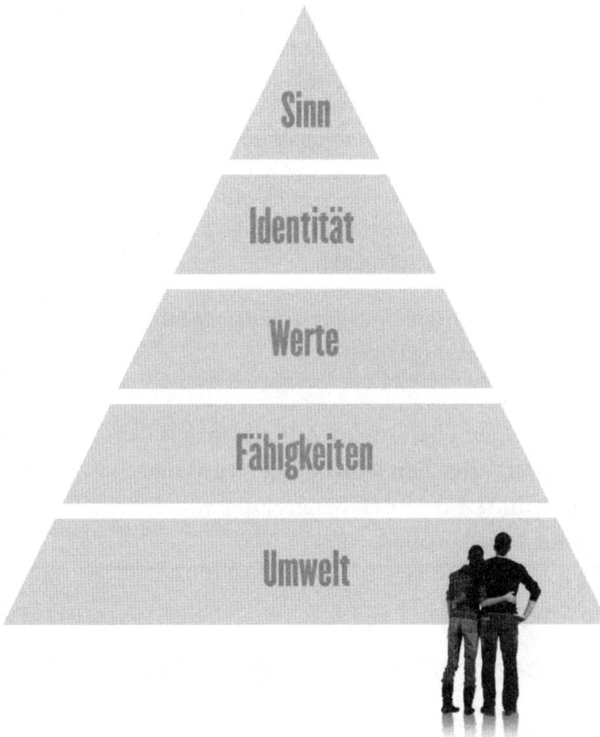

11.1 Alles klar! Ich weiß, wovon du redest

Vielleicht haben Sie auch schon mal gedacht, dass Sie irgendetwas in Ihrem Leben oder vielleicht auch – wenn Sie Unternehmer sind – in Ihrem Betrieb ändern wollen, aber Sie wissen nicht genau, was und wie. Reicht es, wenn Sie Ihr Verhalten ändern oder müssen Sie bei Ihren Fähigkeiten oder gar bei Ihren Werten ansetzen?

Im NLP gibt es für solche Situationen das Persönlichkeitsmodell der „Neurologischen Ebenen", das Robert Dilts entwickelt hat.

Die neurologischen Ebenen sind:

Sinn / Vision / Zugehörigkeit	Auf der höchsten Ebene sehen wir uns als Teil eines größeren Ganzen, das über uns als Individuum hinausgeht.
Identität	Selbstbild und das, was wir über uns in verschiedenen Rollen denken.
Glauben, Werte	Überzeugungen davon, wie Dinge miteinander zusammenhängen, was getan bzw. vermieden werden muss und was im Leben wichtig ist.
Fähigkeiten	Mentale, emotionale und praktische Fertigkeiten und das Wissen, das jemand hat.
Verhalten	Sichtbare Handlungen; die auch von anderen wahrgenommen werden könnten.
Umwelt	Unsere Umgebung, andere Menschen, alle äußeren Bedingungen

Das Modell kann helfen, die Ebene zu identifizieren, auf der die Probleme entstehen und wo Sie etwas „anders" machen wollen. Die neurologischen Ebenen dienen auch der Klärung von Konflikten und der Benennung von Ressourcen, die Sie auf den verschiedenen Ebenen bereits haben.

11.1.1 Die Ebenen beeinflussen sich gegenseitig

NLPler gehen davon aus, dass jede Änderung auf einer höheren Ebene Einfluss auf die darunterliegenden Ebenen hat. Umgekehrt können auch die unteren Ebenen Einfluss auf die oberen Ebenen haben. Deshalb sollten die Ebenen nicht ausschließlich isoliert betrachtet werden, sondern immer in Bezug zueinander.

> „Durch NLP und die Arbeit an der Persönlichkeit haben sich meine Glaubenssätze und das Verhältnis zu meiner Familie verändert." – *Verena W., Kommunikationsdesignerin*

In Abschnitt 11.3 erklären wir Schritt für Schritt, wie Sie das Modell nutzen können, um sich zielgerichtet auf unterschiedlichste Situationen vorzubereiten, und wir zeigen, welchen Gewinn das Modell auch für Teams haben kann.

11.2 Komisch, irgendwas ist anders ...

Ihr Partner stellt neuerdings und manchmal ganz unvermittelt so merkwürdige Fragen nach dem Sinn des Lebens oder nach Werten, die im Leben wichtig sind? Das könnte ein Hinweis darauf sein, dass er sich mit den neurologischen Ebenen beschäftigt. Von den sechs neurologischen Ebenen, die Robert Dilts beschrieben hat, sind für viele die Ebene der Werte / Glaubenssätze und die Ebene der Visionen am faszinierendsten. Möglicherweise werden Sie dem sogar zustimmen, wenn Sie dieses Kapitel zu Ende gelesen haben. Aber erst mal kann es schon befremdlich sein, wenn Ihr Partner Sie mit derart existenziellen Fragen „überfällt“. „Wer weiß schon, was der Sinn des Lebens ist? Bin ich Philosoph oder so etwas?“, denken Sie vielleicht – auch wenn es Sie möglicherweise sogar reizt, gemeinsam darüber nachzudenken.

> „Manchmal war es auch nervig, dass sie so aus dem Nichts heraus fundamentale Fragen gestellt hat wie beispielsweise: ‚Was bedeutet Glück für dich? Sag mir das mal in drei Stichworten!‘ Das klang so schulisch für mich, weil es sich nicht aus einem Gespräch entwickelt hatte.“ – *Martin T., Projektmanager*

Ihr Partner aber hat einen Vorsprung: Er hat sich mehr oder weniger intensiv einige Stunden mit seinen Werten und Visionen beschäftigt, er hat mit anderen darüber geredet und den Ausführungen des Trainers zugehört. Wenn er mit Ihnen ins Gespräch kommen will, wird er einen Gang zurückschalten müssen. Darauf können Sie ihn ruhig hinweisen. Möglicherweise sind auch der Zeitpunkt und der Ort für Sie nicht die richtigen, um sich mit solchen tiefgründigen Fragen zu beschäftigen. Vielleicht sind das aber auch Fragen, die Sie lieber mit sich selber ausmachen – auch das ist natürlich in Ordnung.

11.2.1 Werte stehen für Bedürfnisse

Ein Gespräch über Werte kann in Partnerschaften zu mehr Nähe führen, aber es können auch Unterschiede deutlicher hervortreten. Damit das Gespräch fruchtbar wird, sollte zunächst klar sein, dass es keine richtigen und falschen Werte gibt. Auch ist kein Wert besser oder schlechter als ein anderer. Werte stehen für das, was einem im Leben wichtig ist, und sie stehen für individuelle Bedürfnisse. Das könnten beispielsweise sein: Ruhe, Selbstbestimmung, Vertrauen, Freundschaft, Leidenschaft, Entwicklung, Gesundheit, aber auch Macht und Erfolg.

Bedürfnisse, die erfüllt sind, nehmen wir dagegen kaum wahr. Jemand, der eine feste Anstellung hat, sehnt sich vielleicht nach Freiheit, Abenteuer oder Abwechslung und vergisst dabei, wie wichtig ihm Sicherheit ist. Viele Menschen wissen ihre Gesundheit erst dann zu schätzen, wenn sie eine Weile krank waren. Häufig stehen die Werte oder Bedürfnisse, die nicht erfüllt sind, im Fokus unserer Aufmerksamkeit.

> „Wir hatten kürzlich einen Konflikt, in dem Freddie seine Unzufriedenheit gegen mich gerichtet hatte. Wir haben darüber gesprochen, welche Werte ihm wichtig sind und welche davon gerade nicht erfüllt sind. Der Konflikt hat sich dann von jetzt auf gleich geklärt." – *Marc R., Heilpraktiker und Heiler*

Wie der amerikanische Psychologe und Kommunikationstrainer Marshall Rosenberg in seinem Standardwerk „Gewaltfreie Kommunikation"[30] darstellt, lösen unerfüllte Bedürfnisse Gefühle wie beispielsweise Angst, Wut, Trauer, Verzweiflung oder Frustration aus. Gerade in Paarbeziehungen wird dann schnell der andere für diese Gefühle verantwortlich gemacht. Viele Konflikte entstehen aufgrund unterschiedlicher Bedürfnisse und Werte, ohne dass diese bewusst sind.

Worauf wir an dieser Stelle hinaus möchten: Es kann sich für Ihre Partnerschaft lohnen, darüber zu sprechen, wem welche Werte wichtig sind. Das heißt nicht, dass der andere für die Erfüllung der Bedürfnisse zwangsläufig zuständig ist, aber er hat zumindest die Chance, sie zu berücksichtigen, und er versteht die Reaktionen seines Partners besser.

11.2.2 Die Schatzkiste voller Fragen

Wir haben für Sie Fragen auf allen Ebenen formuliert, die Sie sich gegenseitig stellen können, um einerseits mehr von Ihrem Partner zu erfahren und um anderseits die eigenen Gedanken zu konkretisieren. Wir empfehlen, dass Sie sich dafür Zeit nehmen und nicht zu viele Fragen auf einmal betrachten. Vielleicht auf dem nächsten gemeinsamen Spaziergang?

Hier Angebote aus unserer Fragenschatzkiste:

Umwelt:
Welcher Mensch war in deiner Kindheit besonders wichtig für dich?
An welchem Platz in unserer Wohnung fühlst du dich besonders wohl?
Welche Stadt oder welche Region würdest du gerne bereisen?

---

30 Marshall B. Rosenberg: „Gewaltfreie Kommunikation: Eine Sprache des Lebens".

Verhalten:
Was findest du, ist uns alles besonders gut gelungen?
Womit kann ich dich am schnellsten zu Lachen bringen?
Was möchtest du gerne tun, wenn die Kinder aus dem Haus sind/du nicht mehr arbeiten musst?

Fähigkeiten:
In welchem Streit oder in welcher Auseinandersetzung hast du etwas wirklich Wichtiges über mich gelernt?
Was findest du, kann ich besonders gut?
Wenn du bei der „Fee der Fähigkeiten" einen Wunsch frei hättest, was würdest du dir wünschen zu können oder was möchtest du noch lernen?

Werte, Glaubenssätze:
Welche Glaubenssätze aus deiner Kindheit bewähren sich noch heute?
Wofür bist du dankbar?
Was glaubst du, wie werden wir es schaffen, eine gute Partnerschaft zu führen?

Identität:
Als was hast du dich früher gerne verkleidet?
In welcher Rolle fühlst du dich am lebendigsten / sichersten / wohlsten?
Wie meinst du, was für Eltern / Großeltern wir sein werden?

Sinn:
Woran hast du in schwierigen Zeiten geglaubt?
Was macht dich richtig glücklich?
Was möchtest du, dass ein Redner über dein Leben sagt, wenn du 75 Jahre alt wirst?

Diese Fragen sind Anregungen, um eigene Fragen zu entwickeln. In diesem Zusammenhang möchten wir Ihnen noch zwei Tipps mit auf den Weg geben:

Fragen Sie nach Ressourcen, also nach schönen, kraftvollen, angenehmen Situationen und nicht nach Niederlagen oder anderen Dinge. Und stellen Sie offene Fragen – also keine Fragen, die mit Ja oder Nein zu beantworten sind. Denn es macht einen Unterschied, ob Sie fragen: „Findest du, dass ich irgendetwas besonders gut kann?" Oder ob Sie fragen: „Was findest du, kann ich besonders gut?"

Warum das ein wichtiger Unterschied ist, können Sie in Kapitel 8 über das Milton-Modell nachlesen.

11.3 Wie geht das denn?

Die Arbeit mit den neurologischen Ebenen ist gerade auch für Nicht-NLPler im beruflichen Kontext leicht zu lernen und anzuwenden – und zwar sowohl als einzelne Person als auch in Teams.

Wer ein Ziel erreichen möchte und merkt, dass er auf dem Weg dorthin innere Blockaden hat oder es beim Erreichen des Ziels „irgendwo stockt", kann Schritt für Schritt die neurologischen Ebenen durchgehen. Ähnlich wie bei der Übung „Schritte zum Ziel" (6.4.2) können Sie mit sogenannten Bodenankern arbeiten und für jede Ebene eine Moderationskarte auf dem Fußboden auslegen. Wem das zu „esoterisch" anmutet, kann die Moderationskarten auch auf dem Schreibtisch benutzen und dann die damit verbundenen Fragen beantworten.

11.3.1 Durch die neurologischen Ebenen gehen

Das folgende Vorgehen hat sich bewährt und könnte sich auch für Sie lohnen. Es ist hilfreich, sich dazu Notizen zu machen.

1. Die sechs Begriffe für die neurologischen Ebenen auf Moderationskarten schreiben und auf einem Tisch oder auf dem Fußboden auslegen.
2. Ziel formulieren (s. Abschnitt 6.3 im Kapitel „Ziele").

Beispiel: Ein berufsgleitendes Studium aufnehmen.

3. Nacheinander auf die nachfolgenden Fragen zu den Ebenen antworten und wahrnehmen, was sich dort verändern müsste, damit Sie Ihr Ziel erreichen.
4. **Umwelt:** Welche Rahmenbedingungen brauchen Sie? Was müsste sich alles in Ihrer Umgebung verändern? Was haben Sie dort schon, was sie unterstützt und was förderlich ist?

Beispiel: Ein Studienplatz, Zeit, Internetanschluss, Geld, Bücher etc.

Verhalten: Was müssen Sie tun, um Ihr Ziel zu erreichen? Wie müssten Sie sich verhalten? Was machen Sie bereits?

Beispiel: Mich immatrikulieren, regelmäßig die Aufgaben machen, mich mit anderen Studenten vernetzen, eventuell mit dem Partner oder der Familie darüber reden.

Fähigkeiten: Was müssen Sie können, um Ihr Ziel zu erreichen? Welche Fähigkeiten haben Sie bereits, die für das Ziel hilfreich sind? An welchen Fähigkeiten / Fertigkeiten können Sie noch arbeiten, um diese für das Erreichen des Ziels zu nutzen. Was können Sie, wenn Sie das Ziel erreicht haben?

Beispiel: Selbstständig lernen, mit Prüfungsangst umgehen, gutes Zeitmanagement entwickeln.

Werte: Welche Werte und Überzeugungen brauchen Sie, um Ihr Ziel zu erreichen? Welche Werte leben Sie bereits? Welche Überzeugungen können Sie bestärken, das Ziel zu erreichen? Welche Werte / Überzeugungen werden Sie haben, wenn Sie das Ziel erreicht haben?

Beispiel: Eine hinderliche Überzeugung ist: Was Hänschen nicht lernt, lernt Hans nimmer mehr. Leichter tut sich, wem persönliche Entwicklung wichtig ist und wer glaubt, dass Lernen Spaß macht.

Identität: Was für ein Bild von Ihnen selbst müssen Sie haben, um das Ziel zu erreichen? Was für ein Selbstbild haben Sie schon?

Beispiel: „Ich bin ein zielstrebiger Student."

Sinn / Vision: Welchen Sinn möchten Sie Ihrem Leben mit dem Erreichen des Ziels geben? Welche Vision steckt hinter dem Ziel? Wozu leisten Sie einen Beitrag mit Ihrem Tun?

Verharren Sie einen Augenblick auf dieser Ebene und nehmen Sie wahr, wie es sich anfühlt, wenn Sie Ihre Vision realisiert haben. Wie sehen Sie aus, wenn Sie etwas tun, das diesem höheren Ziel dient? Was hören Sie sich oder andere sagen?

Hier verzichten wir auf ein Beispiel, weil der Sinn, den wir unserem Tun geben, sehr individuell ist und von dem Thema abhängt, mit dem Sie sich beschäftigen.

5. Wenn Sie nach dem „Gang" durch die neurologischen Ebenen Ihre Vision mit allen Sinnen wahrgenommen haben, gehen Sie gedanklich noch einmal durch die Ebenen zurück und nehmen Sie wahr, was sich dort verändert hat. Nun, da Sie gespürt und gesehen haben, wofür Sie Ihr Ziel erreichen wollen, betrachten Sie die Mühe, die es macht, sich neue Fähigkeiten anzueignen oder Verhaltensweisen zu ändern, vielleicht mit anderen Augen.

„Wer ein Wozu im Leben hat, erträgt fast jedes Wie." – *Friedrich Nietzsche*

6. Wenn Sie dann mit einem guten Gefühl sagen können, dass Ihr Ziel „Sinn" macht, fragen Sie sich noch: „Welche Konsequenzen hat das Ziel für mich und die Menschen, die mir wichtig sind? Bin ich bereit, diese Konsequenzen zu tragen?" Wenn Sie die letzte Frage bejahen, sollten Sie nicht zögern, Ihr Ziel zu verfolgen und zu realisieren. Am besten Sie planen den ersten Schritt für die nächsten 48 Stunden.

„Durch NLP konnte ich Glaubenssätze, die ich lange in mir getragen hatte und die mich blockierten, loslassen. Es ist fantastisch, wie viel besser ich die Herausforderungen im Alltag, in der Familie und im Beruf dadurch bewältigen kann." – *Rita B., Trainerin*

11.3.2 Die neurologischen Ebenen für die Arbeit mit Teams

Bei Teams und Gruppen lassen sich mithilfe gezielter Fragen sehr gut Probleme aufdecken und so auch auf den jeweiligen Ebenen lösen. Das ermöglicht im Idealfall, dass das Team besser und harmonischer sowie kreativer und produktiver zusammenarbeitet. Entscheidend sind die richtigen Fragen. Wir haben eine Übersicht zusammengestellt, aus der Sie Fragen auswählen können, um die Probleme zu identifizieren oder Lösungen zu suchen.

Ebene	Fragen zum Problem	Fragen zur Lösung
Umwelt	Welche äußeren Bedingungen behindern die Arbeit des Teams?	Welche Rahmenbedingungen braucht das Team? Wo in der Organisation sollte das Team angesiedelt sein? Welche Ressourcen braucht die Gruppe?
Verhalten	Gibt es formelle oder informelle Verhaltensvorschriften, die kontraproduktiv sind? Welches Verhalten der einzelnen Teammitglieder wirkt sich negativ auf die Zusammenarbeit aus?	Welche Verhaltensregeln sind wünschenswert? Was kann jeder Einzelne tun, um die Zusammenarbeit zu verbessern? Was ist die positive Absicht von nicht regelkonformem Verhalten?
Fähigkeiten	Welche Fähigkeiten fehlen den Teammitgliedern, um die Ziele zu erreichen?	Welche Fähigkeiten sollte jeder im Team haben und wie können sie erworben werden?
Werte, Überzeugungen	Gibt es Wertekonflikte innerhalb des Teams? Welche Überzeugungen stehen einer erfolgreichen Zusammenarbeit entgegen?	Auf welche Werte soll besonders geachtet werden? Welche Werte brauchen das Team und jedes Mitglied, um gewinnbringend zu arbeiten?

Ebene	Fragen zum Problem	Fragen zur Lösung
Identität	Hat jemand eine Team-Rolle, in der er sich nicht wohlfühlt? Lässt sich eine Gruppenidentität erkennen und stehen alle dahinter?	Wie müssen die Rollen verteilt werden, sodass jeder sich einbringen kann und alle Aufgaben erledigt werden? Welche Gruppenidentität braucht das Team?
Sinn	Gibt es Teammitglieder, die ihren Beitrag zum Ganzen nicht erkennen können oder die nicht hinter dem übergeordneten Ziel stehen? Inwieweit ist allen die gemeinsame Mission bekannt?	Wofür steht das Team? Was brauchen die Teammitglieder, um sich für die gemeinsame Sache engagieren zu wollen?

11.4 Feuer gefangen, Blut geleckt

Auf allen neurologischen Ebenen ergeben sich im Laufe des Lebens immer wieder Veränderungen. Unsere Umwelt ist geprägt von einem permanenten Wandel: Gesetze werden modifiziert, eine neue Bahnverbindung wird eröffnet, der technische Fortschritt ermöglicht immer neue Formen der Kommunikation, die Jahreszeiten kommen und gehen.

11.4.1 Mit der Zeit wird alles anders

Ob es uns gefällt oder nicht – wir müssen unser Verhalten dem teilweise anpassen. Andere Verhaltensweisen ändern wir freiwillig. Unter dem Motto „Lebenslanges Lernen“, das mancher sicher auch als Diktat empfindet, erwerben wir neue Fähigkeiten, lernen vielleicht eine neue Sprache, Computerprogramme – oder NLP.

Mit den Erfahrungen, die wir machen, aber auch mit dem Alter verändern sich unsere Werte und mit ihnen unsere Überzeugungen und Glaubenssätze. Wie der Autor und Psychologe Hans-Georg Häusel in einem seiner Bücher darstellt, hängt das auch mit einem veränderten Hormonhaushalt zusammen. Die Hormone Testosteron und Dopamin, die für Dominanzstreben und Neugier zuständig sind, gehen ab ungefähr dem 40. Lebensjahr stark zurück. Das Angst- und Stresshormon Cortisol hingegen steigt stark an. In der Folge sehnen sich Menschen – je älter sie werden – nach mehr Sicherheit, Gesundheit, Heimat und Geborgenheit[31].

Mit jeder Rolle, die wir im Leben spielen, nehmen wir neue, zusätzliche Identitäten an: Unternehmer, Elternsprecher, Chormitglied, Großvater. Andere müssen wir – vielleicht unter Schmerzen – aufgeben und sind dann ehemalige Studenten, verflossene Liebhaber, pensionierte Lehrer oder Ex-Ehepartner.

Am beständigsten ist wohl der Sinn, dem wir unserem Leben geben, oder die Quelle, aus der wir unser Tun speisen. Gleichwohl fragen sich viele Menschen in der sogenannten Midlife-Crisis: Was soll das alles? Wofür tue ich das? Was kann ich mit dem Rest meines Leben noch Sinnvolles tun? Manche orientieren sich dann noch mal ganz um und engagieren sich beispielsweise für den Umweltschutz, für Obdachlose oder unterstützen ein Jugendorchester.

11.4.2 Erschütterungen für die „Kinder von Golzow"

So weit die mehr oder weniger „normalen" Entwicklungen auf den verschiedenen Ebenen. Was aber passiert, wenn es auf allen Ebenen gleichzeitig massive Erschütterungen gibt? Wir möchten dies an einem Beispiel aus der Filmreihe „Wir Kinder von Golzow" verdeutlichen. Die vielfach ausgezeichnete DDR-Langzeitdokumentation beginnt 1961, im Jahr des Mauerbaus, und endet 2007, rund 17 Jahre nach der Einheit Deutschlands. Die Filmemacher Barbara und Winfried Junge haben 18 Kinder einer Schulklasse aus dem kleinen Dorf Golzow in Brandenburg auf ihrem Lebensweg begleitet.

Eine der Protagonisten ist Gudrun. Sie glaubt an die sozialistischen Gesellschaftsideale (Sinn) und ist die Tochter des Vorsitzenden der örtlichen Landwirtschaftlichen Produktionsgenossenschaft (LPG). Später wird sie Bürgermeisterin des Nachbarortes (*Identität*). Sie tritt ein für *Werte* wie Kollektiv und Solidarität. Gudrun orientiert sich an den Losungen der regierenden SED. Als die ersten Zeichen einer gesellschaftlichen und politischen Wende im benachbarten Polen sichtbar werden, sagt sie, das läge daran, dass dort der Sozialismus nicht richtig umgesetzt werde (*Überzeugungen, Werte*).

Gudrun ist gelernte Köchin und wird später von der SED zu einem Studium der Staatswissenschaften delegiert, das sie erfolgreich abschließt (*Fähigkeiten*). Nach Ende des Studiums wartet sie ab, bis die Partei ihr eine Arbeitsstelle zuweist. Ihre Sprache klingt streckenweise wie das Parteiprogramm der SED (*Verhalten*). Sie lebt

---

31 Vgl. Hans-Georg Häusel, „Brain Script – Warum Kunden kaufen", S. 136 ff.

im Oderbruch, der landwirtschaftlich geprägt ist und direkt an Polen grenzt (*Umgebung*). Sie hat sich in ihrem Leben eingerichtet und kommt sehr gut zurecht – bis zur Wende 1989.

Danach ändert sich für sie alles radikal: Gudrun muss erkennen, dass die Führung der SED die sozialistischen Ideale zu ihrem eigenen Vorteil missbraucht haben. Mit den ersten freien Wahlen verliert sie 1990 ihr Bürgermeisteramt und damit ihre *Identität*. Ihre *Werte* muten in der demokratischen westdeutschen Gesellschaft rückwärtsgewandt an und die im Studium erworbenen *Fähigkeiten* sind in der Bundesrepublik nicht gefragt. Ihr wird schnell klar, dass sie nicht einmal Sozialhilfe bekommt, wenn sie nur abwartet, sondern dass sie sich von nun an selber um ihr Vorankommen kümmern muss. Sie muss also ihr bisheriges *Verhalten* überdenken. Gleichzeitig erlebt sie, dass sich ihre *Umgebung* verändert und die Landwirtschaft um ihr Dorf herum zurückgeht. Viele junge Leute ziehen in den Westen.

Gudrun ist sicher ein extremer Fall. Andere in der früheren DDR haben den Übergang in die soziale Marktwirtschaft deutlich besser geschafft, aber dennoch zeigt ihr Beispiel, warum vielen Menschen in den neuen Bundesländern nach der Wende sämtliche Orientierung verloren gegangen ist. Und es zeigt auch, warum es so lange dauert, bis viele Ostdeutsche in der gesamtdeutschen Gesellschaft ankommen und warum manche die „alten Zeiten" idealisieren.

11.4.3 Von Quelle, Visionen und Zugehörigkeit

Die oberste Ebene ist diejenige, die am schwersten in Worte zu fassen ist. Das gilt einerseits für die Beschreibung der Ebene. In der Literatur wird sie bezeichnet als Vision, Sinn, Quelle, Zugehörigkeit oder Spiritualität. Andererseits fällt es vielen nicht leicht, ihre Ideen auf dieser Ebene zuzulassen und auszusprechen. Wer Visionen hat, gilt leicht als Spinner, Träumer oder unverbesserlicher Idealist. Gerade bei Business-Coachings wird diese Ebene oft ganz weggelassen, vielleicht weil einige Coachs befürchten, von ihren Klienten als zu spirituell bewertet zu werden.

Aber es sind gerade die Visionen, die Menschen dazu bringen, ihre Energie in Projekte und Vorhaben zu investieren. Sie reichen über das Egozentrische hinaus und schließen andere Lebewesen mit ein. Menschen, die viel für die Gesellschaft erreicht haben, sind meistens getragen von großen Visionen.

Dazu schreibt Margot Käßmann, ehemalige Ratsvorsitzende der Evangelischen Kirche in Deutschland, anlässlich des 33. Evangelischen Kirchentages in Dresden[32]:

---

32 Zitiert aus: „Die Zeit" vom 1. Juni 2011.

„… die Träumer, die Hoffenden, die Visionäre haben die Welt immer eher vorangetrieben zu mehr Gerechtigkeit und Frieden als die Pragmatischen, die ach so Abgeklärten, diejenigen, die sich im Machtapparat arrangieren. […] Jesus … ermutigt, anders zu sein, sich nicht anzupassen, widerständig zu bleiben, die Fragen der Gerechtigkeit und des Friedens auf der Tagesordnung zu halten, statt sich vermeintlichen Unabänderlichkeiten zu fügen. […] Kirchentage geben den Träumerinnen und Visionären ein Forum, darin liegt ihr großer Wert für die Gesellschaft."

11.4.4 Die Fragen nach dem Sinn des Lebens

Mit der Frage nach dem Sinn des Lebens haben sich unzählige Philosophen beschäftigt, Religionen geben Antworten darauf, die jedoch nicht jeden zufriedenstellen. Für den Einzelnen geht es wohl auch mehr um die Frage: „Welchen Sinn hat mein Leben oder welchen Sinn gebe ich meinem Leben?"

Der amerikanische Professor für Psychiatrie und Autor Irvin D. Yalom schreibt über diese existenzielle Frage: „Warum leben wir? Wie sollen wir leben? Wenn es keinen vorbestimmten Plan für uns gibt, dann muss jeder von uns seinen eigenen Sinn im Leben konstruieren. Aber kann der Sinn, den wir uns selbst geben, stabil genug sein, um unser eigenes Leben zu tragen? Dieser existenzielle dynamische Konflikt rührt von dem Dilemma eines sinnsuchenden Geschöpfes her, das in ein Universum hineingeworfen ist, das keinen Sinn hat."[33]

Aus seiner Sicht als Psychotherapeut spricht Yalom von einem Dilemma, denn er hat viele Menschen getroffen, die darüber verzweifelt sind, dass sie ihren Leben keinen Sinn geben konnten. Aber ist es nicht auch Freiheit und Selbstbestimmung, selbst entscheiden zu können, wofür wir uns im Leben einsetzen und welchen Sinn wir damit verbinden? – Wozu möchten Sie in dieser Welt beitragen? Was soll durch Ihr Leben ein bisschen mehr oder besser werden?

„Wer nicht an Wunder glaubt, ist kein Realist." – *Ben Gurion, erster Ministerpräsident Israels*

33 Irvin D. Yalom, „Liebe, Hoffnung, Psychotherapie", S. 242.

11.5 Interviews

11.5.1 „Visionen, Bedürfnisse und Wünsche aussprechen“

Tanja S., Hotelfachfrau

Sven und ich kennen uns seit 28 Jahren und mit der Zeit haben wir uns voneinander weg entwickelt. Die Entscheidung, eine NLP-Ausbildung zu machen, habe ich alleine getroffen und dabei auch nicht wirklich an unsere Beziehung gedacht. Sven hat nicht nachgefragt, sondern – wie so oft in vergangenen Jahren – etwas gesagt wie: „Na, dann mach doch!“ Ich kenne ihn ja und deshalb habe ich auch mit genau dieser Reaktion gerechnet. So hatten sich meine Annahmen über ihn mal wieder bestätigt. Auch während der Ausbildung hätte ich gerne die Inhalte mit ihm besprochen und habe mal getestet, inwieweit er dafür offen ist. Aber meine Andeutungen sind nicht auf fruchtbaren Boden gefallen. Das war ja auch nicht anders zu erwarten. Ich habe dann einfach nicht mehr darüber gesprochen – nicht über das, was mich begeistert oder beschäftigt hat, und auch nicht über meine Enttäuschung.

Sven hat aber irgendwie doch gespürt, dass ich mich durch NLP verändert habe. Zum Glück hat er diese Entwicklung geschätzt. Es hätte ja auch sein können, dass ihm das Angst macht, denn ich finde, ich bin selbstbewusster geworden und mache mich nicht mehr selber klein. Vor ein paar Wochen ist dann bei uns etwas aufgebrochen, es hat einen Crash gegeben und plötzlich haben wir angefangen, wie zwei Erwachsene miteinander zu reden. Sven hat dieses Gespräch gewollt. Ich hatte große Sorge, dass sich ein Vulkan entleeren würde, dass alles rauskommt, was wir jahrelang gedeckelt haben.

Mit dem Muster, nicht miteinander darüber zu sprechen, was uns bewegt, waren wir zwar nicht wirklich gut gefahren, aber es war doch ein bekanntes und berechenbares Verhalten. Dass ich nun Sven gegenüber meine Visionen, Bedürfnisse und Wünsche aussprechen konnte, verdanke ich NLP. In der Ausbildung haben wir uns viel damit beschäftigt, welche Werte für jeden wichtig sind und wie ich sie leben kann. Beispielsweise war ich schon immer sehr freiheitsliebend, aber vor NLP war das abstrakt und deshalb für mich ein nicht erreichbarer Traum. Mit NLP habe ich gelernt, was ich tun kann, damit ich Freiheit spüre. Ich habe auch festgestellt, dass Sven für viele Werte steht, auf die ich in einer Beziehung auf keinen Fall verzichten möchte. Doch waren mir seine Qualitäten so selbstverständlich geworden, dass ich sie mir nie bewusst gemacht hatte. Zuverlässigkeit ist beispielsweise so ein Wert.

Sicher wäre es toll, wenn Sven auch NLP machte. Wir würden die gleiche Sprache sprechen und könnten gemeinsam Ziele entwerfen. Er könnte mich inhaltlich unterstützen und ich würde mich nicht mehr alleine fühlen mit NLP. Vielleicht schlage ich ihm das irgendwann vor und bis dahin liegen noch andere Schritte vor uns, um wieder zueinanderzukommen.

11.5.2 „Die Fragen fand ich eigenartig“

Sven S., Forstwirt

Da Tanja eigentlich immer den Drang hat, etwas Neues zu machen, war ich von ihrer Idee, eine NLP-Ausbildung zu machen, nicht besonders überrascht. Bis dahin hatte ich nicht viel von NLP gehört, und ehrlich gesagt hat mich das Thema auch nicht besonders interessiert. Als Tanja dann mit dem Seminar anfing, hat sie auch nicht so viel davon erzählt. Allerdings habe ich auch nicht groß nachgefragt. Mir ist wichtig, Tanja das Gefühl zu geben, dass sie ihr Bedürfnis nach Vorankommen und Weiterbildung befriedigen kann. Ich stehe ihr dabei nicht im Weg und bin offen, was ihre Ambitionen angeht. So ist es für mich auch klar, dass ich ihr helfe, wenn Prüfungen anstehen und ich sie beispielsweise abfrage. Manchmal hat sie auch Übungen mit mir gemacht. Ich fand die Fragen, die sie mir dann gestellt hat, manchmal ein bisschen eigenartig und ich habe immer auch mal ein wenig gelästert – das war aber scherzhaft gemeint. Auf jeden Fall kann ich nach den drei Jahren, die Tanja sich mit NLP beschäftigt, sagen, dass sich unsere Beziehung dadurch nicht verändert hat. Ich sage immer: „Mach' mal!“ Gleichzeitig möchte ich nicht tiefer in das Thema einsteigen müssen.

12. Wahrnehmung und Reframing: Das Spiel mit neuen Blicken wagen

12.1 Alles klar! Ich weiß, wovon du redest

Alles, was wir wahrnehmen, bekommt seine Bedeutung erst dadurch, dass wir Dingen oder Verhaltensweisen eine Bedeutung geben. Betrachten wir beispielsweise eine Schüssel mit Salat. Was bedeutet der Salat für Sie? Gesundes Essen oder Kaninchenfutter? Eine vollwertige Mahlzeit oder allenfalls eine Beilage? Was dieser Salat für Sie bedeutet, hängt sicher auch von Ihrem Hunger ab und davon, wie lange Sie schon nichts Frisches mehr gegessen haben.

Erinnern Sie sich an die EHEC-Epidemie im Frühsommer 2011? Viele Menschen litten durch diesen Keim an schweren Durchfällen, etliche starben. Zunächst wurden Gurken und Tomaten als Auslöser verdächtigt, schließlich fanden Forscher die Keime in Sprossen. Salat galt plötzlich nicht mehr als gesund, sondern bedeutete Krankheit und Tod. Ähnlich bedrohlich wirkt frischer Salat, wenn er in einem Land serviert wird, das für schlechte hygienische Verhältnisse bekannt ist. Ein und derselbe Salat mit immer anderen Bedeutungen. Durch eine neue Information – wie beispielsweise das Bekanntwerden von EHEC – kann sich die Bedeutung sekundenschnell ändern.

Wenn Dinge und Verhalten also an sich keine Bedeutung haben, sondern sie erst durch uns bekommen, haben wir immer die Möglichkeit, ihnen auch andere Bedeutungen zu geben, sie also in einem anderen Licht oder durch eine andere Brille zu sehen. Im NLP spricht man vom „Frame" – vom Rahmen –, in dem ein Ereignis steht bzw. gesehen wird.

12.1.1 *Anderer Kontext oder andere Bedeutung*

Die Begründer des NLP haben bei erfolgreichen Therapeuten beobachtet, dass diese ihren Klienten neue Sichtweisen zu Ereignissen, Verhalten und Eigenschaften angeboten haben. Der im NLP dafür gängige Ausdruck ist Reframing. Die häufigsten Varianten sind das Bedeutungs- und das Kontextreframing.

Beim Bedeutungsreframing wird dem Gesprächspartner für eine Situation eine andere Bedeutung angeboten. Dabei wird der positive Wert eines Verhaltens herausgestellt. Beim Kontextreframing hingegen wird das Ereignis / Verhalten in einen anderen Kontext gestellt. Dem liegt die Annahme zugrunde, dass jedes Verhalten in einer bestimmten Situation sinnvoll, angemessen oder sogar nützlich ist. So kann es beispielsweise eine gute Idee sein, auf Salat zu verzichten, wenn man durch Indien reist.

12.2 Komisch, irgendwas ist anders …

Reframing ist eine Gratwanderung. Einerseits wollen wir die Gedankenwelt unseres Gesprächspartners ernst nehmen, andererseits möchten wir ihm eine andere Perspektive seiner Erlebnisse anbieten. Gerade Anfänger, die von den Möglichkeiten des Reframings begeistert sind, fokussieren dabei sehr häufig auf das Entwickeln neuer Sichtweisen und vergessen darüber, die Problemsicht des anderen ernst zu nehmen. Wenn Sie also häufiger mal das Gefühl haben, dass Ihr Partner auf Ihre Probleme mit ungewöhnlichen Vorschlägen reagiert oder sich vielleicht sogar lustig zu machen scheint, hat er vermutlich das Reframing in seiner NLP-Ausbildung kennengelernt.

Gut zu erkennen ist es auch daran, dass seine Sätze beginnen mit: „Das könntest du auch ganz anders sehen", „Das kann ja auch bedeuten, dass ..." oder: „Sei doch froh, dass ..."

12.2.1 *Reframing kann auch unsensibel sein*

Hier ein paar Beispiele für – aus unserer Sicht – unsensible Reframings:

„Immer wenn ich Sportschau gucken will, sagst du, dass ich dir im Haushalt helfen soll."
Antwort mit Bedeutungsreframing: „Sei doch froh, dass ich noch so viel mit dir gemeinsam machen will."

„Wenn ich dich mal wirklich brauche, hast du keine Zeit. Du bist ganz schön egoistisch."
Antwort mit Bedeutungsreframing: „Ich sehe das anders: Ich gebe dir die Möglichkeit zu zeigen, dass du deine Probleme selbstständig lösen kannst."

„Ich kann einfach nichts wegschmeißen."
Antwort mit Kontextreframing: „Vielleicht solltest du einen Second-Hand-Laden eröffnen."

„Du bist so ein Erbsenzähler. Das macht mich irre!"
Antwort mit Kontextreframing: „Bei deiner letzten Steuererklärung hat sich aber genau das für dich ausgezahlt."

Reframings dieser Art werden vermutlich zu mehr Distanz zwischen den Partnern führen. Es könnte sich auch das Gefühl breit machen, dass der Partner sich über Ihre Probleme auf eine flapsige Art erhebt. Dabei können Reframings durchaus auch einen witzigen oder überraschenden Charakter haben. Entscheidend ist jedoch die Haltung, mit der ein Reframing angeboten wird. Wer genervt ist und mit einem flotten Spruch ein lästiges Thema beenden will, wird Kopfschütteln oder sogar Missmut ernten.

12.2.2 *Auf Unangebrachtes reagieren*

Wie könnten Sie reagieren, wenn Ihr Partner Ihnen Reframings entgegenbringt, die Sie für unangebracht oder sogar anmaßend halten?

Hier ein paar Vorschläge:

- Kurz und knapp mit: „Aha, ein Reframing!“
- Sie können Ihren Partner auch bitten, weitere Reframings anzubieten, weil das genannte für Sie oder für die Situation nicht passt.
- Die positive Absicht des Reframens würdigen, beispielsweise so: „Es ist nett, dass du dir für mein Problem ein Reframing ausgedacht hast, aber im Moment bräuchte ich eher Verständnis von dir für meine Situation.“
- Oder reframen Sie selbst, vielleicht so: „Wenn ich dich um Coaching gebeten hätte, wäre ein Reframing an dieser Stelle gar nicht schlecht.“
- Nehmen Sie den Ball auf und suchen Sie mit Ihrem Partner zusammen nach weiteren möglichen Reframings.

> „Wir gehen davon aus, dass sich jeder sein eigenes Modell von der Welt macht. So spielt es für uns keine Rolle herauszufinden, wer recht hat oder wie es denn nun angeblich wirklich war. Wir fragen uns eher, wie unsere unterschiedlichen Wahrnehmungen zustande kommen und wie wir und andere die Angelegenheit noch sehen könnten.“ – *Evelyne Maaß, Autorin, Lehr-Coach und NLP-Lehrtrainerin*

Im nächsten Abschnitt erfahren Sie noch mehr darüber, was unsere Wahrnehmung beeinflusst und worauf bei Reframings besonders zu achten ist, damit sie den anderen bereichern und nicht verschrecken und damit er sich für neue Lösungen öffnet.

12.3 Wie geht das denn?

Wie alle haben gelernt, auf eine ganz bestimmte Art zu denken und Erfahrungen zu strukturieren. Erziehung, Sozialisation, persönlicher Zustand und die eigenen Erfahrungen wirken auf uns wie Wahrnehmungsfilter, durch die wir die Welt sehen und ihr eine Bedeutung geben. Viele dieser Faktoren sind wir uns gar nicht (mehr) bewusst und doch beeinflussen sie das Bild, das wir uns von der Welt machen. Dieses individuelle Weltbild wiederum wirkt unbewusst auf die Art und Weise, wie wir unseren Alltag und unsere Arbeit strukturieren, wie wir Geschäfte machen, Mitarbeiter führen, Freundschaften pflegen, Feste feiern oder uns für das Allgemeinwohl engagieren. Unser Weltbild bestimmt und begrenzt unsere Wahrnehmungsfähigkeit.

12.3.1 *Filtern und fokussieren*

Wahrnehmen ist also ein Filterprozess. Wie durch eine Sonnenbrille, mit der wir Lichtstrahlen für uns verträglich und zumutbar machen, filtern wir Informationen, fokussieren auf bestimmte Dinge und kreieren oder konstruieren so unsere eigene Wirklichkeit.

Beispiel:

Seit ich (Christian) mir vor einigen Monaten eine Vespa gekauft habe, sehe ich viel mehr Motorroller in der Stadt als vorher und nehme auch die Vespa-Werbung bewusster als zuvor wahr. Der Kauf des Rollers hat meinen Wahrnehmungsprozess verändert: Ein neuer Filter ist wirksam geworden.

Ähnlich wirken Informationen, die wir über andere Person bekommen. Sie prägen, die Art und Weise, was wir von einer Person wahrnehmen und wie wir diese Wahrnehmung einordnen. Stellen Sie sich doch mal vor, Sie würden zufällig erfahren, dass ein Kollege, den Sie bisher überhaupt nicht mochten, das gleiche Hobby hat wie Sie. Was würde das in Ihrer Wahrnehmung ändern?

Leider funktionieren negative Wahrnehmungsfilter in der gleichen Art und Weise. Wenn Sie beispielsweise über einen neuen Lehrer Ihres Kindes schon gehört haben, dass dieser unfreundlich und ungerecht sei und darüber hinaus das Arbeiten wohl nicht erfunden habe, werden Sie beim ersten Elternabend vermutlich besonders auf Hinweise achten, die diese Aussagen bestätigen.

> „Im Laufe der NLP-Weiterbildungen hat sich mein soziales Umfeld verkleinert. Leute, die mir ständig Vorwürfe machen oder schlecht über andere reden, treffe ich heute so selten wie möglich. Ich habe einfach keine Lust mehr auf diese negativen Wahrnehmungsfilter."
> – *Rita B., Trainerin*

12.3.2 *Durch verschiedene Brillen schauen*

Vielleicht haben Sie Lust zu einem gedanklichen Experiment: Stellen Sie sich doch mal einen Klassenraum vor. Vermutlich sehen Sie Tische und Bänke, einen Lehrertisch und eine Tafel.

Worauf würde sich Ihr Blick richten, wenn Sie Sicherheitsbeauftragter der Schule wären? Auf den baulichen Zustand? Auf Stolperfallen? Auf scharfe Kanten? Auf den Zustand des Feuerlöschers?

Wenn Sie sich nun in die Position des Lehrers versetzen: Was nehmen Sie wahr? Die Akustik? Das Vorhanden-Sein von Kreide? Die Tischordnung?

Und wie sähe der Raum aus, wenn Sie ihn putzen müssten? Vielleicht würden Ihnen dann als Erstes die beschmierten Tische auffallen und die Ecken, in die man so schlecht mit dem Besen kommt.

Welche Bedeutung wir einer Information, einem Ereignis oder einem Verhalten geben, hängt also davon ab, wie wir die Wirklichkeit erfassen und interpretieren oder umgangssprachlich: durch welche Brille wir schauen. Wenn Sie uns in diesem Punkt folgen, dann können Sie vielleicht auch dem nächsten Satz zustimmen: Wenn wir den Dingen ihre Bedeutung geben, dann ist es doch sinnvoll, sich für eine Bedeutung zu entscheiden, die guttut, nützlich und hilfreich ist.

Um gleich einem Missverständnis vorzugreifen: Das bedeutet nicht, alles negativ Empfundene durch eine rosarote Brille zu betrachten, sodass es krampfhaft gut und positiv wird. Mit einem bloßen Umdeuten lösen sich Probleme auch nicht von selbst. Im Gegenteil: Probleme zu ignorieren kann gefährlich sein. Vielmehr geht es darum, zu prüfen, ob das Problem nicht in erster Linie in der Bedeutung liegt, die wir einer Angelegenheit geben, und ob vielleicht auch andere Bewertungen möglich sind.

Mit der Methode des Reframing können wir Ereignisse und Verhalten „umdeuten" und so unterschiedliche Sichtweisen zulassen. Reframing kann helfen, Probleme, Konflikte und störendes Verhalten so zu betrachten, dass wir leichter Lösungsmöglichkeiten finden und es trägt dazu bei, neue Sichtweisen zuzulassen und andere Reaktionen zu ermöglichen. Dazu bieten sich sowohl das Bedeutungs- wie auch das Kontextreframing an.

12.3.3 Bedeutungsreframing

Das Bedeutungsreframing kann hilfreich sein, wenn jemand darüber klagt, dass er auf ein bestimmtes Ereignis immer auf eine Art und Weise reagiert, die er als unangemessen oder hinderlich empfindet.

Beispiel:

„Wenn mein Freund mich einen Tag lang nicht anruft, werde ich wütend."

In dieser Formulierung folgt „wütend werden" zwangsläufig auf das Nicht-Anrufen. Es wird ein kausaler Zusammenhang unterstellt, der eine andere Reaktion als die genannte unmöglich macht. Der Sprecher übersieht, dass es die Bedeutung ist, die er dem Nicht-Anrufen gibt, die ihn wütend macht. Möglicherweise fühlt er sich ungeliebt oder vernachlässigt.

Für ein Bedeutungsreframing fragen Sie sich, was das Nicht-Anrufen noch bedeuten könnte.

Beispiel:

„Dein Freund scheint ein sehr selbstbestimmter Mensch zu sein. Dann kannst du davon ausgehen, dass er dich aus freien Stücken anrufen möchte und dies dann auch gerne macht.“

Um die Bedeutung einer Aussage umzudeuten, können Sie sich selbst die folgenden Fragen stellen, um dann eine entsprechende Erwiderung zu formulieren:

- „Was könnte das Gesagte noch bedeuten?“
- „Welche positiven Aspekte hat die Situation?“
- „Wie könnte ich die Situation noch beschreiben?“

Wenn der Gesprächspartner die Umdeutung akzeptiert, wird er anders auf die Situation reagieren.

Auch in Alltagssituationen können Sie bei einem spielerischen Umgang mit Reframing ihre Gesprächspartner überraschen. Denn das Umdeuten von Äußerungen anderer ist oft auch ein Beweis für Schlagfertigkeit und Wortwitz.

Beispiel:

Auf die Aussage: „Ich bin erst ein paar Tage in der Stadt und fühle mich etwas verloren“ könnten Sie beispielsweise erwidern: „Das ist doch toll, dann kannst du die Stadt für dich entdecken und mit ganz anderen Augen sehen als wir, die wir schon so lange hier wohnen.“

Auch in diesem Beispiel wird der Inhalt der Situation nicht verändert (hier: neu in Berlin sein und sich nicht auskennen), aber er bekommt eine neue Bedeutung. Das wiederum eröffnet dem anderen die Chance, mit der Situation anders umzugehen.

Bedeutungsreframings können auch eine Art sein, auf unangebrachte Vorwürfe und Angriffe in Gesprächen zu reagieren.

Beispiel 1:

„Herrje, bist du naiv!“
„Naiv würde ich das nicht nennen, sondern unvoreingenommen.“

Hier wird das Naiv-Sein in Unvoreingenommenheit umgedeutet.

Beispiel 2:

„Warum regst du dich nur immer so schrecklich auf?“
„Das Engagement für unsere Sache ist bei mir eben nicht auf der Strecke geblieben.“

In dieser Antwort wird das Sich-Aufregen als Engagement gewertet.

12.3.4 *Kontextreframing*

Neben dem Bedeutungsreframing spielt in NLP-Ausbildungen vor allem das sogenannte Kontextreframing eine große Rolle. Dabei wird nicht die Bedeutung einer Situation umgedeutet, sondern das Verhalten des Gesprächspartners in einen anderen Zusammenhang gestellt. Die Kunst des Kontextreframings ist es, zu verdeutlichen, dass das in einem bestimmten Kontext als problematisch empfundene Verhalten in einer anderen Lebenssituation durchaus angemessen und förderlich sein kann, nach dem Motto: „anderer Zusammenhang – anderer Sinn“. Dabei gehen NLPler davon aus, dass jedes Verhalten in irgendeiner Situation sinnvoll ist und jeder Zustand nützlich sein kann.

> „Geizhälse: die Plage ihrer Zeitgenossen, aber das Entzücken ihrer Erben.“ – *Theodor Fontane*

Beispiel:

Wenn Sie vor Gericht als Zeuge Tatsachen behaupten, die frei erfunden sind, machen Sie sich strafbar. Wenn Sie aber diese Tatsachenbehauptungen als Autor für einen Kriminalroman verwenden und ihre Fantasie nutzen, kann ein Bestseller daraus werden.

Das Kontextreframing können Sie beispielsweise dann anwenden, wenn Ihr Gesprächspartner Aussagen wie: „Ich bin zu ... (dick, stur, langsam)“ oder: „Ich bin nicht ... genug“ macht. Bevor Sie diese Aussagen umdeuten, fragen Sie sich selber: „Wann oder in welcher Situation bzw. in welchem Kontext wäre das genannte Verhalten oder der beklagte Zustand nützlich?“

Beispiel:

„Ich bin zu nachgiebig."
Erwiderung mit Kontextreframing: „Nachgiebigkeit kann sich auszahlen, wenn du in einer rechtlichen Auseinandersetzung keine Chance siehst, diese zu gewinnen, und deshalb nachgibst, statt den Anwälten das Geld hinterherzuschmeißen."

12.3.5 *Erfolgsfaktoren beim Reframing*

Reframings können die Sicht des Gesprächspartners auf ein Problem erweitern, aber nur, wenn dabei die folgenden Punkte beachtet werden:

- Sie müssen in einem guten Rapport mit dem Gesprächspartner sein.
- Der Gesprächspartner muss sich mit seinem Problem ernst genommen fühlen.
- Die Umdeutung muss zu der Lebenswirklichkeit des anderen passen.
- Das Reframing muss im Interesse der anderen sein und nicht im eigenen.
- Sie sollten auf keinen Fall mit einem „Aber" beginnen.

Gut gemachte und wirkungsvolle Reframings im Coaching oder in der Therapie bestehen deshalb selten nur aus einem Satz – so wie in den Beispielen –, sondern sie sind eine vorsichtige und einfühlsame Hinführung zu anderen möglichen Bedeutungen und Kontexten.

12.4 Feuer gefangen, Blut geleckt

Reframing gibt es nicht nur im NLP. Die meisten Witze und Komödien, aber beispielsweise auch Krimis basieren darauf, dass sich plötzlich der Rahmen, in dem ein Geschehnis gezeigt wird, ändert. Diese Form von Inszenierungen spielt damit, den Zuschauer oder Zuhörer auf eine falsche Fährte zu schicken. Er wird in eine konstruierte Wirklichkeit gelockt, um diese mit einem Satz auf den Kopf zu stellen.

Beispiel 1:

Auf der Party vermisst die Dame des Hauses plötzlich ihre Tochter. Sie findet die 15-Jährige im Wintergarten auf dem Schoß eines jungen Mannes. „Sofort stehst du auf!", ruft sie entrüstet. „Nein", antwortet die Kleine trotzig, „Ich war zuerst da, Mama!"

Beispiel 2:

Ein kleiner Mann sitzt traurig in der Kneipe – vor sich ein Bier ... Da kommt ein richtiger Kerl, haut dem Kleinen auf die Schulter und trinkt dessen Bier aus. Der Kleine fängt an zu weinen.
Der Große: „Nu hab' dich nicht so, du Weichei! Flennen wegen eines Biers!"
Der Kleine: „Na, dann pass mal auf: Heute früh hat mich meine Frau verlassen. Danach habe ich meinen Job verloren! Ich wollte nicht mehr leben, legte mich aufs Gleis ... Umleitung! Wollte mich aufhängen ... Strick gerissen! Wollte mich erschießen ... Revolver klemmt!
Und nun kaufe ich vom letzten Geld mir ein Bier, kippe Gift rein und du säufst es mir weg ...!"

12.4.1 Witz und Spannung durch neue Rahmen

In anderen Fällen entsteht die Spannung oder der Witz für den Zuschauer dadurch, dass er beobachten kann, wie die Protagonisten sich in einem Rahmen bewegen – ohne zu ahnen, dass dieser sich in Kürze gravierend ändern wird. Ein Beispiel dafür ist „Verstehen Sie Spaß?" Die Opfer werden in Situationen gebracht, die für sie unangenehm oder unerklärlich sind: Menschen verschwinden in einem Kopierer, ein Elefant läuft durch einen Porzellanladen, eine Wachsfigur wird plötzlich lebendig und so weiter. Was der Zuschauer schon lange weiß, wird für das „Opfer" erst ersichtlich, wenn der Moderator erscheint und die Situation auflöst. Die meisten können dann auch lachen, die Anspannung fällt ab, weil der Rahmen, in dem sie das Geschehene nun betrachten können, ein anderer ist.

12.4.2 Sind die denn total „verrückt"?

Auch ohne die Hilfe von Dramaturgen und Regisseuren können wir Reframing im Alltag beobachten. Wer in Barcelona in der Nähe der Ramblas (Hauptstraße mit einem breiten Mittelstreifen, die zum Meer führt) in einen Supermarkt geht, kann dort auf Menschen treffen, die von oben bis unten mit Gold bemalt sind oder aussehen, als arbeiteten sie in einer Geisterbahn. „Total verrückt müssen die sein", ist vielleicht ihr erster Gedanke, denn Karneval ist seit Monaten vorüber. Wenn Sie dann aber die Ramblas Richtung Meer laufen, sehen Sie die Gestalten aus dem Supermarkt plötzlich in einem anderen Licht: Viele von ihnen stehen dort wie Statuen und hoffen auf die Großzügigkeit der Touristen. Der Rahmen, in dem Sie diese Kleindarsteller wahrnehmen, hat sich geändert. Sie sind wohl doch nicht verrückt, nur der Rahmen, in dem Sie sie in dem Supermarkt gesehen haben, ist „verrückt".

Ein anderes Beispiel: Sie begegnen jemandem auf der Straße, der mit sich selbst zu sprechen scheint und dabei wild gestikuliert. „Redet der mit Geistern?", fragen Sie sich vielleicht und bleiben lieber auf Abstand. Einen Augenblick später wissen Sie, dass der „merkwürdige" Mensch keine Stimmen aus dem All hört, sondern mit seiner Partnerin über ein Headphone telefoniert.

12.5 Interview

12.5.1 *„Es sind immer eigene Interessen dabei"*

Matthias M., Change-Consultant und Coach

Schon seit meiner Teenagerzeit interessiere ich mich für soziale und psychologische Themen. Nach meiner Coach-Weiterbildung hatte ich das Bedürfnis, noch mehr über Kommunikation zu lernen und habe mich deshalb zum NLP-Practitioner angemeldet. Als ich das meiner Frau erzählte, reagierte sie erst einmal abwartend und skeptisch. Sie fand, dass „neuro-linguistisch" sehr wissenschaftlich und „programmieren" ganz schön technisch klänge. Ich habe dann versucht ihr zu erklären, dass es um Kommunikation und das Erreichen von Zielen geht.

Wir haben viel über die Themen der Weiterbildung gesprochen. Meistens war sie sehr daran interessiert und hat auch nachgefragt. Als Lehrerin hat sie auch immer wieder Anknüpfungspunkte für ihre eigene Arbeit gefunden. Sie könnte sich sogar vorstellen, selbst eine NLP-Weiterbildung zu machen, was mich sehr freuen würde.

Einmal habe ich eine Fantasiereise mit meiner Frau gemacht, aber es war schwierig für mich, sie zu führen. Wir haben das dann auch nicht wiederholt. Überhaupt habe ich schnell bemerkt, dass ich keine NLP-Formate mit ihr machen kann und will, weil ich bei allem natürlich auch immer ein eigenes Interesse habe und mich selber als Partner gut darstellen will. Hin und wieder habe ich ihr ein Reframing für Situationen angeboten, die sie als problematisch erlebt hat. Ich habe es immer so verpackt, dass es nicht nach NLP klingt, und sie zum Beispiel gefragt, was denn positiv an der kritischen Situation gewesen sein könnte.

In der Weiterbildung war es für mich ein echtes Aha-Erlebnis zu verstehen, dass das Meta- und das Milton-Modell zwei Seiten einer Medaille sind. Es hat mir als Coach mehr Flexibilität bei der Formulierung meiner Fragen gegeben. Ich kann nun abwägen, ob es sinnvoller ist, einen Klienten in eine innere Suchbewegung zu führen oder ihm Fragen zu stellen, die unbewusst getilgte Informationen wieder an die Oberfläche bringen. Ich achte noch mehr auf meine eigenen Formulierungen und ich hinterfrage viele Metamodell-Verletzungen – auch zu Hause. Das hat mir bei meiner Frau schon den Spitznamen „Dr. Deutsch" eingebracht.

Ich glaube, unsere Beziehung hat auch davon profitiert, dass ich viel bewusster auf Körpersprache achte. Subtile Stimmungsschwankungen, die sich in der Haltung, Gestik oder Mimik ausdrücken, nehme ich schneller wahr und ernst. Manchmal achte ich mehr auf die Körpersignale als auf das gesprochene Wort.

13. Strategien: Wenn es so nicht klappt, dann anders

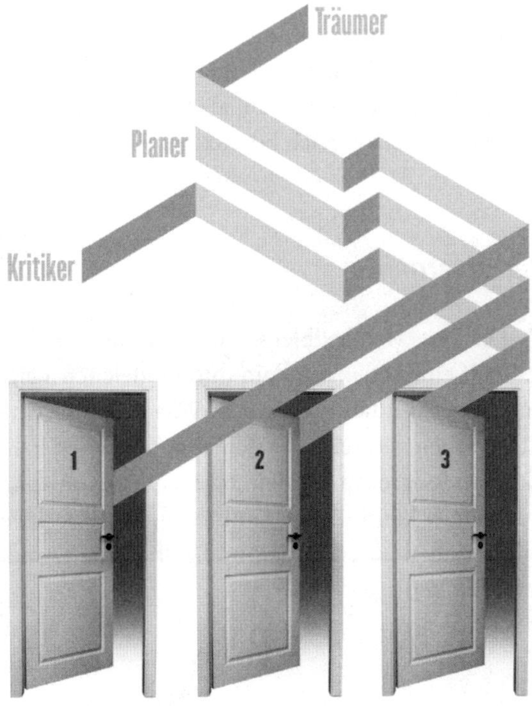

13.1 Alles klar! Ich weiß, wovon du redest

Eine Strategie ist eine Abfolge von Gedanken und Verhalten, mit der Absicht, ein Ziel zu erreichen. NLP beschäftigt sich nicht nur mit dem sichtbaren Verhalten und dem Erstellen von Handlungsplänen, sondern auch mit dem, was sich im Inneren eines Menschen abspielt, beispielsweise bevor er eine Entscheidung trifft. Andere Strategien betreffen das Lernen, die Motivation, die Partnerwahl, die Entspannung, die Kreativität und vieles mehr. Manche der Strategien arbeitet das Gehirn so schnell ab, dass sie gar nicht ins Bewusstsein dringen. Die NLP-Vordenker Bandler und Grinder gehen davon aus, dass dabei innere Bilder, Geräusche und Gefühle in bestimmten Sequenzen ablaufen.

Beispiel:

Henri hat sich vor einem Jahr im Fitness-Studio angemeldet, aber er geht höchstens einmal im Monat zum Sport. Jedes Mal, wenn er es sich vornimmt, stellt er sich vor, wie er stattdessen gemütlich auf dem Sofa liegt, er hört sich selber sagen: „Sport ist Mord." Wenn er nun vor der Entscheidung steht zu gehen oder zu Hause zu bleiben, hat sein Unterbewusstsein sich längst entschieden. Denn es fühlt sich besser für ihn an, in den eigenen vier Wänden zu bleiben, als zum Sport zu gehen. Diese Motivationsstrategie kann als nicht erfolgreich bezeichnet werden.

13.1.1 Von anderen lernen

Ein Ziel des NLP ist es, dass wir flexibler werden und unseren Handlungsspielraum erweitern, um nicht auf einen Reiz mit dem immer gleichen Verhalten zu reagieren, obwohl die gewünschten Resultate ausbleiben. Was eine gute Strategie ist, lässt sich nicht allgemeingültig sagen, sie zeichnet sich aber auf jeden Fall dadurch aus, dass die angestrebten Zustände erreicht werden. NLP geht davon aus, dass jeder Mensch seine Strategien verändern kann. Dafür kann es auch lohnenswert sein, die Strategien erfolgreicher Menschen zu erkunden und selber anzuwenden oder, wie es im NLP-Jargon heißt: zu modellieren.

Beispiel:

Henri könnte sich beispielsweise an Sophia orientieren: Wenn sie sich zum Sport motivieren will, denkt sie daran, wie gut sie danach immer schläft. Sie stellt sich vor, wie sie mit fantastischer Kondition im Sommer durch die Alpen wandert. Manchmal denkt sie noch daran, dass sie einen festen Po bekommen möchte, und dann hält sie nichts mehr zu Hause.

NLPler haben die Strategien einiger sehr erfolgreicher Menschen modelliert und so aufgearbeitet, dass andere davon profitieren können. Beispielsweise die Kreativitätsstrategie von Walt Disney, die Sie im dritten Abschnitt dieses Kapitels kennenlernen.

13.2 Komisch, irgendwas ist anders ...

Strategien kennen Sie sicher aus der Wirtschaft. Jedes große Unternehmen hat Marketing-, Vertriebs- und Personalentwicklungsstrategien. Parteien haben Wahlkampfstrategien und das Militär spricht von Angriffs- und Verteidigungsstrategien. All diese Strategien sind komplex und haben eine große Reichweite. In der Regel sind sie richtungsweisend für viele Mitarbeiter, Mitglieder oder Soldaten.

Da kann es Ihnen schon eigenartig vorkommen, wenn Ihr Partner plötzlich von seiner neuen Aufräumstrategie spricht oder wenn er sagt, eines Ihrer Kinder hätte keine gute Lernstrategie. Vielleicht schütteln Sie auch den Kopf, wenn Sie Sätze hören wie: „Peter scheint eine sehr effektive Flirtstrategie zu haben, jetzt müsste er nur noch daran arbeiten, eine Strategie für langfristige Beziehungen zu entwickeln." Oder: „Wir sollten uns eine neue Strategie zur Wahl unseres Urlaubsortes überlegen. Die letzten Jahre waren wir ja nicht so zufrieden."

13.2.1 *Nicht immer läuft es rund*

Die Begeisterung für Strategien kann auch missionarischen Charakter bekommen, etwa wenn Ihr Partner findet, Sie müssten unbedingt eine Ihrer Strategien ändern, beispielsweise zur Karriereplanung, zur Vorbereitung auf wichtige Gespräche oder im Umgang mit Ihrer Mutter. Hallo! Das sind doch wohl Dinge, die man gerne selbst entscheiden möchte – auch wenn Ihr Partner vielleicht richtig erkannt hat, dass es in den genannten Bereichen wahrlich nicht immer optimal für Sie läuft.

NLPler gehen davon aus, dass effektive Strategien der Schlüssel zum Erfolg sind und dass es möglich ist, von den Strategien erfolgreicher Menschen zu lernen. Deshalb nimmt die Arbeit an Strategien im NLP einen großen Raum ein. Der erste Schritt besteht immer darin, sich der eigenen Strategien bewusst zu werden, um sie dann verändern zu können. Bandler und Grinder haben ein System entwickelt, um Strategien entschlüsseln und aufzeichnen zu können. Das erscheint Laien auf den ersten Blick kryptisch, weshalb wir Ihnen eine Erläuterung hier ersparen möchten.[34]

34 Wer sich mit der Darstellung von Strategien im NLP beschäftigen möchte, findet dazu Hinweise in: Alexa Mohl: „Der große Zauberlehrling", Teil 2, S. 526-533.

13.2.2 Strategien überprüfen

Der Gedanke, Strategien effektiver machen zu können, klingt für viele faszinierend. So kann es auch Ihrem Partner ergehen, der nun Sie damit beglücken möchte. Sie können das zurückweisen oder aber den Input zu dem Thema nutzen, um Ihre eigenen Strategien zu überprüfen, die Sie im Umgang mit Ihrem vom NLP begeisterten Partner entwickelt haben. Wie haben Sie bisher reagiert, wenn Ihnen der Enthusiasmus Ihres Partners zu viel geworden ist oder wenn Sie das Gerede von NLP nicht mehr hören konnten?

Nur mit einem halben Ohr zugehört?

Die Ideen angezweifelt, ohne sie wirklich verstanden zu haben?

Das Gesagte ins Lächerliche gezogen?

Oder haben Sie sich vielleicht vorgestellt, wie lange das noch so weitergehen wird, und dabei ein schlechtes Gefühl bekommen?

13.2.3 Strategische Fragen stellen

Wenn Sie mit dem Ergebnis Ihrer bisherigen Strategie zufrieden sind, bleiben Sie dabei. Wenn nicht, überlegen Sie sich doch mal, wie Sie noch reagieren könnten. Ändern Sie Ihre Strategie. Ein Vorschlag von uns wäre, konkrete Fragen zu stellen.

Zum Beispiel:

„Was meinst du, könnte es mir bringen, mehr über Strategien zu erfahren?"
„Was hätte ich davon, mich mit Strategien zu beschäftigen?
„Was macht das Thema für dich so spannend?"
„Welche deiner Strategien würdest du gerne ändern?"
„Gibt es eine Strategie, die du gerne von mir lernen würdest?"

Fragen haben den Vorteil, dass Sie das Gespräch führen und in einen Dialog mit Ihrem Partner treten, statt etwas übergestülpt zu bekommen. Mit diesen Fragen können Sie Ihrem Partner helfen, das Gelernte in Ihrer beider Alltag zu integrieren. Vermutlich rechnet er nicht mit solchen Fragen und muss nach Antworten suchen. Das Gespräch könnte dadurch eine ganz andere Tiefe bekommen.

Aber das ist nur ein Vorschlag für eine andere Strategie. Bitte übernehmen Sie ihn nur, wenn er zu Ihnen passt. Wenn nicht, probieren Sie eine andere Strategie aus. Sie könnten beispielsweise auch Ihren Partner darauf aufmerksam machen, dass er Sie so nicht erreicht und dass seine Begeisterung bei Ihnen eher das Gegenteil auslöst. Bitten Sie Ihrer Partner doch, sich eine andere Strategie auszudenken, um Ihnen NLP schmackhaft zu machen.

13.3 Wie geht das denn?

13.3.1 *Die Walt-Disney-Strategie*

Eine leicht zu lernende Methode, um kreative Ideen für ein Projekt zu generieren und dann auch zu realisieren, ist die Walt-Disney-Strategie. Sie kann sowohl im privaten als auch im beruflichen Bereich angewendet werden – beispielsweise wenn es darum geht, eine unvergessliche Hochzeitsparty zu veranstalten, eine Firmen-Website neu zu gestalten oder ein Buch zu schreiben.

Robert Dilts hat diese Kreativitätsstrategie entwickelt, nachdem er den genialen Filmproduzenten und Trickfilm-Pionier Walt Disney bei seiner Arbeit beobachtet hatte. Walt Disney hat die Entwicklung von Ideen in drei „Aufgaben“ aufgeteilt und ist dabei jeweils in eine andere Rolle geschlüpft, und zwar in die Rollen

1. des kreativen Träumers oder Visionärs,
2. des realistischen Planers und
3. des konstruktiven Kritikers.

> “There were actually three different Walts: the dreamer, the realist, and the spoiler.”
> – *Robert Dilts*

Um ein Vorhaben zu realisieren, spielten sowohl er als auch seine Mitarbeiter bei der Entwicklung ihrer fast ausnahmslos erfolgreichen Produkte alle drei Rollen mindestens einmal durch. Das ist vor allem wichtig, um diese drei verschiedenen Rollen, die jeder von uns als unterschiedlich stark ausgeprägte Persönlichkeitsanteile in sich trägt, gleichberechtigt zur Geltung zu bringen. Denn in der Regel vermischen wir den Träumer, den Realisten und den Kritiker in uns und laufen so Gefahr, dass beispielsweise der Realist den Träumer ausbremst, bevor dieser richtig loslegt, oder der Kritiker den Realisten niedermacht.

Walt Disney soll sich angeblich für jede dieser drei Rollen in einen eigenen Raum begeben haben und dort seine Mitarbeiter abwechselnd als Träumer, Realist (Planer) und Kritiker herausgefordert haben. Diese Rollen wechselte er so oft, bis der Kritiker in ihm keine Einwände mehr hatte und das Projekt gestartet werden konnte.

Nun brauchen Sie keine drei unterschiedlichen Zimmer, um die Walt-Disney-Strategie alleine, mit Ihrem Partner oder mit Arbeitskollegen auszuprobieren. Es reichen drei verschiedene Plätze (z. B. Stühle oder Tische) in einem Raum, in dem Sie und Ihre Mitstreiter die jeweiligen Positionen als Träumer, Realist und Kritiker einnehmen können.

> "If you can dream it, you can do it!" – *Walt Disney*

Und so können Sie mit der Walt-Disney-Strategie starten: Nennen Sie ein Ziel / ein Projekt, das Sie realisieren möchten, und begeben Sie sich nacheinander in die drei Positionen.

13.3.1.1 Träumen erwünscht

Nehmen Sie im Raum die Position des Träumers ein. Finden Sie eine Situation in der Vergangenheit, in der Sie kreativ und besonders fantasievoll waren. Als Träumer nennen Sie alle Ideen und Visionen, die Ihnen spontan einfallen und die mit dem Ziel zusammenhängen. Je verrückter die Ideen, desto besser. Schreiben Sie Ihre spontanen Ideen am besten auf einen großen Zettel, gucken Sie sich Ihre Ideen genau an und lesen Sie das Geschriebene einmal laut vor. Wählen Sie eine Idee aus, mit der Sie beginnen möchten. Die anderen Ideen können Sie später in weiteren Runden nach dem gleichen Prinzip bearbeiten. – Verlassen Sie dann die Träumer-Position.

13.3.1.2 Realistisch planen

Nehmen Sie nun die Position des Realisten ein. Finden Sie eine Situation in der Vergangenheit, in der Sie erfolgreich geplant haben. Sie können sich Zeit nehmen und in aller Ruhe in Gedanken nach einer solchen Situation suchen. Wenn Sie sich daran erinnern, kommen Sie zurück ins Hier und Jetzt. Überlegen Sie, wie Sie Ihren Traum konkret realisieren können. Fragen Sie möglichst nicht, ob Sie das können, sondern wie. Denn das „Ob" ist die Frage des Kritikers. Der Realist erstellt einen Plan: Sie notieren, wie Sie vorgehen wollen, Sie notieren Termine und notwendige Schritte, überlegen, welche finanziellen Mittel Sie brauchen und welche Ressourcen benötigt werden. Hierfür sollten Sie sich etwas Zeit nehmen. – Verlassen Sie dann auch die Position des Realisten.

13.3.1.3 Konstruktiv kritisieren

Nehmen Sie nun die Position des Kritikers ein. Finden Sie eine Situation in der Vergangenheit, in der Sie bei der Arbeit oder privat konstruktiv Kritik geübt haben. Das heißt: Sie haben die Schwächen eines Vorhabens benannt, aber auch gleich Anregungen gegeben, was anders gemacht werden könnte. Als Kritiker betrachten Sie also den Plan – nicht die Idee. Kritisieren Sie ihn wohlwollend und sagen oder schreiben Sie auf, was der Planer noch bedenken sollte, damit die Umsetzung erfolgreich verläuft.

Wenn Sie alle drei Stationen einmal durchlaufen haben, beginnen Sie wieder mit dem Träumer. Wie gehen Sie in dieser Position mit den Einwänden des Kritikers um? Unter dem Eindruck der Vorschläge des Kritikers träumen Sie wieder von dem Projekt und formulieren weitere kreative Ideen, die zu Ihrer Idee und den Einwänden des Kritikers passen.

Gehen Sie dann weiter zum Realisten und schließlich wieder zum Kritiker. Am besten wiederholen Sie diesen Prozess so lange, bis Ihr Plan so gut ist, dass der Kritiker keinen Einwand mehr hat.

> „Für die Entwicklung unseres gemeinsamen Projekts, die Gründung einer Lebensschule, haben meine Partner und ich die Walt-Disney-Strategie genutzt. Wir haben uns gegenseitig die Fragen gestellt und abwechselnd geführt. Das ging gut, war sehr effektiv, aber auch anstrengend." – *Freddie S., Diplom-Marketingwirt und Sexworker*

Mit diesem Vorgehen bieten wir Ihnen eine Basisanleitung für die Walt-Disney-Strategie an. In NLP-Ausbildungen wird die Methode unterschiedlich aufwendig gelehrt – einige Trainer raten dazu, zusätzlich zum Träumer, Realisten und Kritiker auch den „neutralen" Beobachter nach jeder Runde zu Wort kommen zu lassen. Er soll von außen betrachten, ob die drei Akteure gleichberechtigt zum Zuge kommen und was sie eventuell noch bräuchten, um das Projekt oder die Idee voranzutreiben. Unser Tipp: Fragen Sie Ihren Partner, wie er die Walt-Disney-Strategie gelernt hat, oder geben Sie in einer Internet-Suchmaschine einfach mal den Begriff „Walt-Disney-Strategie" ein. Dann können Sie wählen, welche Variante für Sie am einfachsten und effektivsten umzusetzen ist.

13.4 Feuer gefangen, Blut geleckt

13.4.1 Entwicklung des Strategiekonzepts

Um zu verstehen, wie die NLP-Vordenker zu ihrem Strategiekonzept gekommen sind, beschäftigen wir uns kurz mit zwei Modellen zum Thema Verhalten und Lernen: mit dem Reiz-Reaktionsmodell und mit dem TOTE-Modell. Das Erste baut unter anderem auf den Erkenntnissen des Verhaltensforschers Pawlow auf. Wie die meisten von uns im Biologieunterricht in der Schule gelernt haben, beobachtete Pawlow, dass die Hunde in seinem Experiment auf einen Reiz reagieren. Den Hunden wurde mit Glockengebimmel angekündigt, dass sie etwas zu fressen bekommen. Nach kurzer Zeit setzte bei den Tieren immer dann Speichelfluss ein, wenn sie die Glocke hörten – selbst dann, wenn ihnen kein Fressen angeboten wurde. Die kognitiven Psychologen Miller, Galanter und Pribram haben auf Grundlage dieses Reiz-Reaktionsmodells von Pawlow das sogenannte TOTE-Modell entwickelt, mit dem sie der menschlichen Fähigkeit zu lernen gerecht werden. Es ist eine Grundstruktur für innerlich ablaufende Strategien und für Lernprozesse. TOTE steht als Abkürzung für die Begriffe:

Test (Vergleich des gegenwärtigen Zustands mit dem gewünschten Zustand)
Operation (Handeln)
Test (Vergleich des nunmehr veränderten Zustands mit dem gewünschten Zustand)
Exit (Ende) oder Beginn wieder bei Test

Ausgangspunkte sind ein Ist-Zustand und ein bestimmter Wunsch-Zustand. Oft unbewusst vergleichen wir den Ist- mit dem Wunsch-Zustand. Stellen wir fest, dass die beiden Zustände nicht übereinstimmen, dass das Ziel also nicht erreicht ist, beginnen wir zu handeln (Operate). Als Nächstes vergleichen wir das Ergebnis unserer Handlung erneut mit dem erwünschten Zustand (Test). Ist das Ziel erreicht, beenden wir die Strategie (Exit). Sind wir mit dem Ergebnis noch nicht zufrieden, handeln und testen wir erneut, bis das Ziel erreicht ist.

13.4.2 Loriots Ordnungsstrategie

Das möchten wir am Beispiel von Loriots Sketch „Das Bild hängt schief" verdeutlichen: Loriot sitzt in einem Wartezimmer. Ihm fällt ein schief an der Wand hängendes Bild auf. Das entspricht offensichtlich nicht dem, wie er sich ein gut an der Wand hängendes Bild vorstellt (Test). Deshalb beginnt er, den Bilderrahmen hin und her zu rücken (Operate). Wäre ihm das sofort gelungen, hätte er sein Ziel erreicht und könnte seine Strategie beenden (Exit). Da Loriot beim Versuch des Zurechtrückens des Bildes ein anderes Gemälde beschädigt, leitet er (völlig erfolglos) eine neue Operate-Phase ein.

Dann vergleicht er erneut das Ergebnis seines Handelns mit dem erwünschten Zustand und scheitert wieder mit seiner Strategie. Das alles läuft sekundenschnell ab und löst eine Handlungssequenz nach der anderen aus. Als das ganze Zimmer ein einziger Scherbenhaufen ist, ändert er seine Strategie: Er teilt dem Hausmädchen mit, dass das Bild schief hängt. Ob diese Strategie erfolgreicher ist, erfährt der Zuschauer nicht mehr, denn hier endet der Sketch.

13.4.3 *Innere Prozesse lösen Handlungen aus*

Bandler und Grinder haben auf Grundlage des TOTE-Modells ihr eigenes Strategiemodell entwickelt. Denn was die beiden besonders interessiert hat, sind die blitzschnellen, inneren Prozesse in der Testphase, die eine Handlung auslösen. Beides kann mit dem TOTE-Modell nicht ausreichend beschrieben werden. Für die beiden war es wichtig, die Strategien bis in die kleinsten inneren Mikroprozesse zu zerlegen, um sie für andere nachvollzieh- und damit erlernbar zu machen. Wie in dem Kapitel über die Geschichte des NLP dargelegt, sind Bandler und Grinder zu erfolgreichen Kommunikatoren und Therapeuten gereist, haben sie bei ihrer Arbeit beobachtet und ihr Vorgehen analysiert und dokumentiert. Dabei wurde klar, dass es nicht ausreicht, nur das Verhalten zu beschreiben, sondern dass es wichtig ist, auch zu erkunden, welche inneren Denkprozesse letztendlich eine Handlung auslösen – immer mit der Idee, dass andere Menschen diese Strategien übernehmen können.

Bandler und Grinder gehen davon aus, dass wir während der Testphase Sinneseindrücke von außen aufnehmen. In der Folge laufen dann innere Bilder, Geräusche und Gefühle in einer bestimmten Reihenfolge ab. Bandler und Grinder haben also die bestehenden Strategiemodelle um die inneren Repräsentationen angereichert.

13.4.4 *Die Rechtschreibstrategie*

Ein gutes Beispiel, welches das um die Repräsentationssysteme erweiterte TOTE-Modell beschreibt, ist eine von dem amerikanischen NLP-Vordenker Robert Dilts beschriebene visuelle Rechtschreib-Strategie, nach der viele „gute" Schüler beispielsweise bei Diktaten unbewusst vorgehen:

1. Test / Auslöser: Eine Person hört ein Wort (auditiver externer Reiz).
2. Operate / Handeln: Die Person konstruiert daraus ein visuelles Bild des Wortes.
3. Test / Vergleichen: Die Person vergleicht dieses Bild mit der Erinnerung an das Bild eines Wortes, das sie schon einmal irgendwo gelesen hat (visuell konstruiert / visuell erinnert) und entwickelt zu diesen beiden Bildern ein Gefühl (kinästhetisch).

4. Fällt der Test negativ aus, hat die Person also das Gefühl, dass das Wort so nicht geschrieben wird, beginnt der Prozess von vorne (ein anderes visuelles Bild wird konstruiert). Fällt der Test positiv aus, schreibt die Person das Wort auf.
5. Exit / Ergebnis: Damit steigt die Person aus der Strategie aus.

Dilts geht danach davon aus, dass dieses visuelle Vorgehen hilft, die Wörter so zu schreiben, wie es üblicherweise getan wird. Ahnen Sie, welche Folgen es für junge Schüler haben kann, wenn die Werbung vermeintlich lustige Schreibweisen wie „Fairständnis" benutzt?

Wissenschaftler haben Dilts These inzwischen bestätigt. So hat die Psychologische Fakultät der Universität Utah die empirische Effizienz der Strategie überprüft[35]. Danach konnten durchschnittliche „Rechtschreiber" ihre Leistungen mit der visuellen Orthografiestrategie nach Dilts um 20 bis 25 Prozent verbessern und sich die neu gelernten Regeln auch dauerhaft merken. In der anderen Kontrollgruppe, die eine auditive Schreib-Lernstrategie anwandte, konnte sich nur jeder Siebte über eine Steigerung seiner Rechtschreibleistung freuen.

Inzwischen nutzen auch viele Lerntherapeuten die NLP-Rechtschreibstrategie bei der Arbeit mit Kindern und Jugendlichen, die unter einer Lese-Rechtschreib-Schwäche (Legasthenie) leiden.

13.5 Interview

13.5.1 *„Neue Strategie: NLP bei einem Glas Wein"*

Thomas W., Coach, und Frank, Lehrer

Thomas hat vor über 20 Jahren mit NLP begonnen und ist inzwischen NLP-Trainer, Coach und Unternehmensberater. Er lebt zusammen mit seinem Mann, Frank, der Lehrer ist.

THOMAS: Ich bin bereits Anfang der 1990er-Jahre zum NLP gekommen, nachdem ich mehrere psychologische Fortbildungen, unter anderem im Bereich Körper-Psychotherapie gemacht hatte. Nach meinem BWL-Studium bin ich dann relativ schnell Abteilungsleiter in einer Bank geworden und habe festgestellt, dass die Kommunikation zwischen meinen Mitarbeiterinnen nicht klappte.
Mit NLP ging es viel besser. Das hat mich so begeistert, dass ich Frank mit Enthusiasmus davon erzählte. Ich wollte ihm die Angst vor dem Unbekannten nehmen und habe

35 Vgl. Schick, Klaus H.: „NLP & Rechtschreibtherapie – Praxishilfen für Unterricht und Therapie".

ihn bei meiner Ausbildung zum NLP-Practitioner eingeladen, abends dabei zu sein und die Leute kennenzulernen, mit denen ich so intensiv gearbeitet hatte.

FRANK: Schon alleine der Name „NLP“ hat mich abgeschreckt. Das klang für mich nach „Umprogrammieren“ und damit nach „Gehirnwäsche“. Ich bin eher ein körperbezogener Mensch und NLP schien mir einfach zu verkopft.

Ich habe mir das dann erst einmal alles angeguckt, aber die Veränderungen, die ich bei Thomas wahrgenommen habe, waren mir anfangs ziemlich suspekt. Manchmal habe ich mich auch manipuliert und wie ein Versuchskaninchen gefühlt. Thomas hat plötzlich so komisch geredet und so merkwürdige Fragen gestellt. Manchmal ist es zu kleineren Auseinandersetzungen zwischen uns gekommen, besonders wenn er mich immer wieder auf meine – seiner Meinung nach veränderungsbedürftigen – Kommunikationsmuster aufmerksam machte.

THOMAS: Ich habe mich damals vor allem an den Metamodell-Verletzungen bei Frank hochgezogen, da er oft Redewendungen wie „immer, nie, keiner“ verwendet hat. Für mich war das eine Herausforderung, einen Lebenspartner zu haben, der in fast jedem zweiten Satz diese Generalisierungen benutzt hat.

FRANK: Ich habe mich angegriffen gefühlt und hätte mir mehr Verständnis und etwas freundlichere Hinweise auf meine angeblich unachtsame Sprache gewünscht. Ich habe dann immer zwischen Rückzug und Diskussionsbereitschaft geschwankt. Letztendlich haben wir dann immer über alles gesprochen.

THOMAS: Ich habe meine Strategie dann natürlich geändert, weil ich bei Frank – aus heutiger Sicht völlig verständlich – auf Granit gestoßen bin. Wenn ich ihm dann etwas von NLP näherbringen wollte, habe ich das ganz entspannt bei einem Glas Wein nebenbei einfließen lassen. Das Eis war endgültig gebrochen, als ich ihm Jahre später während meiner Trainerausbildung von den LAB-Profilen erzählt habe. Plötzlich hat sich Frank neugierig und ernsthaft interessiert gezeigt. Die Ausbildungsinhalte habe ich trotzdem immer in meinen Arbeitsgruppen mit den anderen Teilnehmern geübt und besprochen.

FRANK: Diese Arbeitsgruppen habe ich als Entlastung empfunden, auch wenn mich hin und wieder ein ungutes Gefühl überkam. Der Gedanke, dass Thomas den anderen vielleicht auch etwas über unsere Beziehung erzählen könnte, beunruhigte mich manchmal. Ich fühlte mich ein wenig ausgeschlossen. Irgendwann hat es sich aber dann doch ergeben, dass ein Peer-Group-Mitglied nicht konnte und ich seitdem an den Treffen teilnehme. Das klappt sehr gut, da es bei den jetzigen Treffen eher um Coaching-Themen geht, die nicht aufs NLP beschränkt sind. Ich bringe dort beispielsweise meine Erfahrungen aus der Arbeit mit der Alexander-Technik[36] ein. Inzwischen erlebe ich auch den Wert des NLP für eine gelungene Kommunikation – auch in unserer Beziehung – und sehe, wie ich anderen Menschen durch gute Fragen einen Perspektivwechsel erleichtern kann.

---

36 Die Alexander-Technik basiert auf der Überzeugung des Schauspielers Frederick M. Alexander (1869–1955), dass der Mensch ein Organismus ist, in dem alle geistigen, seelischen und körperlichen Prozesse untrennbar miteinander verbunden sind. Dem folgend verbindet er in seiner Methode mentale und körperliche Übungen, u.a. zum Stressabbau.

Thomas: Ich finde es sehr gut, dass Frank jetzt in diesen Sechser-Runden dabei ist – zumal unsere Treffen sich ja nicht auf das gegenseitige Coachen beschränken. Wir sprechen auch über private Dinge, essen und trinken zusammen. Frank bringt durch seine Erfahrung mit anderen Methoden etwas Neues in die Gruppe ein und erinnert uns daran, dass es nicht die *eine richtige Schule* gibt.

Wir sind ja auch deshalb nach über 20 Jahren noch zusammen, weil wir uns beide immer weiterentwickeln, und das jeder auf seine eigene Art. Dabei begegnen wir uns immer wieder neu. NLP hat auf jeden Fall auch mit dazu beigetragen, dass ich nicht mehr versuche, Frank missionarisch von etwas zu überzeugen.

14. Teilearbeit: Sind wir nicht alle mehr als nur einer?

14.1 Alles klar! Ich weiß, wovon du redest

Das NLP-Teilemodell geht wie einige andere Kommunikationsmodelle[37] davon aus, dass wir mehrere Persönlichkeitsanteile in uns haben, die mal stärker mal schwächer in Erscheinung treten. Einige von ihnen sind uns bewusst, andere bleiben eher unbewusst, aber auch sie beeinflussen unser Verhalten. Umgekehrt macht für NLPler eine Verhaltensweise nicht die Person aus. Während wir beispielsweise umgangssprachlich von einer geizigen Person sprechen, würden NLPler sagen, dass diese Person einen Anteil hat, der dafür sorgt, nicht mehr Geld als unbedingt nötig auszugeben.

37 Beispielsweise: Friedemann Schulz von Thun, „Miteinander reden 3", das „Innere Team" und „Situationsgerechte Kommunikation".

Denn eine weitere Annahme im NLP ist, dass jeder dieser Persönlichkeitsteile positive Absichten hat, auch wenn wir die Symptome oft als hinderlich wahrnehmen.

Beispiel:

Ein Angestellter nimmt sich vor, nach zehn Jahren seinen Arbeitgeber zu wechseln, um beruflich aufzusteigen. Doch immer dann, wenn er ein passendes Jobangebot findet, hält ihn etwas davon ab, sich zu bewerben. Offensichtlich gibt es einen Persönlichkeitsteil, der für Stabilität, Ruhe oder Kontinuität und Sicherheit sorgen will.

Bei der Teilearbeit im NLP geht es deshalb auch darum, die positive Absicht des Teils, der das unerwünschte Verhalten oder das störende Symptom hervorbringt, zu ermitteln und zu würdigen. Dann wird nach Verhaltensalternativen gesucht, die den gleichen positiven Effekt haben.

Zwei Methoden, die mit der Idee der Teile arbeiten, stellen wir Ihnen im dritten Abschnitt dieses Kapitels vor: „Six-Step-Reframing“ und „Innere Konfliktpartner verhandeln lassen“.

14.2 Komisch, irgendwas ist anders ...

Die Vorstellung, dass wir mehrere Persönlichkeitsanteile haben, mutet auf den ersten Blick recht esoterisch an. Manche halten diese Idee für absurd oder verrückt. Der Gedanke, eine Person mit Teilpersönlichkeiten zu sein, kann auch verunsichern oder an das Krankheitsbild der multiplen Persönlichkeitsstörung erinnern.

Im NLP beschreibt das System der Persönlichkeitsanteile aber keine krankhafte Erscheinung, sondern es dient als gedankliches Konstrukt, um bestimmten Verhaltensweisen auf die Spur zu kommen. Wenn man sich – wie in den NLP-Ausbildungen üblich – eine Weile damit beschäftigt, erscheint das Modell in sich schlüssig und vor allem praktikabel. Aber wie gesagt: Es ist nur ein Modell, es hat nicht den Anspruch, die Wirklichkeit in irgendeiner Art und Weise abzubilden, und Sie müssen dem nicht folgen.

14.2.1 *Facetten der Persönlichkeit*

Abhängig davon, wie offen Sie für diese Vorstellungen sind, werden Sie vermutlich reagieren, wenn Ihr Partner so etwas sagt wie: „Also, ein Teil in mir ist damit noch nicht einverstanden." Oder wenn er Sie fragt: „Welcher Teil in dir ist denn dafür verantwortlich, dass du immer wieder XY machst?"

Hoppla! So ohne Einleitung und Erläuterung stößt einen das natürlich vor den Kopf und es wäre nicht verwunderlich, wenn Sie leise oder laut sagen: „Jetzt spinnst du wohl komplett." Das wäre vermutlich das Ende der Unterhaltung über Persönlichkeit in ihren verschiedenen Facetten.

Sie könnten aber auch erst mal fragen, was mit „Teilen" überhaupt gemeint ist. Je nachdem wie stark Ihr Partner das Teile-Konzept bereits verinnerlicht hat, wird er nach Worten suchen, um Ihnen zu erklären, was die NLP-Gründer sich dabei gedacht haben. Im Eifer der Begeisterung für die Teile-Arbeit kann es auch passieren, dass er mit inbrünstiger Überzeugung behauptet: „Jeder hat mehrere Persönlichkeitsanteile in sich und jeder einzelne davon will etwas Positives für dich."

Auch in diesem Punkt gibt es keine Wahrheit, die für alle gilt. Daran können Sie Ihren Partner ruhig immer mal wieder erinnern. Ein: „So ist es!" ist hier – wie meistens im Leben – nicht angebracht. Vielmehr geht es um die philosophische Frage: „Wer bin ich?" Es geht um Fantasie und Glaubenssätze. Schließlich können weder Hirnforscher noch Psychologen genau und unwiderlegbar sagen, was das „Ich" ausmacht.

14.2.2 *Persönlichkeitsmodelle diskutieren*

Aber wenn Sie schon mal dabei sind, mit Ihrem Partner über verschiedene Persönlichkeitsmodelle zu diskutieren, nutzen Sie doch die Gelegenheit, voneinander mehr darüber zu erfahren. Sie könnten sich gegenseitig fragen:

- Was glaubst du, macht eine Persönlichkeit aus?
- Gibt es manchmal etwas in dir, mit dem du dich nicht so recht anfreunden magst?
- Was macht deine Stärke aus?
- Welche Facetten meiner Persönlichkeit magst du besonders?
- Wie gehst du eigentlich damit um, wenn du „zwei Seelen in deiner Brust" hast?

Wenn Sie beide der Vorstellung verschiedener Persönlichkeitsanteile folgen mögen, könnten Sie auch versuchen, einige Teile zu identifizieren und liebevoll zu benennen. Vielleicht gibt es einen Perfektionisten, einen kreativen Chaoten, einen Clown oder einen kleinen Angeber in Ihnen. Nehmen Sie es spielerisch und mit viel Humor. Es geht nicht um die Analyse Ihrer Persönlichkeit, sondern darum, Ideen zu finden, die die Kommunikation leichter machen – mit sich selbst und dem anderen. Und es geht darum, zu erkennen, dass eine ungeliebte Verhaltensweise nicht die ganze Persönlichkeit ausmacht.

14.3 Wie geht denn das?

Wir möchten Ihnen zwei Übungen aus dem NLP vorstellen, die mit der Idee der verschiedenen Persönlichkeitsanteile arbeiten. Doch vorweg sei noch gesagt, dass die beiden Übungen nicht jedermanns Sache sind. Vielleicht überfliegen Sie nur mal die einzelnen Schritte, um sich ein Bild von der Teilearbeit zu machen. Oder steigen Sie aus, wenn es Ihnen mulmig wird. Das ist natürlich in Ordnung, denn die Arbeit mit den inneren Anteilen kann auch schnell in die Tiefe gehen.

14.3.1 Six-Step-Reframing

Um Alternativen für hinderliche, störende oder gesundheitsschädliche Verhaltensweisen (beispielsweise: rauchen, zu spät ins Bett gehen oder Aufgaben aufschieben) zu finden, gibt es im NLP ein wirkungsvolles Interventionsmodell, das sich auch bei psychosomatischen Symptomen (z. B. Magen- oder Kopfschmerzen) bewährt hat: das sogenannte Six-Step-Reframing.

Das Six-Step-Reframing kann für den inneren Dialog mit bewussten oder unbewussten Anteilen genutzt werden. Mit ihm soll erreicht werden, den Nutzen / die positive Absicht eines negativen Verhaltens oder eines Symptoms zu erkennen, um diese dann mit einem anderen Verhalten zu befriedigen – ohne die unerwünschten Nebenwirkungen.

Und so können Sie vorgehen:

1. Bestimmen Sie zuerst das Verhalten oder das psychosomatische Symptom, das sie verändern bzw. loswerden möchten.
   Beispiel Verhalten: Ich möchte gerne aufhören zu rauchen, kann aber nicht.
   Beispiel Symptom: Ich habe ständig nervöse Magenschmerzen.
2. Treten Sie in einen inneren Dialog mit dem Persönlichkeitsteil, der für das Verhalten oder das Symptom verantwortlich ist. Fragen Sie sich innerlich: Wie kann ich mit dem Persönlichkeitsteil, der für meine Lust am Rauchen / für meine Magenschmerzen verantwortlich ist, jetzt kommunizieren? Achten Sie auf eine innere Antwort – sie kann als Gefühl, als innere Stimme oder durch innere Bilder erfolgen. Nehmen Sie sich dafür ruhig einen Moment Zeit, stellen Sie die Frage im Zweifel mehrfach, bis Sie eine klare Antwort bekommen.
3. Nehmen Sie wieder Kontakt mit jenem Teil auf, der das unerwünschte Verhalten auslöst oder der für das Symptom verantwortlich ist.
   Fragen Sie es beispielsweise: „Was ist deine positive Absicht? Was möchtest du für mich bewirken oder erreichen?“ Vielleicht finden Sie innerlich darauf sofort eine Antwort.

Im Fall des Rauchen könnten das sein: Cool wirken oder in Kontakt mit anderen Menschen kommen.
Die positiven Absichten der Magenschmerzen könnten sein: Sich ausruhen oder unliebsame Termine nicht wahrnehmen müssen.
Wenn Sie keine Antwort bekommen, können Sie sich selber auch die folgende Frage stellen: „Angenommen, jemand anders hätte diese Verhaltensweise oder dieses Symptom. Welchen Vorteil könnte das dieser Person bringen?"
Wenn Sie die positive Absicht gefunden haben, fragen Sie Ihren Persönlichkeitsteil, der für das unerwünschte Verhalten zuständig ist, ob er bereit sei, auch „neue Wege" auszuprobieren, wenn Sie darüber genauso gut die positive Absicht erreichen wie bisher.

4. Wenn Sie innerlich Zustimmung spüren, aktivieren Sie den kreativen Persönlichkeitsanteil in sich, damit er Ihnen bei der Suche nach Alternativen hilft. Treten Sie auch hier in Kontakt mit diesem kreativen Teil in Ihnen. Lassen Sie ihn mindestens drei Möglichkeiten suchen, mit denen die positive Absicht des bisherigen Verhaltens oder des Symptoms genauso gut erfüllt werden kann. Probieren Sie diese drei Alternativen in Gedanken aus. Wie fühlen sie sich an? Wie sehen Sie sich selbst mit diesem anderen Verhalten? Was hören Sie sich selbst sagen? Wenn Sie das Gefühl haben, Sie erreichen mit den Alternativen ebenfalls die positive Absicht, bedanken Sie sich bei dem kreativen Persönlichkeitsteil, der Ihnen geholfen hat.
5. Nehmen Sie nun wieder kurz Kontakt mit ihrem Persönlichkeitsteil auf, der für das hinderliche Verhalten bzw. für das störende Symptom verantwortlich ist. Fragen Sie Ihn, ob er Einwände gegen die neuen Alternativen hat. Sollten Sie innerlich hier kein klares „Nein" und damit keine Zustimmung zu den neuen Wegen spüren oder hören, aktivieren Sie einfach erneut ihren kreativen Persönlichkeitsteil und kommunizieren mit ihm so lange, bis Sie sicher sind, dass er die richtigen Alternativen aufzeigt.
6. Schließen Sie dann innerlich mit Ihrem Persönlichkeitsanteil, der für das störende Verhalten beziehungsweise das unerwünschte Symptom verantwortlich war, ein Abkommen. Lassen Sie ihn für die kommenden vier Wochen in den Hintergrund treten, damit Sie die Alternativen ausprobieren können. Bedanken Sie sich dann bei dem Teil, dass er mit Ihnen zusammenarbeitet. Abschließend können Sie sich die drei Alternativen und ein paar Situationen, in denen Sie die drei neuen Wege gehen wollen, auch aufschreiben und somit visualisieren. Damit fällt es Ihnen vielleicht leichter, in den kommenden Wochen andere Verhaltensweisen auszuprobieren.

14.3.2 Innere Konfliktpartner verhandeln lassen

Wir möchten Ihnen noch ein weiteres Format vorstellen, das mit der Idee der Teile arbeitet und sich anbietet, wenn Sie das Gefühl haben, zwei Seelen in Ihrer Brust zu spüren, die Gegenteiliges wollen und sich so gegenseitig blockieren. Die Folge davon können Entscheidungsschwierigkeiten sein oder eine unklare Kommunikation (keinen Standpunkt beziehen, ausweichen, drumherum reden, ein Schritt vor – zwei zurück). Manchmal führt das dazu, dass die Betroffenen weder das eine noch das andere richtig tun und dabei ein schlechtes Gewissen bekommen.

Beispiele für innere Teile im Konflikt:

- Der Umweltbewusste, der mit dem Fahrrad fahren möchte, und der Bequeme, der fürs Auto plädiert.
- Der Ehrgeizige, der beruflich erfolgreich sein will, und der Freizeitorientierte, dem ein genussvolles Leben wichtig ist.
- Der Beziehungsteil, der eine innige Verbindung sucht, und der Freiheitsliebende, dem es wichtig ist, zu tun, was immer er mag.

Wenn Sie einen solchen oder einen ähnlichen Konflikt in sich spüren und Lösungen dafür finden möchten, gehen Sie folgendermaßen vor:

1. Die beiden Teile, die im Konflikt miteinander liegen, identifizieren und benennen oder mit einem Symbol belegen. Wir nennen sie hier einfach mal A und B.
2. Halten Sie dann Ihre beiden Hände ausgestreckt vor sich und stellen Sie sich vor, A liege in Ihrer linken Hand. Überlegen Sie sich, wie er aussehen könnte und welche Botschaft er für Sie hat, beispielsweise: „Du solltest die Umwelt schonen!"
3. Analog dazu stellen Sie sich nun vor, dass B in Ihrer rechten Hand liegt. Wie sieht B aus und was sagt er? Z. B. „Genieße das Leben, du hast nur das eine!"
4. Fragen Sie nun nacheinander A und B, was ihre positiven Absichten sind, was Ihnen wichtig ist und welche Funktion sie für Ihre gesamte Person haben. Vielleicht notieren Sie sich das. Stellen Sie sicher, dass A die positive Absicht von B wahrnimmt und wertschätzt und umgekehrt. (Es geht hier nicht um das Verhalten, sondern um die Absicht.)
5. Lassen Sie dann A und B miteinander verhandeln. Vielleicht haben die beiden Wünsche aneinander. Vielleicht brauchen beide Teile eine zugesicherte Zeit oder klare Absprachen. Vielleicht gibt es sogar Lösungen, mit denen beide positiven Absichten gleichzeitig erfüllt werden können. Lassen Sie sich überraschen, welche Vorschläge A und B machen, und beobachten Sie, wie sich Ihre Hände dabei langsam näher kommen.
6. Sie bleiben weiterhin der Chef und entscheiden, welche Vorschläge Sie annehmen und umsetzen wollen. Wie gute Chefs es tun, achten Sie dabei auf die Ausge-

wogenheit der Interessen und auch darauf, dass alle anderen Persönlichkeitsteile ebenfalls damit einverstanden sind.
7. Es lohnt sich, die Ergebnisse der inneren Verhandlung aufzuschreiben.

Für viele – vielleicht auch für Sie – mögen diese Techniken esoterisch klingen. Wie bei allen Übungen, die wir in diesem Buch vorstellen, gilt auch hier: Sie können, aber müssen diese Modelle nicht testen.

Unser Tipp: Probieren Sie das Six-Step-Reframing oder die innere Verhandlung doch einfach mal aus, wenn Sie ganz entspannt alleine zu Hause sind. Sie können die Übung völlig wortlos in einem bequemen Sessel machen – und wenn Sie merken, es klappt nicht, brechen Sie einfach ab. Vielleicht wollen Sie ja auch Ihren Partner fragen, ob er Sie als Coach durch die Übung führen will. Sie brauchen Ihrem Partner während der Intervention nicht zu antworten. Sie können alle seine Fragen innerlich beantworten. Ihr Partner wird an Ihrer Gestik und Mimik erkennen, wann er jeweils mit dem nächsten Übungsschritt weitermachen kann.

14.4 Feuer gefangen, Blut geleckt

14.4.1 Das Systemische in der Teile-Arbeit

Das Konzept der Teile-Arbeit geht u.a. auf die Therapeutin Virginia Satir zurück. Während der Behandlung von psychisch kranken Kindern entdeckte sie, welchen Einfluss das System Familie auf den Zustand der Patienten hatte. Diese systemischen Überlegungen übertrug sie auf das Zusammenwirken von verschiedenen Persönlichkeitsanteilen innerhalb eines Menschen. Dabei ging es ihr um die Veränderung und Integration der als problematisch empfundenen Anteile.

In dem Büchlein „Meine vielen Gesichter“ lädt sie den Leser ein zu einer Fantasiereise ins „Theater des Inneren“, in dem die verschiedenen Gesichter der Person jeweils eine Rolle spielen und einen inneren Dialog beginnen. Sie betrachtet die Teile als „mögliche Energiequelle“, die insgesamt als System funktionieren. „Jeder Teil erfüllt eine andere Aufgabe für dich. Jeder kann einen Moment alleine stehen, aber nur vorübergehend. Letztlich braucht er die Verbindung zu den anderen Teilen, um sich voll entfalten zu können.“[38]

38 Virginia Satir: „Meine vielen Gesichter“, S. 64.

14.4.2 Von den Vorteilen, krank zu sein

In dieser Vorstellung sorgt jeder Teil für die Aufrechterhaltung des Systems und hat somit eine positive Absicht – auch wenn sich diese weder der Person selbst noch einem Außenstehenden erschließt. Wir möchten das an dem Beispiel eines Patienten zeigen, der bei einem befreundeten Homöopathen in Behandlung war:

Beispiel:

Der Mann war Mitte 50 und litt seit vielen Jahren unter starken Rückenschmerzen, die ihn häufig dazu zwangen, im Haus zu bleiben. Seine Frau hatte ihn schon zu vielen Ärzten und Physiotherapeuten „geschleppt", aber erst durch die homöopathische Behandlung besserte sich sein Zustand erheblich. Nach den ersten erstaunlichen Erfolgen brach der Mann die Behandlung ab.

Den Homöopathen beschäftigte der Fall und er hatte keine Erklärung für das plötzliche Wegbleiben des Mannes. Schließlich rief er ihn an und erfuhr in einem vorsichtigen und empathischen Gespräch, dass dem Mann der Aktionismus seiner unternehmenslustigen Frau oft zu viel war. Der Teil in ihm, der sich nach Ruhe sehnte, hatte dafür gesorgt, dass er Rückenschmerzen hatte. So brauchte er nichts mit seiner Frau zu unternehmen.

Was wie ein Paradox scheint, beschreibt Virginia Satir so: „Inzwischen habe ich gelernt, dass jeder negative Teil auch einen Keim für Nützliches enthält und jeder positive Teil einen Keim für Zerstörerisches."[39]

14.4.3 Orchester, Filmteam, Mannschaft oder Inneres Team?

Wie können Sie sich das System Ihrer inneren Teile vorstellen? Wir haben in unserer Arbeit festgestellt, dass Menschen gerne Metaphern aus ihrem eigenen Umfeld oder ihrem Alltag nehmen, um das Zusammenspiel der Teile zu beschreiben. Hier ein paar Vorschläge:

- Ein Theater, zu dem nicht nur Schauspieler, sondern auch ein Regisseur, ein Direktor, die Beleuchter, die Putzkraft und der gute Geist gehören.
- Ein Orchester mit seinen Solisten und dem Chor, den tragenden Instrumenten und den exzentrischen Stimmen.

---

39 Ebd., S. 76f.

- Ein Bus voller Fahrgäste, die alle unterschiedliche Interessen, aber vielleicht das gleiche (Zwischen-)Ziel haben.
- Eine Baufirma, in der es Mitarbeiter für die Planung, für die Statik und für die Finanzen gibt.
- Ein Filmteam, in dem es definierte Rollen vor und hinter der Kamera gibt.
- Ein Garten mit hohen Schatten spendenden Bäumen, mit verführerisch duftenden Blumen und mit einem Komposthaufen, der fruchtbare Erde hervorbringt.
- Ein Gebäude mit Räumen für Geselligkeit, Arbeit, Ruhe und Kreativität. Nicht zu vergessen die Alarmanlage, die Feuerlöscher und den Aufzug.
- Eine Sportmannschaft, die erfolgreich ist, weil Angreifer, Verteidiger, Taktiker und Spielführer gut zusammenarbeiten, unterstützt vom Trainer.
- Oder einfach wie ein „inneres Team" mit unterschiedlichen Rollen und Aufgaben[40].

14.5 Interview

14.5.1 *„Am besten wird's, wenn beide zusammen auftreten"*

Anja Köhler und Christian Kersten

Anja: Wahrscheinlich hätte ich nie mit NLP angefangen, wenn du uns nicht zum Info-Abend angemeldet hättest.

Christian: Ich war mir ziemlich sicher, den neugierigen Teil in dir wecken zu können. Du bist ja Neuem gegenüber in der Regel sehr aufgeschlossen.

Anja: Nach dem Einführungsseminar war ich dann ja tatsächlich total begeistert. Ich fand es gut, dass wir uns gleich zu Beginn entschieden haben, nie zusammen in einer Gruppe zu üben.

Christian: Während der Ausbildungstage habe ich mich dann schon darauf gefreut, mit dir zu besprechen, was wir erlebt hatten, wie es uns dabei ergangen war und was die Übungen bewirkten. Besonders groß war mein Bedürfnis nach Austausch, wenn ich etwas faszinierend fand oder wenn ich mit einem Thema gar nichts anfangen konnte, wie beispielsweise mit der Teilearbeit. Das war mir echt zu esoterisch.

Anja: Mich dagegen hat das Konzept der verschiedenen Persönlichkeitsanteile ja besonders überzeugt. Ich finde es auch bei meiner Arbeit als Coach hilfreich und kann heute Verhaltensweisen von mir, die ich nicht so mag, besser akzeptieren. Mit diesem Modell im Kopf habe ich übrigens immer wieder neue Teile in dir entdeckt.

---

40 Diese Metapher stammt von Friedemann Schulz von Thun, s. FN 32.

Christian: So, was glaubst du denn, bei mir entdeckt zu haben?

Anja: Der Stratege in dir hat mich oft überrascht. Und deinen humorvollen Teil mag ich sehr. Am besten wird's, wenn beide zusammen auftreten.

Christian: Mich hat ja manchmal dein Perfektionist erstaunt. Ich erinnere mich an Situationen, in denen wir zusammen NLP übten und du es genauso machen wolltest, wie wir es im Seminar gelernt hatten. Während ich das Gelernte ja eher als Anregung auffasse und dann meine eigenen Modelle daraus mache.

Anja: Ja, das fand ich anfangs schwierig. Aber dann habe ich – sehr zu meinem Erstaunen – gesehen, dass es auch funktioniert, wie du es machst.

Christian: Im Laufe der Ausbildung ist aber aus deinem strikten „So ist das aber nicht richtig!" ein wohlwollendes „Ich habe das anders verstanden" geworden.

Anja: Ja, es ist schön, nicht immer recht haben zu müssen. Und es ist noch schöner, gemeinsam zu lachen, wenn ich selbstironisch sage: „Aber natürlich habe ich wie immer recht."

Christian: Manchmal staune ich, wie selbstverständlich NLP Teil unserer Alltagskommunikation geworden ist und wie gut wir dadurch unsere Unterschiede erkennen und nutzen können. Vielen Dank übrigens, dass du dieses Buch mit so vielen Details angereichert hast. Mein Buch hätte wahrscheinlich etwa halb so viele Seiten und wäre nur etwas für Leute wie mich gewesen: Leser, die sich schnell einen Überblick verschaffen wollen.

Anja: Und ich danke dir, dass du immer schon mit dem nächsten Kapitel angefangen hast, obwohl das vorherige noch gar nicht fertig war. Ohne dich hätte das Buch vermutlich nur drei Kapitel oder es wäre nicht zum vereinbarten Termin fertig geworden.

15. Metaprogramme – mit Sprache motivieren

15.1 Alles klar! Ich weiß, wovon du redest

Metaprogramme bezeichnen die – in der Regel unbewussten – Strukturen, nach denen Menschen Informationen aufnehmen und verarbeiten. Oder anders ausgedrückt: Es sind die wiederkehrenden Muster, die einer nutzt, um sich sein subjektives Bild von der Welt zu machen. Bevor es zu theoretisch wird, möchten wir das an einem Beispiel illustrieren und dann erläutern, wofür Sie die Metaprogrammen nutzen können.

Beispiel:

Wenn wir drei Freunde bitten, von ihrem gemeinsamen Mallorca-Urlaub zu erzählen, beschreibt der eine vielleicht detailliert, wie er eine halbe Stunde bei der Autovermietung gewartet hat, um dann mit einem nagelneuen, grauen Seat zu seinem Zwei-Zimmer-Apartment direkt am Strand zu fahren. Schließlich erzählt er ausführlich, was er jeden Tag gemacht hat – vom Frühstück mit Milchkaffee bis zu abendlichen Spaziergängen an wunderbar menschenleeren Stränden. Sein Freund hingegen antwortet auf die Frage nach dem Urlaub eher so: „Wir hatten die ganze Zeit schönes Wetter, ich habe mich super entspannt und viele neue Orte kennengelernt." Und der Dritte sagt: „Es hat nicht einmal geregnet, Stress konnten wir gut vermeiden und zum Glück ist keiner von uns krank geworden."

Während der Erste seinen Urlaub sehr detailliert beschreibt, schildert der Zweite seine Ferien eher allgemein und global. Und der Dritte spricht über das, was alles *nicht* eingetroffen ist – und das, obwohl alle drei die Zeit auf Mallorca gemeinsam verlebt haben. Warum ist das so? Menschen filtern unbewusst die Informationen, die sie aufnehmen. Diese Filter organisieren auch die Art und Weise, wie wir denken, sprechen und handeln.

15.1.1 Bevorzugte Sprachmuster und Verhaltensweisen

NLPler haben Gespräche und Aussagen analysiert und so wiederkehrende Sprach- und Verhaltensmuster aufgedeckt. Daraus haben sie in Anlehnung an die Persönlichkeitstypen von C.G. Jung ein Modell entwickelt, das sie Metaprogramme nennen. Sie behaupten: Wer die Metaprogramme seines Gegenübers kennt, weiß, auf welche Sprachmuster er positiv reagiert und für welche Aufgaben er geeignet sein könnte. So sollte jemand, der gerne große Pläne macht und Zukunftsvisionen entwirft, nicht mit Unfallprävention betraut sein. Diese Aufgabe eignet sich eher für Menschen, denen es darum geht, Fehler und Missgeschicke zu vermeiden. Deshalb spielen Metaprogramme eine wichtige Rolle im Kundenkontakt, in der Führung, in Seminaren, bei Coachings sowie in der Personalauswahl und in der Zusammenstellung von Teams.

Metaprogramme und die aus ihnen entwickelten LAB-Profile (Language and Bahaviour Profiles) lassen sich am einfachsten an der Sprache erkennen. Deshalb haben NLPler Fragen entwickelt, deren Antworten die Muster im Denken und Handeln des Gegenübers erkennen lassen. Wer sich mit der eigenen Wortwahl darauf einstellt, hat gute Chancen, sein Gegenüber zu bestimmten Handlungen zu motivieren.

„Die LAB-Profile sind ein Modell, das es mir ermöglicht, die individuelle Denk- und Motivationsstruktur von Gesprächspartnern zu erkennen und mit der richtigen Ansprache darauf zu reagieren." – *René M., Verkaufsleiter*

Das mag sich alles noch ein wenig kryptisch anhören, doch wer weiterliest, wird feststellen, wie leicht und effektiv sich die Metaprogramme und besonders die LAB-Profile im Alltag anwenden lassen.

15.2 Komisch, irgendwas ist anders ...

Ihr Partner kommt vom Seminar nach Hause und dann kommt eine ganz harmlos klingende Frage wie: „Was ist dir eigentlich bei deiner Arbeit wichtig?" Erst einmal sehen sie keinen Zusammenhang zwischen der Frage und NLP. Vielleicht überlegen Sie kurz und antworten dann so etwas wie: „Das weißt du doch. Ich möchte, dass meine Kunden mit mir zufrieden sind." Oder Sie antworten: „Mir ist wichtig, dass ich Spaß habe und mich wohlfühle." So weit, so gut – denken Sie. Doch dann hakt Ihr Partner nach: „Warum ist es dir wichtig, dass deine Kunden zufrieden mit dir sind?"

15.2.1 Muster erkennen

Wenn dann auf Ihre Antworten noch zwei weitere „Warum"-Fragen folgen, wissen Sie, dass Ihr Partner versucht herauszubekommen, was Sie bei der Arbeit motiviert oder in der NLP-Sprache ausgedrückt: Welches LAB-Profil Sie im Kontext Arbeit haben. Diese Fragen zielen darauf ab zu erkennen, ob Sie lieber auf Ziele zugehen oder eher Probleme vermeiden bzw. lösen wollen. Sollten Sie beispielsweise auf die Frage, warum Ihnen Kundenzufriedenheit wichtig ist, antworten: „Weil ich so guten

Umsatz mache“, wird Ihr Partner Ihnen ein Hin-zu-Muster zuschreiben, denn Sie sprechen zuerst darüber, was Sie *erreichen* möchten. Wäre Ihre Antwort gewesen: „Sonst könnte ich den Laden in drei Monaten zumachen“, ließe das eher auf ein Weg-von-Muster schließen. Das heißt: Sie sprechen über das, was Sie *vermeiden* möchten.

„Die LAB-Profile meines Mannes zu kennen bringt mir die Gelassenheit, mich nicht über ihn zu ärgern. Es macht uns viel Spaß zu sehen, wie verschieden unsere Muster sind. Wir können über Missverständnisse lachen und finden es toll, dass es trotzdem klappt.“ – *Tina T., Coach*

Es sind aber nicht nur die Fragen, mit denen sich die vorherrschenden Muster identifizieren lassen, sondern auch das Verhalten und die Sprachwahl. So kann es passieren, dass Ihr Partner Sie mit Aussagen konfrontiert wie: „Du bist so prozedural, du machst immer alles Schritt für Schritt und hältst dich ganz genau an Gebrauchsanweisungen.“ Oder: „Endlich weiß ich, warum du meine Ratschläge nie befolgst. Du bist viel zu internal dafür.“

15.2.2 Komplexe Persönlichkeiten in scheinbarer Ordnung

Falls Sie sich jetzt in eine „Schublade gesteckt“ fühlen, ist das nur allzu verständlich. Die wenigsten Menschen mögen es, kategorisiert zu werden. Besonders unwohl kann es einem werden, wenn die Persönlichkeitstypisierung etwa Absolutes und Endgültiges hat. Andererseits ist es für manche faszinierend, ein Modell der Welt zu haben, mit dem sie die komplexen Persönlichkeitsstrukturen in eine scheinbare Ordnung bringen können. Und so sind Menschen, die Modelle von Persönlichkeitstypen kennenlernen, schnell dazu verleitet, die Personen ihrer Umgebung einzuordnen.

Trotzdem sollten Sie Folgendes wissen: Es gibt keine guten oder schlechten Metaprogramme bzw. Motivationsmuster. Die Metaprogramme / LAB-Profile sind keine „Prüfung“, sondern sie helfen, Stärken, Vorlieben und Potenziale zu erkennen. Es geht nicht darum, Menschen in verschiedenen Typen einzuteilen, sondern darum, ein tieferes Verständnis davon zu bekommen, wie unterschiedlich Menschen sein können.

15.2.3 *Raus aus den Schubladen!*

Wie könnten Sie reagieren, wenn Ihr Partner Ihnen die Metaprogramme / LAB-Profile „überstülpt" oder Sie ungebeten in „Schubladen steckt"?

- Gemeinsam mit Ihrem Partner können Sie mit einem Frage-Antwort-Spiel gegenseitig Ihre Metaprogramme / LAB-Profile in bestimmten Lebenssituationen erforschen. Das kann erhellend sein, Missverständnisse erklären und unheimlich viel Spaß machen.
- Sollten Sie die Metaprogramme / LAB-Profile grundsätzlich interessant finden, aber selbst nicht kategorisiert werden möchten, bitten Sie Ihren Partner, Ihnen das Prinzip zu erklären, ohne dabei Beispiele aus Ihrer Partnerschaft zu wählen.
- Wenn Ihr Partner beginnen sollte, Ihnen zu erklären, wie Sie „ticken", fragen Sie doch Ihren Partner zunächst mal danach, wie er sich selbst einschätzt.

> „Ich habe meinem Mann irgendwann die Metaprogramme beigebracht. Wenn wir nun beispielsweise in ein Restaurant gehen, machen wir uns einen Spaß daraus, herauszubekommen, welches Muster das Servicepersonal hat – ob es ein „Hin-zu- oder Weg-von"-Muster hat, ob es eher prozedural oder optional ist." – *Carola K., Ärztin und Verhaltenstherapeutin*

Was auch immer Sie tun, wird auch davon abhängen, welche Metaprogramme / Lab-Profile Sie für die Situationen entwickelt haben, in denen Ihr Partner Ihnen von NLP erzählt. (In den Klammern hinter den Fragen finden Sie schon die Bezeichnungen der Metaprogramme / LAB-Profile, die Sie im nächsten Abschnitt noch genauer kennenlernen können).

Wollen Sie es ganz genau wissen oder reicht Ihnen ein grober Überblick (detailliert oder global)?

Wissen Sie selbst am besten, welche der Methoden für Sie gut sind, oder vertrauen Sie gerne auf den Ratschlag Ihres Partners (internal oder external)?

Möchten Sie, dass die Stimmung zwischen Ihnen heiter und konstruktiv ist, oder geht es Ihnen darum, Missverständnisse und Streit zu vermeiden (hin zu oder weg von)?

15.3 Wie geht das denn?

Vielleicht sind Sie inzwischen neugierig geworden zu erfahren, welche Muster Sie selbst haben. Möglicherweise haben Sie beim Lesen der ersten beiden Kapitel auch schon Ideen dazu entwickelt und vielleicht sind Ihnen dann aber Situationen eingefallen, in denen Sie ganz anders reagiert haben. Sollten Sie beispielsweise gedacht haben: „Stimmt, ich komme erst richtig in Fahrt, wenn Probleme auftreten, die ich lösen muss“ und dann festgestellt haben, dass das zwar für die Arbeit gilt, nicht aber für das Fußballspielen am Wochenende mit Freunden, dann haben Sie etwas Wichtiges erkannt. Die meisten Menschen sind so flexibel, dass sie sich in verschiedenen Situationen unterschiedlich verhalten und motivieren (lassen). Die NLPler sagen: Die Metaprogramme / LAB-Profile sind abhängig vom Kontext. Es geht also darum, zu beobachten, wie Sie sich in einem bestimmten Kontext verhalten und was Sie in dieser Situation am meisten motiviert. Der Kontext ergibt sich aus dem, was Sie wo, wann, wie und mit wem tun. Je konkreter der Kontext, desto eindeutiger lassen sich die Muster erkennen. Und noch einmal zu Erinnerung: Es geht nicht darum, zu erkennen, was für ein Typ im Allgemeinen Sie sind. Interessant sind hier die Muster in unterschiedlichen Situationen.

15.3.1 *Kontext beachten*

Für welchen Kontext möchten Sie mehr über Ihre Metaprogramme / LAB-Profile erfahren? Wir empfehlen Ihnen, dass Sie sich die Antworten auf ein Extrablatt notieren, so können Sie für verschiedene Kontexte Ihre Muster ergründen. Wenn Sie den Test überspringen und gleich die Erläuterungen lesen, sparen Sie natürlich Zeit, aber Sie nehmen sich die Chance, Überraschendes zu erfahren.

Sie können wählen, ob Sie die Fragen in der vorgeschlagenen Reihenfolge beantworten oder nach Ihrem Gusto. Wichtig ist nur, dass Sie mit der Bestimmung des Kontexts beginnen.

Die kanadische Beraterin und NLP-Trainerin Shelle Rose Charvet hat Fragen entwickelt, mit deren Hilfe sich die von Rodger Bailey als LAB-Profile bezeichneten Muster gut erkennen lassen. Auf dieser Grundlage haben wir den Selbsttest zusammengestellt.

15.3.2 *Selbsttest zu LAB-Profilen*

Kontext

Ich (Verb).. (was) ....

(wo) .... (wann)...

(wie) .... (mit wem)...

1. **Was ist Ihnen bei ... (Kontext) wichtig?**
   (Die Antworten sollten jeweils möglichst nur ein Wort sein, also keine Beschreibung von Verhalten, sondern eine Qualität oder ein Wert, z. B. Spaß, Freiheit, Harmonie. Nennen Sie möglichst drei Werte)

   A ....

   B ....

   C ....

2. **Warum ist Ihnen eine Qualtität / ein Wert wichtig?**

   Warum ist Ihnen A wichtig?

   ....

   Nehmen Sie nun diese Antwort und fragen Sie sich, warum Ihnen genau das wichtig ist?

   ....

   Warum ist Ihnen B wichtig?

   ....

   Nehmen Sie nun diese Antwort und fragen Sie sich, warum Ihnen genau das wichtig ist?

   ....

   Warum ist Ihnen C wichtig?

   ....

   Nehmen Sie nun diese Antwort und fragen Sie sich, warum Ihnen genau das wichtig ist?

   ....

3. **Woran erkennen Sie, dass Sie bei... (Kontext) gut waren?**

   ....

   ....

4. **Warum haben Sie sich für ... (Kontext) entschieden?**

   ....

So weit der Fragebogen. Bevor Sie mit der Auswertung beginnen, bitten wir Sie schon jetzt, genau zu prüfen, ob die Ergebnisse Ihrer eigenen Einschätzung entsprechen. Sie kennen sich selbst am besten und die Testergebnisse können Ihnen nur zusätzliche Informationen geben. Viele Menschen finden es allerdings erstaunlich, wie aussagekräftig die Ergebnisse sind. Es hat ihnen geholfen, sich selbst und andere besser zu verstehen. Manchen ist es wie Schuppen von den Augen gefallen, warum sie sich mit bestimmten Menschen in der einen Situation gut verstanden haben und in einer anderen gar nicht.

15.3.3 „Hin zu" oder „weg von"?

Wenn Sie Ihre Antworten auf die ersten beiden Fragen lesen, werden Sie erkennen, ob Sie eher motiviert sind, wenn es darum geht, etwas zu erreichen (hin zu), oder wenn es gilt, Probleme zu lösen und Schwierigkeiten zu vermeiden (weg von). Entscheidend ist weniger, was Sie gesagt haben, sondern welche Formulierungen sie benutzt haben.

Typische Formulierungen für „hin zu" sind:
- Ziele erreichen
- Visionen verwirklichen
- gute Umsätze erzielen
- die Produktivität fördern
- Nummer eins werden
- neue Kunden gewinnen
- Projekte umsetzen
- zu guter Zusammenarbeit gelangen

Wie viele Hin-zu-Formulierungen finden Sie in Ihren Antworten auf die ersten beiden Fragen?

………………………………

Typische Formulierungen für „weg von" sind:
- Fehlschläge vermeiden
- Bloß nicht stehen bleiben!
- Umsatzeinbrüche verhindern
- Probleme erkennen
- keine Kunden verlieren
- nicht streiten
- Zeitverlust umgehen

Wie viele Weg-von-Formulierungen finden Sie in Ihren Antworten auf die ersten beiden Fragen?

....

Vermutlich haben Sie sowohl Hin-zu- als auch Weg-von-Sprachmuster entdeckt. Die wenigsten Menschen sind nur Hin-zu oder nur Weg-von. Aber es gibt unterschiedliche Ausprägungen und Präferenzen. Das gilt im Übrigen für alle LAB-Profile. In Teams können sich gegensätzliche Profile gut ergänzen, aber sie sind auch oft der Grund für Missverständnisse und Konflikte.

> „Als Abteilungsleiter in einer Bank habe ich festgestellt, dass die Kommunikation zwischen meinen Mitarbeiterinnen nicht klappt. Als ich dann die Metaprogramme, die jetzt als LAB- oder Motivations-Profile gelehrt werden, kennengelernt habe, war ich fasziniert. Ich hatte einen ‚Weg-von-Teamleiter', dem ich immer mit ‚Hin-zu-Formulierungen' gesagt habe, was er machen soll. Natürlich hat der rein gar nichts von dem gemacht, was ich wollte. Erst als ich meine Wortwahl entsprechend seiner Muster geändert hatte, erreichte ich bei ihm etwas."
> *– Thomas W. Coach und Unternehmensberater*

Ähnliches ist auch in Partnerschaften zu beobachten.

Beispiel:

Ein Paar besichtigt eine Wohnung. Die Frau redet schon davon, in welcher Farbe die Wände gestrichen werden sollen und wo der antike Tisch von Oma hinkommt. Der Mann hingegen will keine bösen Überraschungen erleben und prüft die Bausubstanz auf eventuelle Mängel und Schwachstellen. Es ist leicht vorstellbar, dass die beiden einander ganz schön nerven: Sie mit ihrer „Träumerei" und er mit seinem „ständigen Mäkeln". Und von außen betrachtet lässt sich aber auch sagen: Beides ist wichtig, um eine gute Entscheidungen zu treffen.

Haben Sie schon eine Idee, wer in Ihrer Partnerschaft eher eine Hin-zu- und wer eher eine Weg-von-Orientierung hat? Wo ergänzen Sie sich? Wo stehen Sie sich gegenseitig im Weg?

15.3.4 Internal oder external?

Nun geht es darum herauszufinden, ob Sie sich selbst Maßstab sind für die Beurteilungen Ihrer Leistungen (internal) oder ob Ihre Motivation sich aus externen Quellen speist: Beurteilungen, Einschätzungen und Meinungen anderer Menschen (external). Schauen Sie sich dazu Ihre Antworten auf die Frage 3 an.

Typische Formulierungen für internale Muster sind:
- „Ich weiß das selbst."
- „Ich habe ein gutes Gefühl dafür, ob ich gut war oder nicht."
- „Ich kann mich da auf meinen Bauch verlassen."
- „Ich bin zufrieden mit mir."
- „Das kann ich ganz klar erkennen."

Typische Formulierungen für externale Muster sind:
- „... positives Echo der Kunden ..."
- „Mein Chef sagt / meine Kollegen sagen, dass ich gut bin."
- „Andere haben sich bedankt."
- „Ich brauche Lob und Anerkennung."
- „Die Zahlen sprechen für sich."

Was ist bei Ihnen in dem beschriebenen Kontext stärker ausgeprägt: internal oder external?

....

Bei diesem Profil spielen die Personen in dem Kontext eine besondere Rolle. So kann einem Angestellten durchaus das Feedback seines Chefs wichtig sein (external gegenüber dem Chef), aber auf die Beurteilung seiner Leistung durch die Kollegen gibt er keinen Heller (internal gegenüber den Kollegen).

Und wie ist es bei Ihnen zu Hause? Haben Sie vielleicht Ihrem Partner bisher nicht so viel Rückmeldung gegeben wie er sich gewünscht hat, weil Sie es nicht so wichtig finden? Schließlich brauchen Sie das ja auch nicht. Oder kommentieren Sie vielleicht viele Handlungen und Gedanken Ihres Partners und bekommen öfter zu hören: „Ich kann mich nicht erinnern, dich nach deiner Meinung gefragt zu haben"?

15.3.5 Optional oder prozedural?

An der Art und Weise, wie Sie auf die Frage 4 geantwortet haben, können Sie erforschen, ob Sie jemand sind, der gerne die Wahl hat (optional), oder jemand, der sich lieber an erprobte Abläufe und Prozeduren hält (prozedural).

Folgende Antworten weisen auf optional hin:

- Die Antwort beginnt mit „weil“.
- Es werden Gelegenheiten und Möglichkeiten beschrieben.
- Es werden wichtige Werte genannt.

Folgende Antworten weisen auf prozedural hin:

- Es wird die Geschichte erzählt, wie es dazu kam.
- „Das hat sich so ergeben ...“
- „Als ich damals ..., zu der Zeit ..., nachdem ich ...“
- „Zuerst ... und dann ...“

Worauf finden sich in Ihrer Antwort mehr Hinweise für den bestimmten Kontext? Auf Vorliebe für Optionen oder für Prozeduren?

....

Und wie schätzen Sie spontan Ihren Partner ein?
Welche Diskussion erklärt sich rückwirkend aufgrund eines großen Unterschieds in diesem Profil? Ärgern Sie sich vielleicht oft darüber, dass Ihr Partner immer wieder von bewährten Abläufen abweichen oder mal eine Ausnahme machen will? Oder haben Sie vielleicht kein Verständnis dafür, dass Ihr Partner eine Sache erst mal zum Ende bringen muss, bevor er etwas Neues anfängt? Und wird er nervös, wenn es mehr als eine Möglichkeit gibt, etwas zu tun?

Wenn Sie nun noch mal die Texte lesen, die wir vor dem Selbsttest und vor der Auswertung geschrieben haben, werden Sie bestimmt das eine oder andere Muster in den Texten erkennen.

> „Durch die *LAB-Profile* kann ich jetzt besser verstehen, warum ich manchmal so aggressiv auf meinen Freund reagiere: Er ist sehr internal und meint genau zu wissen, was für andere gut ist. Kein Wunder, dass wir uns dauernd in die Haare kriegen, denn ich mag es nicht, wenn ein anderer mir sagt, was für mich gut ist.“ – *Verena W., Kommunikationsdesignerin*

15.4 Feuer gefangen, Blut geleckt

Bis jetzt haben Sie erfahren, wie Sie bei sich selbst bestimmte Verhaltens- und Motivationsmuster durch die Deutung der Sprache erkennen können. Die Fragen können Sie natürlich auch im Gespräch mit anderen anwenden und auf die Sprachmuster in den Antworten achten.

Für uns liegt der Gewinn der Metaprogramme / LAB-Profile darin, zu verstehen, dass Menschen Informationen auf unterschiedliche Art und Weise aufnehmen und verarbeiten – auch wenn es manchmal ganz schön schwerfällt, das nachzuvollziehen, weil einem die eigenen Muster so selbstverständlich erscheinen und man schnell von sich auf andere schließt. Jemand, der beispielsweise ein ausgeprägtes internales Muster hat, wird kaum glauben können, dass es wirklich Menschen gibt, denen das Urteil anderer Menschen sehr viel bedeutet, und dass sie sogar ihre Entscheidungen danach ausrichten.

Die LAB-Profile bieten aber noch mehr: Sprachmuster, mit denen Sie die LAB-Profile Ihres Gegenübers „bedienen“ können, um so seine Aufmerksamkeit und Motivation zu erhöhen. In folgenden Bereichen kann das zum Beispiel für Sie lohnenswert sein:

- *In Workshops, Seminaren und im Unterricht:* Um möglichst alle Teilnehmer anzusprechen und zur Mitarbeit anzuregen, sollten Sie Ihre Sprachmuster so variieren, dass sich beispielsweise sowohl „externale“ als auch „internale“ Teilnehmer angesprochen fühlen.
- *Bei der Formulierung von Stellenanzeigen:* Ein Mensch, der kreative Ideen entwickelt, wird sehr wahrscheinlich ein eher optionales Muster haben. Um das Interesse eines solchen Bewerbers zu wecken, sollte in der Anzeige sprachlich klar werden, dass der „kreative Kopf“ viele verschiedene Möglichkeit hat, Projekte zu gestalten. Das kann schon damit anfangen, indem Sie dem Bewerber anbieten, per E-Mail, telefonisch oder per Post mit Ihnen Kontakt aufzunehmen.
- Und natürlich in der Kommunikation mit Ihrem Partner und anderen Ihnen nahestehenden Personen.

15.4.1 Auswahl effektiver Formulierungen

hin-zu	weg-von
■ etwas erreichen oder bekommen ■ Erfolg ermöglichen ■ zum Ziel kommen ■ Es ist ein Vorteil, dass ... ■ Das könnte das Ergebnis Ihrer Bemühungen sein ... ■ Das ist Ihr Nutzen ... ■ Dabei können Sie etwas gewinnen ... ■ Ziele anstreben ■ Projekte ermöglichen ■ Pläne machen	■ das Problem lösen ■ Schlimmeres verhindern ■ Unfälle verhüten ■ herausfinden, was nicht stimmt ■ Niederlagen vermeiden ■ nie wieder ... ■ vom Tisch haben ■ raus aus dem Tief ■ Bloß nicht ...

internal	external
■ Sie wissen selbst, was zu tun ist. ■ Das entscheiden Sie. ■ Ich schlage vor, Sie entscheiden. ■ Welche Informationen brauchen Sie? ■ Mein Angebot ist ... ■ Was würde Sie interessieren?	■ Sie werden ein gutes Feedback bekommen. ■ Andere werden bemerken, dass ... ■ Experten bestätigen ... ■ Ich würde empfehlen, ... ■ Das hat sich bewährt. ■ Sie werden damit Wirkung erzielen. ■ Ihr Chef wird es mögen. ■ Ich rate Ihnen, ...

optional	prozedural
■ Sie können einen anderen Weg gehen. ■ Suchen Sie einfach nach einer Alternative. ■ Das Projekt bietet viele Möglichkeiten. ■ Sie haben viele Möglichkeiten. ■ Hier sind mehrere Optionen ... ■ Sie können wählen. ■ Flexibilität bieten	■ Lassen Sie uns Schritt für Schritt vorgehen! ■ Zuerst ..., dann ..., danach ... ■ Gehen sie die Checkliste Punkt für Punkt durch! ■ erstens, zweitens, drittens ■ Lesen Sie die Gebrauchsanweisung! ■ Von Anfang bis Ende ■ Das ist der beste Weg.

Wir haben Ihnen die drei LAB-Profile / Metaprogramme vorgestellt, die wir für die wichtigsten halten. Es gibt viele weitere Muster, die in der Anfangsphase des NLP identifiziert wurden. Rodger Baileys hat die Anzahl der Muster von 60 auf 14 verringert. Wenn Sie das Thema gepackt hat und Sie mehr darüber erfahren möchten, empfehlen wir die Bücher „Wort sei Dank" von Shelle Rose Charvet und „Die Sprache der Motivation" von Evelyne Maaß und Karsten Ritschl.

15.4.2 *Thatcher, Schmidt und Schweiger*

Vielleicht geht es Ihnen wie uns: Seitdem wir die LAB-Profile kennen, entdecken wir sie auch in Interviews und anderen Texten. Es folgen einige Beispiele, in denen LAB-Profile unserer Meinung nach sehr deutlich zu erkennen sind. Wenn Sie Lust haben, können Sie sich auch überlegen, wie Sie als Gesprächspartner auf die Aussagen reagieren würden – in den benutzten Sprachmustern.

Margaret Thatcher, frühere britische Premierministerin: „Konsens erscheint mir als ein Prozess des Überbordwerfens aller Überzeugungen, Prinzipien, Werte und Grundsätze. Ich weiß selbst am besten, was richtig oder falsch ist."

Altkanzler *Helmut Schmidt* auf die Frage des Zeit-Chefredakteurs Giovanni di Lorenzo, ob er loben könne: „Ich habe im Laufe meines Lebens gelernt, dass es notwendig ist, andere Leute auch zu loben. Ich selber bin kaum jemals von einem Vorgesetzten gelobt worden; aber ich habe das Lob auch nicht vermisst ... Sie können sagen, der Schmidt ist eingebildet genug, um auf fremdes Lob verzichten zu können."[41]

Schauspieler *Til Schweiger* sagte zum Kinostart seines Films Kokowääh: „Ich schleiche mich heimlich in die Kinos, um zu sehen, wie die Menschen auf meine Filme reagieren. Wenn Sie lachen, freue ich mich und fühle mich bestätigt."
Und auf die Frage, ob er seine Tochter zu einem Star machen möchte, sagte Schweiger: „Sie gibt weder Bravo-Interviews noch lasse ich ein Foto-Shooting mit ihr machen. Sie nimmt auch keine CD auf. Dass meine Tochter bei jedem roten Teppich-Event dabei ist und noch mit ihrem eigenen Stylisten anreist – das wird es in der Familie Schweiger nicht geben."[42]

Der Kabarettist, Arzt und Autor *Eckart von Hirschhausen* schreibt in der Gebrauchsanleitung zu seinem Buch *Glück kommt selten allein:* „Sie müssen es (das Buch) nicht von vorne nach hinten lesen. Sie müssen es überhaupt nicht lesen, sondern können

---

41 Zitiert nach ↗ http://www.zeit.de/2008/29/Schmidt-29.

42 „Berliner Zeitung" vom 4. Februar 2011.

sich einfach mit den Fotos vergnügen. Dieses ist ein Buch zum Ausprobieren. Lauter Glücksspröbchen.“[43]

Unsere Einschätzungen:
Margaret Thatcher: „internal“
Helmut Schmidt: „internal“
Til Schweiger. „external“ und im Kontext der Karriere seiner Tochter „weg-von“
Eckart von Hirschhausen: „optional

15.5 Interview

15.5.1 *„Gemeinsamkeiten sind wichtiger als die Analyse der Kommunikation“*

Verena W., Kommunikationsdesignerin

Mein damaliger Freund hatte mir vorgeschlagen, NLP zu machen. Ich wusste nur, dass NLP etwas mit Kommunikation zu tun hat. Das interessierte mich, denn ich hatte Visuelle Kommunikation studiert und wollte gerne erfahren, wie ich Informationen noch besser vermitteln kann. Ich war dann ganz schön überrascht, was ich alles in der Ausbildung lernte. Eine der ersten gravierenden Veränderungen konnte ich nach einen Jahr körperlich erfahren: Meine Blutzuckerwerte waren auf ein normales Niveau gesunken. Hoher Blutzucker hat sich in unserer Familie bisher von Generation zu Generation weitervererbt. Durch NLP und die Arbeit an der Persönlichkeit haben sich meine Glaubenssätze und das Verhältnis zu meiner Familie verändert. Vielleicht war es ein Zufall, dass meine Blutzuckerwerte sich genau in der Zeit normalisierten, während ich mich mit NLP beschäftigte, aber ich glaube, dass es einen Zusammenhang gibt. Seit damals habe ich keine Probleme mehr mit Diabetes.

Nachdem ich meinen NLP-Practitioner gemacht hatte, meldete sich mein damaliger Freund auch zu einer Ausbildung an. Er war sehr neugierig und fand alles, was ich ihm erzählte, so interessant, dass er es auch lernen wollte. Wir haben viel über Kommunikation und NLP gesprochen und fanden es spannend festzustellen, welche Muster wir haben und welchen Metaprogrammen wir unbewusst folgten. Ebenso erkannten wir, wie Missverständnisse zwischen uns entstanden waren. Wir konnten das alles gemeinsam analysieren, aber trotzdem haben wir uns viel gestritten. NLP ist kein Garant für eine gelungene Beziehung. Es reicht nicht, die richtigen Sprachmuster zu benutzen, die Regeln der wertschätzenden Kommunikation zu beachten und die Verhaltens- und Identitätsmuster des anderen zu

43 Eckart von Hirschhausen, S. 15.

verstehen. Das kann allenfalls die aggressive Grundstimmung überdecken. Schlussendlich haben wir uns getrennt.

Danach konnte ich mir nicht vorstellen, jemals wieder mit einem Mann zusammen zu sein, der nichts von NLP weiß. Ich habe allerdings schnell festgestellt, dass dieses Kriterium die Partnerauswahl extrem einschränkt. Mein jetziger Partner interessiert sich nicht für NLP und stellt auch keine Fragen. Manchmal bin ich traurig darüber, weil ich es auch als Desinteresse an meiner Person erlebe. Vor Kurzem habe ich jedoch eine Weiterbildung zu den LAB-Profilen gemacht. Diese Auffrischung hat mir noch einmal vor Augen geführt, dass Kommunikationsschwierigkeiten manchmal recht einfach zu erklären sind: Mein Freund ist tendenziell internal, detailorientiert und proaktiv. Ich bin zwar auch internal, aber global und reaktiv. Das bedeutet, dass er zu wissen meint, was für uns gut ist. Er erzählt gerne in aller Ausführlichkeit und erwartet eine schnelle Reaktion von mir. Ich weiß ebenfalls, was für uns gut ist, bekomme aber lieber nur einen kurzen Abriss – bevor ich in Ruhe nachdenke, um zu antworten und gezielt nachzufragen. Ich werde ungeduldig, wenn er detailreich erzählt, und ihn reizt es, wenn ich nicht schnell genug reagiere. Mit diesem Wissen fällt es mir viel leichter, mit schwierigen Situationen umzugehen. Für die Beziehung sind eine gemeinsame Basis, der Wille zur Kommunikation und zur Weiterentwicklung viel wichtiger als die Analyse unseres Kommunikationsverhaltens. Die Grundannahmen des NLP helfen mir jedoch immer, meinen Partner so zu akzeptieren, wie er ist.

Danke!

Am Anfang war die Inspiration. Lust, dieses Buch zu schreiben, haben wir während unserer NLP-Weiterbildungen bekommen. Wir danken Evelyne Maaß und Karsten Ritschl für die vielen Impulse und alles, was wir von ihnen gelernt haben.

Dann kommt das Sammeln, Auswerten und Schreiben. Dafür haben wir auch Interviews mit zahlreichen NLPlern und ihren Partnern geführt. Nachdenklichkeit, Aha-Erlebnisse, Lachen und einige wenige Tränen haben diese Gespräche zu intensiven Momenten gemacht. Für ihre Offenheit und ihr Vertrauen danken wir: Susanne, Tina und Uwe, Thomas und Frank, René und Elli, Katrin und Max, Tanja und Sven, Verena, Matthias, Katrin und Thomas, Vera und Martin, Carola und Gebhard, Rita und Werner, Freddie und Marc sowie noch einmal Evelyne Maaß und Karsten Ritschl.

Für ein gutes Manuskript braucht es zum Ende hin den Blick von außen und konstruktive Korrekturen. Für eine kritische Lektüre und viele wichtige Hinweise danken wir: Pauline Krebs, Matthias Radscheit, Ingrid Remke, Misra Scherer und Tina Thinius.

Glossar: Von A wie Ankern bis Z wie Zweite Position

Anker: Alles, was eine Reaktion auslöst, wird im NLP als Anker bezeichnet. Äußere Reize / Anker sind beispielsweise Farben, die eine bestimmte Stimmung auslösen, oder Musik, die stimuliert oder beruhigt, oder ein Geruch, der Hunger hervorruft.

Ankern: Das absichtliche Verbinden eines emotionalen Zustandes mit einem äußeren oder inneren Reiz; der Reiz ruft bei einer Person eine innere Wirkung hervor. Im NLP können ⇨ Anker bewusst ausgelöst werden, um Stärken, Fähigkeiten, Neigungen und Talente (Ressourcen) zu aktivieren und um sich so in einen guten Zustand zu versetzen.

Assoziiert sein bedeutet im NLP, dass sich eine Person innerlich in eine konkrete Situation begibt und etwas mit allen Sinnen erlebt. Bei einer assoziierten Erinnerung erleben wir das Ereignis noch einmal, so als ob es in der Gegenwart erneut passiert. Wir sehen das, was geschehen ist, mit unseren eigenen Augen und hören sowie fühlen das, was wir gehört und gefühlt haben, als es zu einem früheren Zeitpunkt passiert war. Das Gegenteil von assoziiert sein ist ⇨ *dissoziiert sein.*

Augenzugangshinweise: Bewegungsmuster der Augen, die Hinweise darauf geben, ob jemand sich ein Bild macht, etwas innerlich hört, einen inneren Dialog führt oder einem Körpergefühl nachspürt.

Bandler, Richard, einer der beiden Gründungsväter des NLP. Geboren 1950 in New Jersey. Begann 1972 zusammen mit John Grinder die Kommunikationsweise erfolgreicher Therapeuten zu studieren und entwickelte daraus das NLP.

Bodenanker: Plätze am Boden, die beispielsweise mit Farben oder Moderationskarten markiert und mit bestimmten Bedeutungen belegt werden. Damit wird eine Stelle am Boden mit einem bestimmten inneren Zustand verankert. Bodenanker erlauben es, einen inneren Zustand ⇨ assoziiert zu erleben.

Brainstorming: Ideen, Perspektiven oder Handlungsmöglichkeiten für ein Projekt sammeln – ohne zu bewerten. Brainstorming ist ein wichtiger Schritt bei der ⇨ Walt-Disney-Strategie und anderen Kreativitätsstrategien.

Coaching: Coaching ist die individuelle Begleitung in Zeiten von Veränderungen, Herausforderungen und persönlichem Wachstum. Ein Coach gibt seinen Klienten keine Ratschläge, sondern Impulse zur individuellen Entwicklung. Damit unterstützt er die Klienten, eigenverantwortlich ihre Ziele zu erreichen. Zum Repertoire vieler Coaches gehören neben anderen Methoden auch NLP-Techniken.

Dilts, Robert, NLP-Trainer, der das NLP weiterentwickelt hat. Er hat beispielsweise die Methode der ⇨ Neurologischen Ebenen, die ⇨ Walt-Disney-Strategie und die Rechtsschreibstrategie ausgearbeitet.

Dissoziiert sein: Sich selber von außen sehen. Erlebt oder erinnert jemand eine Situation dissoziiert, so ist es, als ob er die Situation als jemand anders erlebt. Sich dissoziieren kann helfen, einen Perspektivwechsel zu ermöglichen und sich von unangenehmen Erinnerungen zu distanzieren.

Dritte Position, auch ⇨ Meta-Position. Meint, die Perspektive eines neutralen und wohlwollenden Beobachters einzunehmen, der das Geschehen von außen wahrnimmt.

DVNLP: 1996 gegründeter Deutscher Verband für Neurolinguistisches Programmieren. In seinen Ethik-Richtlinien hat der Verband beispielsweise festgelegt, dass NLP-Interventionen eine Wahlmöglichkeit und niemals die einzige und ausschließliche Lösung für ein Problem sind. Der Verband bemüht sich um die Einhaltung von Qualitätsstandards in NLP-Ausbildungen.

Erste Position: Die Wahrnehmungsposition, bei der eine Person die Welt aus ihrer Perspektive erlebt und dabei insbesondere die eigenen Bedürfnisse und Gefühle wahrnimmt (⇨ zweite Position, ⇨ dritte Position).

Future Pace: Future Pace ist in der Regel der letzte Schritt bei Veränderungstechniken. Dabei stellt sich eine Person selbst in der Zukunft vor: Wie sieht sie sich und ihre Umgebung, was hört sie sich und andere sagen, was fühlt sie? Außerdem wird beim Future Pace die Frage beantwortet, was eine Person machen kann, um die angestrebte Veränderung tatsächlich umzusetzen und dauerhaft in der Zukunft zu verfestigen.

Grinder, John, amerikanischer Professor für Linguistik, der zusammen mit ⇨ Richard Bandler in den 1970er-Jahren das NLP entwickelte.

History Change: Intervention, bei der eine belastende Situation aus der Vergangenheit neu bewertet wird.

Inhaltsreframing: Einer Aussage eine andere Bedeutung verleihen, indem man überlegt, was der Inhalt noch bedeuten könnte.

Kalibrieren: Das Wahrnehmen des Zustandes eines Menschen durch Beobachten seiner nonverbalen Reaktionen.

Kontextreframing: Eine Handlung gedanklich in einen anderen Kontext verschieben, möglichst in einen, in dem die Handlung sinnvoll und zielführend erscheint.

LAB-Profile: Abkürzung für *Language and Behaviour Profile.* Sie sind eine Weiterentwicklung der Metaprogramme und beschreiben Sprachmuster.

Metamodell: Ein Modell darüber, wie Menschen sich Modelle von der Welt machen und diese mit Sprache beschreiben. Die darin enthaltenen Tilgungen, Verzerrungen und Generalisierungen können mit entsprechenden Fragen bewusst gemacht werden.

Meta-Position: Eine Position außerhalb des Geschehens, ⇨ dritte Position.

Milton-Modell: Eine Zusammenstellung vager und hypnotischer Sprachmuster. Das Modell beruht auf der Analyse der Arbeit des Therapeuten Milton Erickson. Das Ziel ist es, dass die Zuhörer das Gesagte mit ihrer eigenen Erfahrung verbinden.

Modaloperatoren: Modalverben wie *können, sollen, dürfen, müssen* und Wörter, die entweder Möglichkeiten oder Notwendigkeiten ausdrücken.

Modellieren: Beobachten und Analysieren der Verhaltensweisen anderer, um ihre erfolgreichen ⇨ Strategien übernehmen zu können. Auf diese Weise haben ⇨ Bandler und ⇨ Grinder die Modelle des NLP entwickelt.

Neurologische Ebenen: Das Modell der Neurologischen Ebenen von ⇨ Robert Dilts beschreibt die „Ebenen der Veränderung". Es liefert genaue Informationen, wo genau Veränderung stattfinden soll: in der Umwelt / in der Umgebung, beim Verhalten, bei den Fähigkeiten, bei den Werten, bei der Identität / beim Selbstbild oder bei den Visionen / beim Sinn / der Zugehörigkeit.

Nominalisierung: Aus einem Verb oder Adjektiv ein Substantiv machen. Beispielsweise: fühlen – das Gefühl oder selbstständig sein – die Selbstständigkeit. Dabei geht in der Regel die Information darüber verloren, wer etwas wie macht.

Öko-Check: Im NLP bedeutet Öko-Check die Prüfung, welche Konsequenzen das Erreichen eines Ziels hat – und zwar für einen selbst, für das soziale Umfeld und auch für das eigene Wertesystem.

Pacing, aus dem Englischen: einen Schritt auf dem Weg mitgehen. Im NLP bedeutet dies, sich in der Körperhaltung, dem Sprachverhalten, der Gestik und eventuell dem Atemrhythmus seinem Gesprächspartner anzugleichen. Dadurch entsteht auf einer unbewussten Ebene ein besserer Kontakt.

Rapport: Der Begriff stammt aus der Hypnotherapie und bedeutet im NLP, dass jemand eine Beziehung der vertrauensvollen Übereinstimmung zu anderen Menschen aufbauen kann. Gerade in kritischen Kommunikationssituationen ist es wichtig, auf guten Rapport zu achten.

Reframing: Eine Aussage oder Handlung in einen anderen Rahmen stellen, sodass sie eine andere Bedeutung bekommt.

Repräsentationssystem: Die fünf Sinne, in denen wir die Wirklichkeit, so wie wir sie wahrnehmen, innerlich abbilden und abrufen: Sehen (visuell), Hören (auditiv), Fühlen (kinästhetisch), Riechen (olfaktorisch) und Schmecken (gustatorisch).

Ressourcen: Ressourcen sind im NLP alles, was dem Erreichen gewünschter Ziele dient. Ressourcen können äußerer oder innerer Natur sein. Äußere Ressourcen sind z. B. andere Menschen oder finanzielle Mittel. Innere Ressourcen sind alles, was eine Person an Eigenschaften, Stärken, Fähigkeiten, Neigungen und Talenten hat.

Spiegeln: Sich an die Körpersprache und -haltung des Gegenübers angleichen. Voraussetzung für guten ⇨ Rapport.

Strategie: Abfolge von Gedanken und Verhalten mit der Absicht, ein bestimmtes Ziel zu erreichen.

Tilgung: Nicht-Wahrnehmung von Teilen der Realität.

Timeline: Eine gedachte Linie, die von der Vergangenheit über die Gegenwart bis in die Zukunft reicht.

TOTE-Modell: Struktur einer ⇨ Strategie zum Erreichen von Zielen. TOTE steht für Test – Operate – Test – Exit.

Trance: Ein veränderter Zustand des Erlebens, der weder mit dem Wachsein noch mit Schlaf identisch ist. In Trance ist die kontrollierende Aktivität des Bewusstseins vermindert, dagegen sind die selbstständigen Funktionen des ⇨ Unbewussten verstärkt und leichter beeinflussbar. Die Aufmerksamkeit ist nach innen gerichtet. Tranceinduktionen werden in der Hypnotherapie, beim Autogenen Training und bei sogenannten Fantasiereisen angewandt.

Unbewusstes: Alle Gedanken, Erfahrungen und Sinneseindrücke, die in einem bestimmten Moment nicht bewusst sind. Im Gegensatz zu dem Unterbewusstsein, mit dem die Psychoanalyse arbeitet, ist es nicht der Hort von Abgespaltetem und Verdrängtem, sondern eine Quelle von unbewussten ⇨ Ressourcen.

Universalquantoren: Wörter, die sprachlich keinerlei Ausnahmen zulassen, sondern Erfahrungen verallgemeinern wie: *immer, nie* und *alle*.

VAKOG: NLPler gehen davon aus, dass wir unsere Wirklichkeit über unsere fünf Sinne beschreiben können: visuell, auditiv, kinästhetisch, olfaktorisch und gustatorisch. VAKOG ist die Aneinanderreihung der ersten Buchstaben der Namen dieser Sinneskanäle. Normalerweise haben wir einen der drei Hauptsinne (VAK) besonders ausgebildet: Menschen nehmen also meistens eher visuell, eher auditiv oder eher kinästhetisch wahr und beschreiben ihre Wahrnehmungen auch bevorzugt mit Worten, die diesen bevorzugten Sinneskanälen zuzuordnen sind.

Wahrnehmungsfilter: Einschränkung der Wahrnehmung von Realität durch körperliche Grenzen, soziale Prägungen, persönliche Erfahrungen und den aktuellen Zustand. Die „Brille", durch die wir die Welt wahrnehmen.

Wahrnehmungsmuster: Sie beschreiben die Art und Weise, in der Menschen bevorzugt ihre Umwelt wahrnehmen.

Walt-Disney-Strategie: Eine Kreativitätstechnik zur Entwicklung von Visionen und der Realisierung von Zielen, von ⇨ Robert Dilts entwickelt.

Zielrahmen: Ein Katalog an Fragen zur Klärung eines Ziels, wobei der Fokus auf dem angestrebten Zustand liegt, im Gegensatz zum Problemrahmen, bei dem es darum geht, die Probleme zu beschreiben und ihre Ursachen zu ergründen.

Zweite Position: In der zweiten Position nimmt man die Perspektive eines anderen ein und argumentiert so, als ob man die andere Person sei (⇨ erste und ⇨ dritte Position).

Literatur

Bandler, Richard & Grinder, John (2011): *Metasprache und Psychotherapie. Die Struktur der Magie I,* Junfermann, Paderborn.

Häusel, Hans-Georg (2005): *Brain Script. Warum Kunden kaufen,* Rudolf Haufe Verlag, Planegg.

Hirschhausen, Eckart von (2009): *Glück kommt selten alleine,* Rowohlt, Reinbek.

Havener, Thorsten (2009): *Ich weiß, was du denkst. Das Geheimnis, Gedanken zu lesen,* Rowohlt, Reinbek.

Havener, Thorsten (2010): *Denken Sie nicht an einen blauen Elefanten! Die Macht der Gedanken,* Rowohlt, Reinbek.

Knapp, Natalie (2008): *Anders denken lernen, von Platon über Einstein zur Quantenphysik,* Oneness Center, Bern.

Lasker-Schüler, Else (2005): *Liebesgedichte, ausgewählt von Eva Demski,* Insel Verlag, Frankfurt a.M.

Leanne, Shel (2009): *Sag's wie Obama. Ausstrahlung, Rhetorik und Visionen des neuen US-Präsidenten,* Linde Verlag, Wien.

Litzcke, Sven Max (Hrsg.) (2003): *Nachrichtendienstpsychologie.* Schriftenreihe der Fachhochschule des Bundes, Fachbereich Öffentliche Sicherheit, Brühl-Rheinland.

Precht, Richard David (2007): *Wer bin ich und wenn ja, wie viele? Eine philosophische Reise,* Goldmann, München.

Ready, Romilla & Burton, Kate (2005): *Neuro-Linguistisches Programmieren für Dummies,* Wiley-VCH Verlag, Weinheim.

Rosenberg, Marshall B. (2007): *Gewaltfreie Kommunikation: Eine Sprache des Lebens,* Junfermann, Paderborn.

Rilke, Rainer Maria (1997): *Fünfzig Gedichte, ausgewählt von Dietrich Bode,* Reclam. Stuttgart.

Satir, Virginia (2007): *Meine vielen Gesichter. Wer bin ich wirklich?* Kösel, München.

Satir, Virginia (2008): *Mein Weg zu dir. Kontakt und Vertrauen finden,* Kösel, München.

Schick, Klaus H. (2004): *NLP & Rechtschreibtherapie – Praxishilfen für Unterricht und Therapie,* Junfermann, Paderborn.

Stengel, Richard (2000): *Mandelas Weg. Liebe, Mut, Verantwortung. Die Weisheit eines Lebens,* Bertelsmann, München.

Yalom, Irvin D. (2004): *Liebe, Hoffnung, Psychotherapie,* bTb-Verlag, München.

Literaturtipps für Einsteiger:

Charvet, Shelle Rose (2010): *Wort sei Dank – Von der Anwendung und Wirkung effektiver Sprachmuster,* Junfermann, Paderborn.

Feustel, Bert & Komarek, Iris (2006): *NLP-Trainingsprogramm,* Südwest Verlag.

Maaß, Evelyne & Ritschl, Karsten (2011): *Die Sprache der Motivation – Wie Sie Menschen bewegen,* Verlag für integrale Weiterbildung.

Maaß, Evelyne & Ritschl Karsten (2005): *Coaching mit NLP – Erfolgreich coachen in Beruf und Alltag. Ein Übungsbuch,* Junfermann, Paderborn.

Mohl, Alexa (2010): Der Zauberlehrling: *Das NLP Lern- und Übungsbuch,* Junfermann, 10. Aufl.

Ready, Romilla & Burton, Kate (2005): *Neuro-Linguistisches Programmieren für Dummies,* Wiley-VCH Verlag, Weinheim.

Schick, Klaus H. (2004): *NLP & Rechtschreibtherapie – Praxishilfen für Unterricht und Therapie,* Junfermann, Paderborn.

Tomas, Jens K.; Schmidt-Tanger, Martina & Tschepp, Christian (2004): *Milton – Sprachliche Brillanz für professionelle Kommunikatoren,* Junfermann, Paderborn.

Empfehlenswerte NLP-Websites aus Deutschland, Österreich und der Schweiz:

↗ http://www.nlp.de
↗ http://www.nlp.at
↗ http://www.chnlp.ch
↗ http://www.dvnlp.de
↗ http://www.oedv-nlp.at